사랑에 빠진
소크라테스

철학자의 탄생

사랑에 빠진 소크라테스

철학자의 탄생

아먼드 단거 지음 장미성 옮김

글항아리

일러두기

- 고대 그리스의 인명 및 지명 등은 희랍어식으로 표기하였다. 다만 널리 알려져 굳어진 것은 불가피하게 관행대로 적었다(예를 들어 아테나이 대신 아테네, 시켈리아 대신 시칠리아).
- 원서에서 강조를 위해 이탤릭체나 볼드체를 사용한 부분은 고딕체로 표기했다.
- 2장 첫 부분의 '포테이다이아 구출 작전'과 맺는말의 '소크라테스의 인생'은 저자가 증거에 기초하여 재구성한 것이다.

소크라테스는 누구인가

소크라테스에 대해 들어본 사람 대부분은 그를 고대 그리스의 사상가, 현자 또는 철학자로 기억한다. 그들이 머릿속으로 그리는 소크라테스의 이미지는 로댕의 「생각하는 사람」일 수도 있고, 토가를 입고 흰 수염을 기른 노인일 수도 있다. 몇몇 사람은 그의 이름을 듣고 질문으로 답을 이끌어내는 그 유명한 '소크라테스식 질문'이나 '검토하지 않는 삶은 살 가치가 없다'는 그의 선언을 생각한다. 또 다른 사람들은 그의 사형과정을 상상한다. 즉 어떻게 그가 재판에 회부되어 사형 선고를 받았고 감옥에 갇힌 뒤 미나리 독을 마시게 되었는지를 떠올린다. 아니면 소크라테스에게 크산티페라는 헌신적이나 만족을 모르는 아내 또는 정부가 있었다는 사실을 기억하는 사람도 있을 것이다.

독자들은 그리스도가 태어나기 5세기 전 고대 전성기 아테네를 배경으로 소크라테스의 삶과 죽음을 그려볼 것이다. 그 기간에 고대 그리스 문명은 사상, 예술, 문학 등 많은 분야에서 전성기를 누렸는데, 그리스인은 무엇보다 철학, 사실적인 조각, 웅장한 건축물 그리고 상연 연극을 발명해냈다. 기원전 5세기 중 수십 년간 아테네를 대표하는 정치인은 페리클레스였고, 페리클레스의 지도하에 아테네는 민주적인 제도를 개발하고 해양 제국이 되었으며 파르테논 신전을 건축했다.

소크라테스는 고대 그리스의 다른 위대한 철학자들, 특히 그의 계승자인 플라톤과 아리스토텔레스와도 관련이 깊다. 하지만 놀랍게도 소크라테스 자신은 거의 아무 저작도 남기지 않았다. 우리가 알고 있는 그의 생각은 소크라테스가 죽었을 당시 20대 청년이었던 플라톤의 작품에 크게 의존하고 있다. 플라톤의 또래이며 소크라테스를 존경한 또 다른 인물로 군인이자 작가인 크세노폰이 있는데, 그는 소크라테스를 좀더 일상적인 관점에서 묘사했다. 두 작가 모두 소크라테스를 개인적으로 안 기간이 10년을 넘지 못했을 것이며 나이 든 소크라테스만을 만나보았을 것이다.

플라톤과 크세노폰은 소크라테스 전기의 주된 출처다. 두 사람 중 플라톤이 더 역사적으로 믿을 만하다고 흔히 알려져 있다. 그의 작품에 등장하는 중년 이후의 소크라테스는 날카로운 지성과 교양을 지닌 독창적인 사상가이자 끈질기고 아이러니하며 짜증스러운 질문가다. 플라톤은 또한 소크라테스를 저속한 호색한으로도 언뜻 비추는가 하면, 전쟁터에서 유난히 용감하고 능력 있는 투사로도 묘사한다. 반면 크세노폰은 소크라테스를 아테네의 신사이자, 재치 있고 유쾌하며 예리한 대화자로 그리고 있다.

두 작가 모두 소크라테스가 삶의 물질적 측면과 자신의 외모에 무관심했음을 분명히 한다. 사실 노년의 그는 물질적으로 가난하고 육체적으로 호감 가지 않는 사람으로 유명했다. 그가 의심할 여지 없는 지적 탁월성으로 무장하고 아테네의 선도적인 사상가 및 정치인과 대등하게 어울렸는데도 말이다. 대체로 철학적인 관점에서 글을 쓴 플라톤은 주변 사람들을 사로잡은 소크라테스 내면의 아름다움을 그의 외모가 신비스럽게 가리고 있는 것으로 묘사한다. 반면 크세노폰의 글에서 소크라테스는 자신의 외모를 유머러스하게 자조하고, 재물을 과시하는 일에 당당하게 무관심하다. 어쨌거나 이 비범하고 독창적인 사상가는 항상 가난하고 늙었으며 못생겼다.

이런 소크라테스의 모습은 이야기에 핵심적인 미스터리를 불러일으킨다. 무엇이 변변찮은 배경을 가진 중산층 아테네 청년을 당대에 완전히 독창적이고 이후에도 큰 영향을 끼친 사고방식과 철학적 방법의 창시자로 변모시켰을까? 후대의 전기 작가들도 플라톤과 크세노폰이 만들어낸 것과 동일한 각도로 소크라테스를 들여다보고 마치 소크라테스의 젊음은 이야기와 무관하다는 식으로 논의를 이끌어간다. 그들은 미래에 철학자 소크라테스의 사상과 태도가 될 것이 성장해가던 바로 그 시기, 즉 그의 청소년기와 이른 성년기에 대한 결정적인 증거들을 간과하고 있다. 결과적으로 소크라테스의 삶에 대한 설명 대부분은 그 시기 삶가의 문화적 맥락과 역사적 상황 면에서 그의 개인적이고 지적인 경로를 그럴듯하게 그려나가는 데 실패했다.

무엇이 젊은 소크라테스에게 완전히 새로운 사고방식을 선언하고, 그보다 앞선 사상가들과는 상당히 다른 철학적 탐구에 자신을 바치도록 영감을 주었을까? '질문하는 철학자'로서의 경력은 어느 단계에서 시작되었고 그 이유는 무엇일까? 소크라테스의 어린 시절에 어떤 일이 있었기에 그런 변화가 일어났을까? 그는 10대와 청소년기에 무엇을 하고 있었고, 어떤 종류의 사람이었을까? 요컨대 소크라테스를 소크라테스로 만든 것은 무엇일까?

이런 질문들에 답하기 위해서는 한 명의 탐정이 되어 단서를 발굴하고 곱씹어야 한다. 그리고 소크라테스가 살았던 역사적 배경과 사회적 분위기를 종합하면서 거의 잊힐 정도로 흐려지고 파편화된 그의 삶 초기의 서사를 재탄생시켜야 한다. 많은 답은 평범한 곳에 숨어 있다. 이 답변들의 총합은 소크라테스에 대해 알아야 할 것은 모두 알고 있다고 생각하는 이들에게 놀랍고 매혹적이며 충격적일 것이다.

이 책의 목적은 소크라테스의 성격과 초기 삶 그리고 그의 사고방식의 기원에 대해 새로운 역사적 근거를 제공하는 것이다. 소크라테스의 젊은 시절에 대한 직접 증거는 희박하고 모호한 데다 여기저기에 흩어져 있다. 그렇기 때문에 그의 배경과 어릴 적 삶에 관한 자료에 남아 있는 몇 안 되는 귀중한 암시에 살을 붙이려면 정황 증거와 역사적 상상력이 동원되어야 한다. 그의 사상이 어떻게 변화하고 발전했는가 하는 질문에 대한 해답은 소크라테스 생

사랑에 빠진 소크라테스

애의 연대기와 덜 알려졌으나 권위 있는 문헌들에 각별한 주의를 기울이며, 그의 중년기, 청소년기, 어린 시절의 이야기를 재구성하는 데 달려 있다.

소크라테스에 대해 일반적으로는 알려진 바는 이러하다. 그는 천민 출신으로 교육받을 기회가 거의 없었고, 성인 때 못지않게 어릴 때도 못생겼었으며, 젊을 적 연애에 대한 증거가 부족한 것으로 보아 젊을 때 분명 연애를 하지 않았을 것이다. 그리고 그는 항상 행동가라기보다는 사상가였다. 증거들을 검토해보면 이 모든 것이 잘못된 생각임을 알 수 있다. 이 책에서 새로 밝혀낸 소크라테스는 비교적 부유한 가정에서 자란 강인하고 매력적인 젊은이의 모습을 하고 있다. 그는 지적인 아테네의 분위기 속에서 자랐으며, 아테네는 소년들이 전쟁터와 정치판에서 영웅적인 용맹으로 이름을 떨치기를 갈망하는 곳이었다. 그는 어려서부터 그리스의 위대한 시를 노래하고 리라를 연주하는 방법을 배웠고, 엄격한 육체적·정신적 훈련을 받았다. 그는 당대 최고의 교사들에게 배웠고 최신의 지적 논의들을 함양하기 위해 고군분투했다. 그리고 삶에 대한 활기찬 에로스적인 접근 방식은 결혼에서가 아니라—그는 50대나 그 이후에 크산티페를 만났고 그의 첫 번째 부인인 미르토와의 관계는 불분명하다—총명한 남성들과의 관계에서 찾아볼 수 있으며, 무엇보다 당대에 가장 똑똑하고 흥미로운 여성 중 한 명인 밀레투스의 아스파시아에 대한 사랑에서 가장 분명하게 드러난다.

젊은 소크라테스의 모습이 고대나 현대 전기 작가들에 의해 완전하게 구현된 적은 없다. 분명한 것은 젊은 시절이 바로, 아스파시아와의 핵심적인 관계를 비롯해 자신을 변화시키는 다양한 경험 속에서 그가 정신적 삶에 초점을 맞추게 된 시기라는 점이다. 그 시점까지 그리고 그 이후까지도 그는 자신을 강한 전사로, 레슬링 선수와 무용가로, 아주 세련된 연설가로, 그리고 열정적인 연인으로 표현했다.

소크라테스를 이렇듯 전례 없는 시각으로 바라보기 위해서는 그의 삶과 인격이 어떻게 형성되었는지 암시하는 증거들을 따라가야 한다. 또한 그를 새로운 영웅으로 변화시킨 젊은 시절의 경험을 재발견해내야 한다. 이 새로운 영웅은 독창적인 통찰력과 파격적인 행동 그리고 죽음에 맞서는 비범한 용기를 가진 철학자로서 약 2500년 동안 사상가와 탐구자를 매혹시켜왔다.

SOCRATES IN LOVE _____ **차례**

좋든 싫든, 우리의 소크라테스는
플라톤의 소크라테스다.
_디스킨 클레이

소크라테스를 실제로 아는 사람은 아무도 없다.
_플라톤 『향연』의 알키비아데스

너 자신을 알라.
_델포이 아폴론 신전의 금언

검토되지 않는 삶은 살 가치가 없다.
_플라톤 『소크라테스의 변명』의 소크라테스

소크라테스와 관련된 사건의 연도
(기원전 500~기원전 399)

1. 아테네의 새해는 오늘날의 7월에 시작한다. 그래서 예컨대 기원전 490년 9월의 마라톤전투는 기원전 490~기원전 489년에 해당된다. 이 책에서는 편의상 날짜를 1년 단위로 표기했다. 예컨대 소크라테스는 기원전 469~기원전 468년에 태어났지만 기원전 469년에 태어난 것으로 적었다.

2. 아래의 기호 '?'는 추측한 날짜 또는 사건을 표시한 것이다.

기원전 500 508년 클레이스테네스의 개혁 이후 아테네 민주주의가 시작되다.

490 그리스-페르시아 전쟁: 다리우스일세의 군대가 마라톤전투에서 패배하다.

480 그리스-페르시아 전쟁: 크레르크세스 함대가 살라미스해전에서 패배하다.

470 ? 아스파시아가 태어나다.
469   소크라테스가 태어나다.

460 461년 키몬이 도편추방제로 쫓겨난 뒤 페리클레스가 아테네에서 집권하다.
아테네와 스파르타 사이에 전쟁이 발발하다: '제1차 펠로폰네소스전쟁'
455?   페리클레스와 아내 데이노마케가 이혼하다.
451?   알키비아데스가 태어나다. 소크라테스와 아르켈라오스가 사모스섬을 방문하다.

450 ? 아스파시아가 아버지 악시오코스와 함께 아테네에 도착하다.
447   코로네이아 전투: ? 소크라테스가 최초로 군에 복무하다.
        알키비아데스의 아버지 클레이니아스가 사망하다.
445?   페리클레스와 아스파시아가 동거하기 시작하다.

440 페리클레스가 사모스 정복을 위해 군사작전을 펴다(440~439).
432   소크라테스가 포테이다이아 전투에서 알키비아데스를 구하다.

430 펠로폰네소스전쟁(431~404) 2년 차

소크라테스와 알키비아데스가 그리스 북부에서 군에 복무하다.

429 　페리클레스가 역병으로 목숨을 잃다. 아스파시아가 리시클레스와 재혼하다.

424 　소크라테스가 델리움 전투에서 후퇴하다.

423 　소크라테스가 참석한 가운데 아리스토파네스의 『구름』이 공연되다.

421 　아리스토파네스의 희극 『평화』가 공연되다. 스파르타와 니키아스 평화조약을 맺다.

420 알키비아데스가 정치 활동을 하다. 크세노폰 『향연』의 소크라테스.

416 　아가톤이 비극 경연에서 수상하다.

　　　플라톤 『향연』의 소크라테스.

415~413 시칠리아 원정이 진행되다. 알키비아데스가 아테네로부터 망명하다.

410 411년의 과두정 쿠데타('400인 평의회') 이후 민주정이 회복되다.

406 　소크라테스가 평의회에서 장군들의 대규모 처형에 반대하다.

404 　스파르타가 펠로폰네소스전쟁에서 승리하다.

　　　아테네에 30인 참주정이 들어서다.

　　　소크라테스가 살라미스의 레온을 체포하라는 닝

령을 거부하다.

구름에서 등장한 소크라테스

나무로 만든 거대한 기중기의 팔걸이가 무대 왼쪽에서 중앙으로 천천히 움직인다. 커다란 버드나무 바구니는 삼베 밧줄로 끝부분에 매달려 있고, 바구니 안에는 가면을 쓴 배우가 앉아 있다. 그의 다리는 바구니 좌석으로부터 우스꽝스럽게 늘어뜨려져 있다. 기중기는 삐걱 소리를 내며 멈춰 서고, 바구니는 밧줄과 함께 부드럽게 흔들린다. 소크라테스는 그의 위엄 있는, 흔들리는 횃대에 앉아 오만한 첫마디를 내뱉는다.

"죽을 운명을 타고난 남자여, 내게서 뭘 찾으시는가?"

옥스퍼드대학 연구실에 앉아 '소크라테스'라는 인물이 아리스토파네스의 희극 『구름』에 처음 등장하는 순간을 상상한다. 열정적인 학부생 두 명이 개별지도 수업에 참여하고 있다. 개별지도는 소크라테스식 질문에 상응하는 현대의 학습 방법으로, 지도교수는 학생의 생각과 가정을 비판적으로 분석하여 답을 이끌어내야 한다. 학생들이 희극에서 '소크라테스'가 무엇을 나타내는지 적은 자신의 글을 읽을 때 햇빛이 창살을 통해 비스듬히 비치고 있었다. 학생들의 핵심적인 주장은 기원전 423년 고대 아테네 연극제 첫 무대에 올려진 이 희극에 나타난 그의 모습이 철학자의 활동을 편파적으로 드러냈으며 단지 희극적인 풍자로만 여겨져야 한다는 것이다. 이런 풍자는 당대 가장 위대한 희극 작가인 아리스토파네스의 전형적인 수법이었다. 다만 이때 아리스토파네스는 20대였고 희극 작가로서의 경력을 막 시작한 참이었다.

극 중 소크라테스라는 인물이 말한 '죽을 운명을 타고난 남자'란 희극 속 반영웅적 등장인물인 늙은 농부 스트레프시아데스다. 스트레프시아데스는 희극이 시작될 때 무대 위 침대에서 불안으로 몸을 뒤척이고 있다. 그는 관객에게 방탕한 아들 페이디피데스가 혈통 좋은 말을 사고 관리하느라 많은 빚을 지는 바람에 자기가 잠에 들 수 없노라고 말한다. 기원전 5세기 좋은 가문에서 태어난 아테네 젊은이로서 이것은 지금으로 치면 값비싼 슈퍼카를 타느라 가족의 돈을 낭비하는 것과 같다.

아들의 빚을 걱정하는, 그리스어로 '꼬는 사람twister'(찰스 디킨스 스타일의 '교활하게 꼬는 자artful twister'로 볼 수도 있다)이라는 뜻의 이름을 가진 스트레프시아데스는 교묘한 계획을 세웠다고 말한다. 그는 소크라테스가 '사색장'이라는 학교를 운영하며 학생들이 어떤 경우에도 논쟁하고 이길 수 있도록 가르친다는 것을 들어 알고 있다. 스트레프시아데스는 페이디피데스의 이자를 갚는 대신 그를 학교로 보내 논쟁으로 빚에서 벗어나는 법을 배우게 해야겠다고 결심한다.

이는 노인의 고민에 대한 완벽하고 환상적인 해결책처럼 보인다. 하지만 페이디피데스는 이 제안을 거절한다. 최첨단 유행을 추구하는 이 아테네 젊은이는 소크라테스를 비롯해 '사색장'에 다니는 추레하고 수척한 지식인들과 어울릴 생각만으로도 오싹해진다. '박쥐'[1] 카이레폰이 대표적인데, 이 긴 머리의 깡마른 추종자는 한때 델포이의 신탁에 "소크라테스보다 지혜로운 사람이 있을까요?"라고 물어 "없다"라는 답을 받은 자다.

아들을 설득하지 못한 스트레프시아데스는 직접 그 학교에 다니기로 한다. 사색장 문 앞에서 자신을 소개한 후, 그는 한 거만한 학생으로부터 학교의 활동에 대한 간략한 안내를 받는다. 사색장에서 제자들은 (스트레프시아데스를 안내하는 사람에 따르면) 몸을 구부려 지하 세계를 관찰하는 동시에 엉덩이는 하늘로 쳐들어 천문학을 탐구하고 있다. 천문학과 지리학을 상징하는 희한한 물건들 — 거대한 지구본과 그리스 지도 — 에 대해 천진하게 무식을 뽐내던 스트레프시아데스는 지도자인 소크라테스가 극장 반대편에서 바구니에 타 있는 것을 발견한다. "어이, 소크라테스!" 그가 휘파람을 섞어 소리친다. "이보시게, 작은 친구!"

이것은 기중기 운전자에게 천천히 움직이기 시작하라고 보내는 신호가 분다. 우리는 기세 밑에서 다리를 빌리고 앉아 맘을 흘리는 건장한 노예를 상상해볼 수 있다. 기중기 손잡이를 움켜쥔 근육질의 팔이 우스꽝스러운 복면을 쓴 승객을 실은 바구니가 매달린 거대한 나무 팔을 무대 중앙으로 옮기기 위해 안간힘을 쓴다.

희극의 절정

기중기, 희랍어로 '메카네*mēkhanē*'는 기원전 5세기 후반 비교적 최신의 무대 장치로서 한동안 관객과 작가의 사랑을 받았다. 이 메카네로부터 기계 장치, 방법을 뜻하는 '메커니즘mechanism'이 생겨났고, 라틴어식 표현인 마키나*māchina*에서 영어의 '머신(기계) machine'이 유래했다. 살아남은 소수의 고대 비극에서 이 장치는 극 마지막에 모습을 드러낸다. 보통 신적인 인물이 무대 위 기중기에 높이 매달려 등장해서 운명이 어떻게 이 복잡한 상황, 즉 플롯이 만든 선택의 파행, 갈등 또는 격정을 풀어낼 것인지 등장인물과 관객에게 설명한다. 신은 그/그녀의 뜻에 의한 해결책을 '기계로부터' 선언한다. 이 신은 데우스 엑스 마키나*deus ex māchinā*다.[2]

비극과는 대조적으로 고대 희극은 익살과 정치적 해학, 인물과 제도에 대한 풍자 등이 혼합된 것이었다. 아리스토파네스는 무대 위 기계를 엄숙하게 사용하는 등의 비극 특유의 관습을 패러디하기를 좋아했다. 유머러스한 전개를 위한 기중기의 잠재력은『구름』2년 후 기원전 421년에 제작된 그의 희극『평화』에 좀더 뚜렷이 드러난다. 역사적 맥락에서 보면『평화』는 그리스의 전쟁 상태가 끝나고 곧 평화가 찾아오리라는 아테네인의 열렬한 희망에 근거한 작품이다. 아테네인과 그 동맹국들은 10년 이상 스파르타인과 그 동맹국들에 맞서 싸우고 있었다.

아테네를 위한 협상을 주도한 정치인 겸 장군의 이름을 딴 '니키아스 평화조약'은 기원전 421년 『평화』가 무대에 올려질 때쯤 맺어졌다. 그러나 스파르타인들이 벌인 소모전은 아티카 지역의 지주와 농부에게 큰 타격을 입혔다. 『평화』의 영웅은 시골 사람인 트리가이오스인데, 아테네 마을의 농부이며 이름은 '포도 재배자' 또는 '와인맨(와인 생산자)'이라는 뜻이다. 아테네가 10년 동안 난리통에 빠져 있는 데 진저리가 난 와인맨은 신화에 등장하는 한때의 벨레로폰테스 영웅처럼, 의인화된 평화의 여신을 지구로 데려오기 위해 올림포스에 올라가기로 결심한다.

벨레로폰테스는 날개 달린 전설의 말 페가수스를 타고 하늘을 날았으나 와인맨은 그보다는 좀 덜 고귀한 거대한 쇠똥구리에 안장을 얹는다. 극의 첫 장면에서 노예들은 거대한 똥덩어리를 굴려 이 괴물에게 먹이를 준다. 쇠똥구리는 풍뎅이 모양의 나무 뼈대에 가죽과 양탄자를 덮어 만들었고, 와인맨이 붙잡을 수 있도록 포악해 보이는 뿔을 장착했다. 이 무시무시한 물체는 메카네 끝에 밧줄로 연결되어 있다.

쇠똥구리는 기중기에 의해 높이 들려지고, 농부인 와인맨은 겁에 질려 그 등에 매달린다. 하늘 높이 올라가는 와중에 훨씬 아래쪽에서 먹이에서 나는 듯한 악취가 혹 풍겨오자 쇠똥구리가 날뛰며 쫓아가려 한다. 와인맨이 놀라서 소리친다.

뭐 하는 거야! 왜 시궁창 냄새를 맡고 있어? 고개 꼿꼿이 들어. 제우스의 궁전으로 곧장 날아가. 먹이 찾는 걸 멈춰. 지금 거기 뭐 하고 있는 거지? 신이시여, 저 아래 피레우스에 똥 싸는 사람이 있네.

이때 배우의 말투가 바뀐다. 극의 환상을 깨고 그는 자신의 목소리로 이렇게 말한다.

이거 무섭네. 지금 장난치는 거 아니야. 기중기 기사, 조심해! 바람이 내 횡격막 주위에서 휘파람 소리를 내는 게 느껴져. 당신 조심하지 않으면 쇠똥구리가 저녁을 먹게 될 거야. 내가 진짜 똥 쌀 테니까.

이런 조잡하고 더러운 유머에서 어떤 진지한 것을 끄집어낼 수 있을까? 『평화』에서 그리스의 국가 간 전쟁을 종식하려 한 당대 역사적 시도의 세부 사항을 밝혀내기란 힘든 일이다. 그렇다면 『구름』의 불경하고 과장된 인물로부터 역사적 소크라테스에 대해 알기를 바라는 것은 가능할까?

『구름』의 두 가지 이야기

『구름』에는 더 복잡한 문제들이 있다. 『구름』의 원본은 소실되었고, 남아 있는 극본은 기원전 423년에 상연된 것이 아니라 몇 년 뒤 아리스토파네스가 저술로 유포한 수정본이다. 상연된 원본에서는 스트레프시아데스의 교활한 계획이 효과를 봤다. '소크라테스'의 학교에서 배운 부도덕한 논쟁에 힘입어 그는 채권자들을 혼내주고, 사색장의 지지자들과 함께 시끌벅적하게 성공을 축하한다.

그러나 기원전 423년 희극이 상연되었을 때 라이벌 극작가들의 희극 두 편을 포함한 경쟁 부문에서 아리스토파네스는 패배를 맛보았다. 아리스토파네스는 『구름』이 그가 지금까지 쓴 것 중 가장 재미있고 기발한 작품이라고 생각했다. 이는 남아 있는 연극 본문에서 우리도 알 수 있는 사실이다. 그러나 관객은 그 메시지가 충격적이고 부도덕하다고 생각했으며, 결말을 못마땅하게 여겨 그 작품을 싫어했다. 극 경쟁에서 『구름』은 꼴등으로 떨어졌다.[3]

이 모든 것은 살아남은 수정본을 통해 알 수 있다. 아리스토파네스가 수정본에서 이런 상황들을 설명했기 때문이다. 수정된 연극의 '파라바시스parabasis'('한 걸음 나아가다')에서 작가를 대변하는 배우가 무대에서 한 발 앞으로 나와 관객에게 직접 말을 건넨다. "나의 아테네 동료들이여." 그는 관객을 탓한다. "여러분은 이 연극이 처음 공연됐을 때 이 연극을 거부했습니다. 유머를 이해하지 못하고 요점을 놓쳤죠. 너무 아이러니하고, 너무 고지식하고, 너무 세련됐다면서 말이죠." 작가는 연극을 관객의 저급한 취향에 맞게 고쳤으며 ('사람들이 형편없는 농담을 할 때 그들을 막대기로 치는 노인들' 같은) 과장된 희극적 요소에 초점을 맞추어 그들의 기호에 맞는 결말을 냈노라고 선언한다. 소크라테스의 가르침은 규탄받아야 한다는 희극의 도덕적 메시지가 이제 가장 둔한 관객에게도 숨김없이 드러난다.

이 새로운 비전에서 줄거리는 다른 노선을 취한다. 논쟁과 기래의 부정직함을 드러내는 대신 스트레프시아데스는 자신이 택한 방법의 실수를 보게 된다. 페이디피데스가 저녁 식사 때 암송하기로 결정한 연설에 대해 논쟁하던 와중에 아들 페이디피데스는 스트레프시아데스를 때린다. 이후 스트레프시아데스는 심경의 변화를 겪는다. 그 연설은 전위적인 비극 작가 에우리피데스의 외설적인 연극에 나오는 것으로, 구시대적인 스트레프시아데스가 보기엔 지나치게 추잡스러웠다. 페이디피데스는 이에 응수해서 아버지를 때리고, 소름돋는 확신을 갖고 아버지를 매질하는 일이 정당하다고 증명하려 한다.

매 맞는 것이 그 자신에게 최고의 이익이 된다면, 내가 아버지의 선을 위해 아버지를 때리는 것이 정당하지 않을까요? 당신은 법이 아이들을 때리는 것만 허용한다고 말하지만 노인들은 다시 아이가 되는 두 번째 유년기에 처해 있지요. 노인들은 자기 잘못에 변명의 여지도 없기에 그들을 처벌하는 쪽이 훨씬 더 이치에 맞습니다.

그리스인에게는 아버지를 때리는 것이 아들이 할 수 있는 최악의 일이었다. 페이디피데스의 행동에 질린 스트레프시아데스는 예전에 세운 계획을 뉘우치고 소크라테스와 그의 학교, 그리고 그들이 지지하는 모든 것에 등을 돌린다. 보존돼 있는 연극의 마지막 장면에서 노인은 사색장에 불을 지르고, 불타는 건물에서 목숨을 건지기 위해 달아나는 학생들과 자신의 아들을 향해 돌을 던진다. 기원전 423년 연극 원작에 나타난 궤변과 비뚤어진 논증의 승리는 몇 년 후 출판된 이 버전에서 위험한 지성주의에 대한 폭력적인 파괴를 상징하는 장면으로 전환되었다.[4]

『구름』의 소크라테스

아리스토파네스는 『구름』의 최초 버전에서 그가 '소크라테스'에게 뒤집어씌운 부도덕한 방법들의 성공을 담은 이야기가 관객에게 잘 먹혀들지 않음을 알았다. 현재 우리가 읽을 수 있는 수정판이 관객에게 더 호응을 얻었는지 알 길은 없다. 적어도 아테네에서 가장 크고 권위 있는 극장이자 가장 종교적인 연극 축제의 장소인 디오니소스 극장에서 두 번째 『구름』이 무대에 올려졌다는 증거는 없다.

불타는 소크라테스의 사색장으로 막을 내리는 암울한 피날레가 비뚤어진 논쟁이 승리하는 결말보다 관객에게 더 잘 받아들여졌을까? 아리스토파네스는 확실히 그렇게 생각한 듯하다. 이는 대다수 관객에게 익숙했을 진짜 소크라테스가 이런 논쟁 방식과 연관이 있을 뿐 아니라 그에 대한 처벌까지 받을 만했다는 점을 암시한다. 그의 몰락에 대한 즐거운 묘사를 통해 또한 그가 많은 아테네 시민(데모스*demos*)에게 딱히 인기 있지는 않았음을 알 수 있는데, 그들 중 다수는 도시의 대극장에서 열리는 축제에 참석하기 위해 아티카의 데모스(마을)에서 몰려온 교육받지 않은 시골 사람들이었을 것이다.

그러나 희극 관객은 보통 즐기기 위해서 온다. 그들 내나누는 소크라테스의 실제 견해나 방법 등을 알지 못했을 것이다. 고대 희극은 천박하고 도발적이었으며, 현대의 시사 풍자극이나 쇼가 그렇듯 개인적이고 정치적인 목표물을 자유롭게 겨냥했다. 이런 맥락에서 소크라테스의 철학적 방법을 어느 정도 알고 있는 사람이라하더라도 희극이 불공정하거나 편파적인 설명을 하는지 여부에 별다른 신경을 쓰지는 않았을 것이다. 그렇다면 『구름』의 '소크라테스'는 역사적 소크라테스에 대한 진실되고 사실적인 묘사와는 거리가 멀다고 할 수 있다. 이런 캐릭터는 대중 지식인으로서 '소피스트sophist'라고 불렸던 당대의 특정 교사 집단의 모습을 총체적으로 대변하는 것이었다. 이 소피스트에서 '궤변술sophistry'과 '세련된sophisticated'을 뜻하는 영어 단어가 유래했다.

소피스트는 기원전 5세기 가장 똑똑하고 독창적인 사상가들이었다. 소피스트 가운데 아테네 시민은 거의 없었다. 그들은 주로 그리스 본토와 에게해 섬 같은 아테네 외곽의 그리스 도시국가나 이탈리아 남부, 시칠리아, 이오니아 지역 출신이었다. 기원전 5세기 그들은 페르시아와의 전쟁 이후 그리스의 정치, 문화의 중심지가 된 아테네로 모여들었다. 그들은 문법에서부터 천문학, 의학, 조각술, 건축술, 전투술에 이르기까지 다양한 분야를 가르쳤고, 책과 논문을 출판했다. 어떤 이들은 전투에서 승리하기 위한 전략에 대해 조언하기도 했다. 대부분은 논쟁에서 이기기 위한 전술을 가르치는 데 의심스러울 정도로 능숙했다.

'소크라테스'와 그의 학교가 『구름』에서 추구하는 배움은 천문학, 지리학, 자연사, 음향학, 측량학 그리고 문법 같은 전형적인

사랑에 빠진 소크라테스

'소피스트적' 학문을 포함한다. 무역, 공예, 싸움 그리고 무엇보다 농업 같은 실용적인 활동에 관여했던 아테네 대중은 그러한 지적 추구가 무가치하거나 나쁘다고 여겼고, 이를 실천하고 가르치는 사람들을 비판적으로 바라보았다. 아테네인은 대부분 미신적이었고, 전통적으로 신성한 힘의 발현으로 여겨져온 자연 현상을 이성적으로 검토하는 일은 종교적으로 불건전하며 신의 분노를 일으킬 위험이 있다는 불안이 그들 사이에 널리 퍼져 있었다. 클라조메나이 출신 철학자 아낙사고라스 같은 많은 이성주의적 사상가가 불경죄의 죄목으로 기소되어 재판받았다고 전해진다.

소크라테스에 대한 모든 정보의 제공자인 플라톤과 크세노폰이 그가 과장된 지적 추구에 몰두했다고 쓴 적은 없다. 그러나 소크라테스가 젊은 시절에 과학 사상, 특히 자연 연구에 관심을 가졌다는 증거는 있다. 플라톤은 소크라테스의 마지막 순간을 그리는 『파이돈』에서 그가 처음에는 자연 현상 탐구에 열중했지만, 그가 추구했던 삶에 대한 해답을 전혀 제공하지 못했기 때문에 나중에는 환멸을 느꼈다고 말했다.[5]

플라톤은 소크라테스를 소피스트와 차별화하고자 했다. 그는 진실을 위해 돈을 내라고 하면서 교묘한 말장난을 일삼는 그들의 평판이 소크라테스의 이름을 더럽히는 것을 원치 않았다. 그 결과 그는 젊은 소크라테스가 소피스트식 훈련에 보인 관심을 경시했을지도 모른다. 그러나 만약 플라톤이 암시하듯 소크라테스가 '소피스트적' 생각에 몰두한 시기가 있었다면, 기원전 423년 아리스토파네스의 희곡에서 묘사한 소크라테스는 우내 녹사를이 느끼는 것만큼 엉뚱한 것은 아닌지도 모른다.

플라톤과 크세노폰이 막 태어났을 무렵인 기원전 420년대 이 희극에서 묘사한 소크라테스는 두 전기 작가가 각각 윤리적 상정想定에 대한 분석적 질문자로서, 상식의 모범으로서 이상화한 소크라테스의 모습에 중요한 수정의 단초를 제공한다. 『구름』이라는 저속한 희극을 통해 알 수 있는 사실은 소크라테스가 갖춘 모든 참된 덕에도 불구하고 그는 성인군자가 아니라 육신을 가진 사람이었다는 것, 그리고 그의 사상과 행동이 아테네 동료들로부터 인기를 잃을 위험을 그에게 가져다주었다는 것이다. 그의 결점과 모순, 그리고 독특한 성격은 그의 사후 지지자와 옹호자가 제시한 선별적이고 존경 어린 설명에 거의 전적으로 의존해야 하는 이후 세대보다는 동시대인에게 더 잘 드러났을 것이다.

그럼에도 소크라테스 같은 철학자는 그 전에도 그 이후에도 없었다. 그는 당대에 가장 독특하고 창조적인 사상가였으며, 그는 자신의 삶과 죽음의 유산을 통해 후대에도 도덕적이고 철학적인 영웅이 되었다. 전기 작가들이 우리에게 말하지 않은 것, 그리고 그들이 방대한 저작 속에 희박하게 단서를 남기기는 했으나 아마도 잘 알지 못했던 것은, 여러 측면에서 볼 때 당대의 평범한 아테네 젊은이에 불과했던 소크라테스가 어떻게 그리고 왜 청년과 중년 사이 어느 시기에 변하여 그들이 알고 존경한 뛰어난 사상가가 되었는가 하는 점이다.

희극에 등장한 소크라테스

『구름』이 공연된 지 6세기가 지난 서기 200년경 클라우디우스 아엘리아누스라는 학식 깊은 로마 작가는 희극의 첫 번째 그리고 아마도 기원전 5세기 공연에서만 일어났을 어떤 사건에 대해 썼다. 그는 관객석에 있던 소크라테스가 자리에서 일어나 관객에게 희극에 등장한 골칫거리가 바로 누구인지 보여주었다고 적었다.[6]

이런 증언이 로마 시대에야 나타나긴 했지만 희극이 무대에 올랐을 때 소크라테스가 참석했다고 추측할 만한 이유들이 더 존재한다. 이른 봄 열리는 아테네의 가장 큰 종교 축제인 디오니소스제에는 아테네 성인 남성 인구의 상당수가 참석했다(그리고 아마도 소수이긴 하지만 여성 관객도 있었을 것이다). 소크라테스의 재판 연설을 다룬 『소크라테스의 변명』에서 플라톤은 소크라테스가 『구름』에서 부도덕한 논쟁의 스승으로 묘사된 것을 언급하면서 그것이 소크라테스에 대한 아테네인의 인식에 부정적인 영향을 끼쳤다고 말한다.

이 희극이 상영되었을 때 소크라테스는 46세였다. 그 당시 디오니소스 극장은 오늘날 보존돼 있는 것처럼 그다음 세기에 증축된 반원형의 인상적인 석조물이 아니라 층층으로 쌓인 목조 좌석이 삼면으로 무대를 마주하고 있는 탁 트인 넓은 공터였을 것이다.[7] 소크라테스는 극장에 거의 가지 않았지만, 이때는 아리스토파네스의 희극(그리고 아마도 같은 축제에서 무대에 올랐을 다른 작품들)에 '소크라테스'라는 인물이 등장한다는 것을 알았기 때문에 참석했나고 안나.

화창한 봄날 아침 일찍 일어난 소크라테스가 도시 성벽 동남쪽 알로페케 마을에 있는 그의 집에서 도시 중심부로 가는 모습을 그려볼 수 있다. 그때는 날씨가 좋고 바다가 잔잔한 항해 철이어서 에게해를 건너온 관람객이 축제와 연극 공연을 관람할 수 있었다. 펠로폰네소스와 북부 본토, 에게해의 섬들, 그리고 그리스의 도시 국가 이오니아에서 온 관광객과 무역업자들, 그리고 교사들이 거기 있었을 것이다.

디오니소스제에서 공연된 희극의 중심에 소크라테스가 있었다는 것은 그가 당시 동료 아테네인들에게 이미 잘 알려진 인물이었음을 시사한다. '소크라테스'라는 인물은 그전 희극들에도 등장했고, 그해 무대에 오른 적어도 두 편의 다른 희극에도 등장했는데 그중 하나는 『구름』과 동일한 축제에서 상연되었다. 아리스토파네스의 라이벌 아메이프시아스의 『콘노스』는 아테네의 리라 교사인 콘노스의 이름을 딴 것인데, 콘노스는 성인이 된 소크라테스에게 리라를 가르친 적이 있다. 아메이프시아스의 희극은 인용된 몇 구절을 제외하고 소실되었는데, 거기서 소크라테스는 그 시대 유행이었던 전위적 스타일의 음악과 고군분투하는 서투른 학습자로 나온다.

이 대회에서 아메이프시아스의 희극은 『구름』을 누르고 경연에서 2등을 차지했지만, 1등은 선배 희극 작가인 크라티노스가 차지했으며 그의 희극 『와인병』은 소크라테스와 무관했다. 이 희극에는 나이 든 작가인 크라티노스 자신이 등장해 시인이 훌륭한 희극을 쓰려면 와인을 마셔야 한다는 것을 보여주면서 그를 알코올중

사랑에 빠진 소크라테스

독자라고 조롱한 경쟁자들에게 응수한다. 관객은 『콘노스』에 있는 아메이프시아스의 소크라테스 풍자와 아리스토파네스의 세련된 해학보다 이 사실적인 유머를 더 좋아했던 듯하다.

소크라테스는 동료 아테네인들에게는 잘 알려져 있었지만, 아테네 외곽의 도시국가에서 방문한 그리스인들에게는 친숙한 인물이 아니었다. 아엘리아누스에 따르면, 『구름』을 보던 일부 비非아테네 출신 방문객이 '이 소크라테스란 자는 누구인가?'라고 물었고, 그러자 극장에 있던 소크라테스가 자기 자리에서 일어나 남은 공연 동안 아무 말도 안 하고 서 있었는데 이는 진짜 소크라테스가 누구인지 모두에게 보여주기 위한 제스처였다고 한다. (아엘리아누스에 따르면 무대 위에서 소크라테스를 연기한 배우의 가면이 소크라테스를 빼닮았었다고 한다.) 어떤 이들은 소크라테스의 이런 행동을 '무대 위 소크라테스는 나를 묘사한다'는 뜻으로 해석했고, 다른 이들은 그것이 관객에게 '그 인물은 내가 아니다'라는 것을 충고하기 위해서였다고 보았다. 그의 목적이 무엇이었건 간에 우리가 상상하게 되는 것은 그 철학자가 무표정한 얼굴로 자리에서 일어나 '나는 소크라테스다'라고 모두에게 선언하는 장면이다. 이는 영화 「스파르타쿠스」에서 주인공인 커크 더글러스가 '나는 스파르타쿠스다'라고 선언하는 감동적인 순간을 연상시키기도 한다.

소크라테스의 이런 행동은 최면과 유사한 상태나 심지어는 긴장병緊張病의 상태에서 오랫동안 가만히 서 있곤 했던 그의 습벽을 보여주기도 한다. 이는 전에도 구경꾼의 평가와 호기심을 끌었던 부분인데, 일종의 심리적 또는 병적 상태가 그러한 행동의 근거에 있었을지도 모른다. 만약 그런 질환이 젊을 때부터 소크라테스를 괴롭혔다면, 이는 그가 철학적 삶으로 방향을 전환하는 계기가 되었을 수도 있다.

진짜 드라마

희극에서 묘사하는 소크라테스와 '진짜' 소크라테스를 구분하려 애쓰는 학생들의 에세이 발표를 듣다 보면, 기중기에 매달린 채무대 위에서 흔들거리는 극적 순간의 소크라테스를 상상하게 된다. 그것은 꽤나 웃기는 등장 장면이었을 것이다. 그리고 이는 소크라테스의 삶 속 여러 에피소드를 떠올리게 한다. 이 에피소드들은 다소 덜 쾌활할지는 몰라도 잠재적으로 극적인 특징을 담고 있다.

예를 들어 플라톤은 『향연』의 한 부분에서 소크라테스가 어떻게 북부 그리스에서 길디긴 넌더리 나는 군사작전에 복무했고, 어떻게 눈과 얼음을 뚫고 맨발로 행군했으며 그리고 어떻게 혼자서 친구 알키비아데스를 전투의 현장에서 구해냈는지 말한다. 이 군사작전 중 한번은 밤새도록 생각에 잠긴 채 가만히 서 있는 소크라테스의 모습을 호기심 많은 동료 병사들이 신기하게 구경한 적도 있다. 소크라테스가 생각에 잠긴 듯 꼼짝 않고 서 있던 또 다른 때는 플라톤의 『향연』에 기술된 파티에 도착하기 바로 직전이다. 그 결과 그는 저녁 식사에 늦게 도착했지만, 파티 참석자들이 사랑을 주제로 한 일련의 연설을 끝내고 대부분 술기운과 졸음으로 나가떨어지는 동안 소크라테스는 주체할 수 없는 강한 활기를 띠고 새벽까지 기분 좋게 술을 마시며 토론을 이어갔다.

또 기원전 406년 평의회에서 근무하던 말년의 소크라테스는 해전에 이은 폭풍으로 물에 빠진 선원들을 구하지 못한 6명의 아테네 장군이 재판 없이 불법으로 처형되는 것을 최선을 다해 막았다. 그는 적대적인 의회와 맞섰고, 어쩌면 잔뜩 화난 폭도와 맞닥뜨렸을 수도 있다. 그는 2년 후 또 다른 사건에서도 위험을 무릅쓰고 이와 비슷한 용기를 보여주었다. 펠로폰네소스전쟁에서 아테네가 스파르타에 패한 후 권력을 장악한 참주 30인이 무고한 시민 살라미스의 레온에게 사형을 언도했는데, 소크라테스가 레온을 체포하라는 명령을 무시했던 것이다.

이 영웅적이고 영화 같은 에피소드들은 재판과 죽음이라는 소크라테스 삶의 극적 절정으로 귀결된다. 기원전 399년 소크라테스는 '젊은이를 타락시키고 새로운 신들을 도입한' 혐의로 기소되어 동료 아테네인 배심원 500명 앞으로 넘겨졌다. 플라톤의 『소크라테스의 변명』에 기록된 것처럼 그의 변론은 배심원들이 무죄 표결을 내리게 하는 데 실패했고, 그는 사형 선고를 받고 투옥되었다. 플라톤의 『파이돈』은 심란한 소크라테스 추종자들이 감옥에 모여 그와 삶과 죽음에 대한 마지막 대화를 나누는 모습을 기술한다. 이어 그들은 소크라테스가 마신 독이 발끝에서부터 위로 천천히 몸을 마비시키며 결국 몇 분 안에 그의 심장 박동을 멈추게 하는 것을 곁에 서서 지켜보았다.

이 마지막 장면은 작가와 화가, 영화감독, 풍자 작가의 상상력을 지극했다. 소그라데스의 삶에서부터 굼녀 나새토훈 에비소느를을 꺼내와 길게 엮은 후 그의 죽음으로 끝을 맺는 영화나 연극을 만들 수는 없을까? 로베르토 로셀리니가 1971년 영화 「소크라테스」를 발표했고 다른 영화 제작자들도 최선을 다했지만 성공적이지는 못했다. 고대 아테네의 분위기를 잘 담아내는 것이 힘들었기 때문만은 아니다. 우리가 알고 있는 소크라테스의 이야기는 스크린에 잘 투영되지 않는다.

왜 그럴까? 이 철학자는 여러 측면에서 의심할 여지 없이 드라마에 어울리는 인물이지만 플라톤과 크세노폰의 작품에서는 주로 사상가, 질문자, 토론자로 등장한다. 40세 무렵부터 30년 이상 소크라테스는 고대 아테네 도시의 중심이자 장터인 아고라를 뻔질나게 방문하며 시민들로 하여금 검토되지 않은 믿음과 도덕적인 가설들에 대해 토론하게 하고 반대 심문에 참여하게 만들었다. 소크라테스의 중년과 노년 대부분을 차지하는 이 활동은 본질적으로 각본으로 만들기에 적합하지 않은 소재다. 영화 제작자는 플라톤과 크세노폰의 전기를 읽고 매력적인 전기 영화를 만들기 위해 고군분투했을 것이다. 법정 드라마로부터 이후 심금을 울리는 그의 죽음으로 치닫는 여러 인상적인 장면이 있겠지만, 문제는 소크라테스의 성격이 변하지 않는다는 데 있다.

바로 그 희극

소크라테스의 생애에 대해 알려진 다른 많은 사실처럼, 이 철학자가 『구름』이 공연되는 동안 일어서서 움직이지 않았다는 이야기는 훨씬 더 후대의 사료에서만 발견된다. 아엘리아누스가 글을 쓴 것은 소크라테스가 죽은 지 6세기가 지난 후이기 때문에 일부 역사학자는 그가 다시 언급한 이 일화가 흥미진진한 소설에 지나지 않는다고 생각한다.[8] 어쩌면 이 일화는 소크라테스가 몇 시간 동안 계속 서 있곤 했다고 증언한 위에 언급한 사례들을 토대로 했을지도 모른다. 그러나 인물사의 증거가 될 수도 있는 이 기록에 대한 이런 평가들은 역사적 방법에 대해, 특히 그의 삶을 설명하는 자료에 가치를 매기는 데 날카로운 의문을 제기한다. 어떤 때라야 역사적 진실을 말해주는 출처로 믿을 수 있을까? 또 믿을 수 없는 것은 어떤 때일까?

학자들은 주로 소크라테스가 『구름』이 공연될 때 실제로 참석했다고 가정하는 것으로 만족한다. 이는 위에서 언급한 바처럼, 기원전 399년 소크라테스가 재판에서 한 유명한 변론 연설을 다룬 플라톤의 『소크라테스의 변명』에서 그 희극이 소크라테스에 대한 배심원들의 시각에 악영향을 끼쳤다는 사실을 암시하고 있기 때문이다. 다른 경우와 마찬가지로 이 경우에도 플라톤은 신뢰할 수 있는 출처일 것이다. 하지만 재판은 이 희극의 첫 공연으로부터 20여 년 후에 열렸고, 이후 공연이 있었다는 기록은 남아 있지 않다. 소크라테스가 정말 그 오래전 무대에 오른 희극이 자신을 묘사한 방식을 언급했을까? 24년 전 공연되어 배심원 대부분이 보지 못했을 이 희극이 그때까지 사람들의 인식에 영향을 미치는 것이 가능했을까?[9]

그렇다면 어쩌면 플라톤이 기록한 재판 연설이 사선의 성확한 기록이라고 믿어서는 안 될지도 모른다. 소크라테스가 변론한 지 수년이 지난 후에 『소크라테스의 변명』이 쓰인 것을 감안할 때, 실제 당시 변론을 플라톤이 얼마나 충실하게 기록했는지 혹은 얼마나 의도를 투영했는지는 명확하지 않다. 소크라테스의 연설 중 아리스토파네스의 『구름』이 자신을 어떻게 묘사했는지 암시하는 부분은 단순히 플라톤이 지어낸 것인지도 모른다. 플라톤은 그의 독자들이 그 희극을 잘 알 것이라고 가정했을 수 있다. 아마도 원작 그 자체가 아니라면 수정된 버전에 대해서라도 말이다. 분명한 것은 플라톤이 아리스토파네스가 소크라테스를 잘못 묘사했다는 것을 기록으로 남기기를 바랐다는 점이다. 우리는 플라톤이 소크라테스의 입을 빌려 전하는 연설의 다른 요소들 또한, 그가 자신이 사랑하는 스승의 삶과 활동에 대해 독자들이 취하기를 바랐던 어떤 시각들을 교묘하게 포함하고 있다고 가정하려 한다.

증거의 무게

의심의 여지가 너무 많은 탓에 젊은 소크라테스나 나이 든 소크라테스의 진정한 역사적 재건은 점점 멀어져가는 듯하다. 아리스토파네스에 의해 희극적인 목적으로 만들어졌든 그에게 공감하는 두 전기 작가 플라톤과 크세노폰에 의해 좀더 진지하고 근본적으로는 변론의 목적으로 만들어졌든 간에, 우리는 어떻게 소크라테스 묘사에 잠재해 있을지 모르는 왜곡을 넘어설 수 있을까? 소크라테스의 실제 삶과 생각, 특히 그의 젊은 시절의 삶과 생각에 대해 무엇을 알 수 있을까?

소크라테스의 젊을 적 이야기를 조사하는 일은 언뜻 거의 완전한 공백에 기대고 있는 것처럼 보인다. 그의 주된 고대 전기 작가들은 소크라테스의 젊은 시절과 청소년기에 대해 극히 적은 기록을 무작위로 남겼을 뿐이며, 다른 자료들은 침묵을 보충하기 위해 논쟁적인 세부 사항 정도만을 추가한 듯하다. 소크라테스의 젊은 시절에 대한 증거가 부족하다는 것을 감안할 때, 우리는 그의 초기 활동에 대해 완전히 무지해지거나 추측에 기댄 환상을 품게 될 운명일지 모른다. 소크라테스의 젊은 시절에 관한 증거가 왜 중요한가? 그의 젊을 적 경험과 지인들과의 관계는 소크라테스가 중년의 어느 순간 서양철학의 방향을 결정한 철학 활동의 창시자로 변한 이유를 밝히는 데 결정적인 단서가 될 것이기 때문이다. 로마의 웅변가이자 정치가인 키케로가 말했듯 '소크라테스는 철학을 하늘에서 지상으로 끌어내렸다'.

소크라테스 이전의 철학자들은 인간이 어떻게 살아야 하는지 또는 무엇이 진리이고 선인지를 어떻게 탐구해야 하는지에 대해 관심이 별로 없었다. 그들의 탐구의 주된 목적은 우주의 물리적 구성이나 물질세계의 기원 등에 대해 그럴듯한 추측을 제공하는 것이었다. 반대로 소크라테스는 인간의 영혼 혹은 정신을 뜻하는 프시케_psūchē_를 어떻게 해야 가장 잘 경작하고 훈련할 수 있는지를 이해하는 일보다 더 중요한 것은 없다고 생각했다. 그는 델포이 아폴론 신전에 새겨진 '너 자신을 알라'는 금언을 진지하게 받아들였다. 그는 '검토되지 않는 삶은 살 가치가 없다'고 선언하고, 사람들과 개념들에 끊임없이 질문을 던지고 이를 검토하면서 자기 인식의 길을 개척하려고 했다.

그렇다면 무엇이 소크라테스에게 영감을 불러일으켜 그의 독특한 분석적 정신으로 하여금 이렇듯 심오한 도덕적 의미를 지닌 최초의 탐구를 향하게 했으며, 세계가 계승한 그의 도덕적, 윤리적, 인식론적 사고의 방대한 유산을 창조하도록 했을까? 사회적 수용을 포기하고 궁극적으로는 삶 자체를 희생하면서까지 그가 인간 존재의 의미에 대한 완전히 새로운 사고방식을 외골수적으로 집요하게 또 멈추지 않고 추구한 이유는 무엇일까? 그러기 위해 그는 어떤 지적, 정서적 장애물을 맞닥뜨리고 극복했을까? 사랑에 빠지고 실패하는 것을 포함해 젊은이로서 어떤 개인적인 경험이 그의 비전을 형성하고 삶의 방향을 바꾸었을까?

낮은 지위의 석공과 산파의 아들로 알려진 소크라테스의 초년 시절은 그다지 흥미롭지 않아 보인다. 군인으로서 국경을 넘나들며 왕성한 삶을 살았다는 점은 인정될지도 모르겠지만, 역사 속 소크라테스는 완벽한 사상가처럼 보이며 그가 그전에는 어떤 사람이었는지 알아봐야 한다고 주장하는 사람은 거의 없다. 그러나 소크라테스의 생애와 직업의 연대기를 연구하면서, 플라톤, 크세노폰, 심지어는 아리스토파네스도 그를 알기 훨씬 더 전인 그의 청소년기 혹은 더 이전 경험에서 일어났던 사건들이 미래의 사상가를 만드는 데 결정적인 역할을 했으리라는 사실이 점점 더 분명해졌다.

소크라테스의 젊은 시절에 대한 증거가 명백히 부족하기에 학자들과 역사가들은 철학적 삶과 사상을 빚어들이게 된 소크라테스의 지적 혹은 감정적 궤도를 적절히 설명할 방도가 없다고 생각하게 되었다. 그러나 간과되거나 잘못 해석돼온 증거를 토대로 소크라테스의 젊은 시절에 대해 더 나은 설명을 제시할 수 있는 길이 있다. 이 길은 소크라테스가 젊을 적의 사회적, 역사적 배경을 다시 소환하여, 주변의 여러 세부 상황에 근거해 그의 젊음과 지적 성장에 대한 이야기에 살을 붙인다. 이는 주된 전기 자료들의 명백한 모순과 침묵을 더 자세히 검토하고, 덜 알려진 자료의 기여도를 재평가하도록 한다. 그리고 소크라테스의 전기 작가들이 무엇을 소홀히 하거나 보류하고 혹은 간과했는지, 왜 그렇게 했는지 고려해야만 한다고 말한다.

'사랑에 빠진 소크라테스'라는 주제에 접근하기 위해서는 그가 적극적인 활동을 했을 것으로 보이는 사건들의 증거인 역사적 자료로부터 한발 더 나아가야만 한다. 소크라테스의 중년기 이후에 태어나 나이 든 소크라테스밖에는 알지 못했던 플라톤과 크세노폰이 그에게 부여한 자질을 새로운 각도에서 들여다볼 필요가 있다.[10] 그리고 이는 주요 전기 작가들이 제시한 모습보다는 그의 삶과 관련해 보존돼 있는 좀 덜 체계적인 증거들을 살펴보게 한다.

플라톤, 크세노폰 등이 제공하는 초기 자료뿐 아니라 키오스의 이온과 아리스토텔레스, 아리스토크세노스 등 좀더 공정한 증인에게서 나온 인용 등의 단편들, 1~2세기 플루타르코스와 3세기 디오게네스 라에르티오스 등 후기 저자의 작품에서까지 우리는 소크라테스에 대한 이야기와 일화를 찾아볼 것이다. 이온은 소크라테스의 동시대 선배이고, 아리스토텔레스와 아리스토크세노스는 후대 사람(아리스토텔레스는 플라톤의 제자이자 아리스토크세노스의 스승이다)이지만 소크라테스와 친분이 있던 나이 든 사람들을 알았을 것이다.

이런 자료들의 증언은 현대 역사가 대부분은 간과했던, 또는 부분적으로는 플라톤이나 크세노폰의 영향으로 정보가 빈약하거나 혹은 근거 없거나 적대적인 조작이라고 여기고 폐기했던 우상화되지 않은 전기적 관점을 제시한다. 예를 들어 우리는 소크라테스가 젊은 시절 연상의 남자 애인과 함께 사모스로 여행을 갔다는 것, 그가 한 번 이상 결혼했다는 것, 그리고 부동산을 임대함으로써 생활을 유지할 수 있었다는 것을 알게 된다. 이런 것들이 만약 사실이라면 소크라테스에 대해 일반적으로 언급되는 것과는 매우 다른 소크라테스의 모습을 발견하게 되는 셈이다.

이런 종류의 정보는 얼마만큼의 신뢰성을 지닐까? 모든 역사적 탐구는 자료에 나타난 증거를 따져보면서 그것으로부터 설득력 있는 이야기를 만들어낼 것을 요구한다. 고대 전기 작가들의 소크라테스는 소설이 아니라면 적어도 선택적이고 상상력이 풍부한 재구성이라고 할 수 있다. 아리스토파네스의 '소크라테스'는 플라톤의 소크라테스와 다르고, 플라톤의 소크라테스는 크세노폰의 소크라테스와 다르며, 플루타르코스와 디오게네스 라에르티오스의 소크라테스는 논조나 세부 사항 등에서 또 다르나 모든 자료의 요소를 다 가지고 있다. 우리가 구축할 소크라테스의 이미지는 결국 이들이 각각 말하는 소크라테스 모두와 달라질 수밖에 없을 것이다.

찾을 수 있는 역사적 가치를 지닌 증거를 이용하고 이 철학자의 활동에 뼈대가 되는 사건들의 연대기에 특별히 주의를 기울인다면 소크라테스에 대한 상상적 구성을 창조하는 데 공정하면서도 권위를 지닐 수 있을 것이다. 나만의 소크라테스를 보여주고 싶은 주된 이유는 소크라테스의 젊을 적 삶이 대체로 모호한 것과 관련된 현존하는 증거들이 새로운 관심과 재평가, 재해석을 명령하기 때문이다. 이 증거들을 새로운 관점으로 고려함으로써 우리는 이 철학자의 젊을 적 삶이 어떤 과정을 거쳤을 수 있고 그것이 그의 사상이 발전하는 데 얼마나 중요했는지 이전보다 훨씬 더 잘 이해할 수 있다.

생애와 사상

왜 소크라테스의 삶에 관심을 가져야 할까? 많은 사람이 생각하기에 정말로 중요한 것은 전해 내려오는 그의 철학적 사상과 방법일 것이다. 소크라테스는 무엇보다 서양의 지적 전통을 세운 위대한 인물 중 한 명으로 존경받고 있다. 플라톤에 의해 알려진 그의 사상은 삶과 진리 그리고 지식에 관한 우리의 사고방식을 변화시켰고, 도덕적이고 철학적인 사고의 광대하고도 귀중한 유산을 인류에게 남겼다. 철학자 앨프리드 노스 화이트헤드는 "유럽 철학의 전통을 가장 믿을 만하게 일반화해서 말한다면 플라톤 철학의 주석이다"라고 있다. 플라톤의 대화편은 소크라테스가 제기한 질문에 우리의 관심을 집중시키는데 그 질문은 현대 세계와도 여전히 관련되어 있다. 정의란 무엇인가? 좋음이란 무엇인가? 우리는 실질적으로 무엇을 할 수 있는가? 교육의 목표는 무엇인가? 용기의 의미는 무엇인가? 인간은 어떻게 사는 것을 목적으로 삼아야 하는가? 사랑이란 진정 무엇을 뜻하는가?

하지만 소크라테스의 전기 또한 중요하다. 그는 아무런 저서도 남기지 않았지만 그가 자신의 철학적 원칙을 위해 살고 죽었기에 그의 사상이 살아남을 수 있었다. 그의 삶이 충실한 추종자인 플라톤과 크세노폰에게 후세에 이야기를 전하도록 동기를 부여한 것이다.[11] 이는 그의 사상의 내용뿐 아니라 그의 삶과 죽음의 방식도 중요하게 만든다. 기독교 창시자와의 비교가 불가피한데, 신약성서에 나오는 예수의 생애와 죽음에 대한 이야기는 그의 메시지를 인식하고 이해하는 데 필수적이다.[12] 특히 소크라테스가 아테네 국가에 의해 처형된 것에 관해서는 그것이 정의로웠는지를 비롯해 그 밖의 여러 가지가 여전히 논쟁 대상이다. 소크라테스의 가장 총명하고 헌신적인 제자 플라톤은 그것이 끔찍한 잘못이었다고 확신했고, 소크라테스가 자신이 전달하려고 했던 진리의 순교자라는 것을 보여주기 위해 소크라테스의 사상을 알리는 데 인생을 걸었다.

그렇다면 우리는 어떻게 소크라테스라는 한 남자가 철학자 소크라테스로 변화한 것에 대해 그럴듯한 설명을 재구성해낼 수 있을까? 기원전 423년 『구름』이 공연될 당시 소크라테스는 우리가 이미 살펴보았듯 40대 중반이었다. 이 희극이 시사하는 바에 따르면 그는 이미 잘 알려져 있었고, 무엇보다 무일푼의 교사이자 젠체

사랑에 빠진 소크라테스

하는 지식인으로 인식되고 있었다. 플라톤을 통해 알려져 있듯 불과 1년 전 델리움 전투에서 눈에 띄게 용맹하게 싸웠으며 인기 있는 바람둥이 정치가 알키비아데스 등 아테네 공직 생활에 영향력이 있는 인물들과 오랫동안 관계를 맺었음에도 불구하고 이런 꼬리표는 그에게 계속 따라붙었다. 인생의 어떤 단계에서 소크라테스의 행동가로서의 경력이 사상가로서의 경력에 굴복했을까? 그리고 그런 변화는 왜 일어났을까? 내가 볼 때 이런 증거들이 우리를 계속해서 그의 젊은 시절의 삶과, 궁극적으로 이 책의 제목인 소크라테스의 사랑에 대한 이야기로 나아가도록 이끈다.

1장

소크라테스의 사랑을 위하여

SOCRATES IN LOVE

'사랑이란 무엇인가?' 깜박이는 오일 램프로 밝혀진 아테네 비극 작가 아가톤의 화려한 거실에서 이런 질문이 제기된다. 때는 바야흐로 기원전 416년. 침상에 비스듬히 누운 남성들이 촉각을 곤두세우고 소크라테스의 연설을 듣고 있다. 참석자 중 몇 사람은 이미 이 주제에 관해 연설을 했고, 이제 소크라테스 차례다. 들창코에 두 눈 사이가 넓은, 땅딸막하지만 건장한 체격을 지닌 50대의 이 남자는 넋을 빼는 존재감을 가지고 있다. 그가 은근한 자신감을 풍기며 말한다. "내가 실제로 알고 있는 한 가지가 바로 사랑이네!"[1]

소크라테스는 진심으로 말하는 듯하다. 하지만 청중은 그가 역설의 귀재라는 것을 알기 때문에 그가 말하는 것을 액면 그대로 받아들여야 할지 확실히 알지 못한다. 그들은 델포이 신전에서 여사제 피티아Pythia의 입을 통해 수수께끼 같은 신탁을 내리는 아폴론 신의 진실성을 의심하지 않는 것과 마찬가지로 소크라테스가 진실을 말하고 있다는 것을 의심하진 않는다.[2] 그러나 소크라테스가 이미 '내가 아는 한 가지는 내가 모른다는 사실이다'라고 주장한 것으로 유명했다는 점을 감안할 때 그가 '안다'는 것은 무엇을 의미하는가?

델포이 신탁의 진술이 애매하기로 악명 높았던 것처럼 소크라테스의 진술도 종종 숨겨진 의미가 있는 듯 보인다. 소크라테스가 사용하는 '사랑'이라는 뜻의 단어 에로티카*erōtika*는 문자 그대로는 '에로스Eros와 관련된 것들' 또는 '에로스적 영역'이고, 희랍어로 '질문한다'는 의미인 에로탄*erōtan*과 비슷하게 들린다. 소크라테스는 대답은 하지 않고 늘 질문만 하는 사상가로 이름을 날렸기 때문에 아마도 그의 발언은 아이러니한 말장난을 감추고 있을지 모른다. 그는 청중에게 사랑에 대한 그의 앎이 사실은 질문하는 기술에 있다고 말하고 있는 것일까?

사랑의 신비

소크라테스가 이어서 한 말은 '사랑이 무엇인가'에 대해 충분한 답을 제공하지만 그 자신의 대답은 아니다. 그는 오래전, 아마도 젊었을 때 지혜로운 여성 디오티마에게 사랑에 관한 질문들을 했으며, 그의 말은 그녀가 해준 대답을 전달하는 것일 뿐이라고 참석자들에게 설명한다. 사랑에 관해 연설하는 동안에도 소크라테스는 그 문제에 대해 자신만의 이론을 가진 사람이라기보다는 질문자로 남아 있다. 그는 디오티마를 아테네에서 서남쪽으로 약 160킬로미터 떨어진 펠로폰네소스 중심부의 도시 만티네이아에서 온 여사제로 묘사한다.[3] 이 도시는 음악과 그들만의 춤으로 유명했다.[4] 그러나 소크라테스는 최고의 음악이란 철학, 즉 지혜를 추구하는 것이며 그가 디오티마에게서 구한 것 또한 지혜라고 주장했다. "이 여인은 에로스에 관한 일을 내게 가르쳐준 분이네." 소크라테스는 말한다.

많은 사람이 이 진술에 중의적 의미가 있다고 생각했지만 소크라테스는 이에 연연하지 않았고, 아무도 웃거나 눈썹을 치켜올리지 않았다. 특이한 것은 전적으로 남자로만 구성된 청중에게 연설하는 가운데 소크라테스가 여성이 자신을 가르쳤다고 말한 일을 플라톤이 전하고 있다는 점이다. 플라톤의 대화편 약 30개를 통틀어 이런 상황은 거의 유일하다. '거의' 유일하다고 하는 이유는 『메넥세노스』라는 대화편에 소크라테스가 페리클레스의 미망인 아스파시아의 지도를 받는 장면이 뚜렷이 묘사되어 있기 때문이다.

일반적으로 디오티마는 가상의 인물로 알려져 있다. 디오티마라는 이름은 '제우스에게 영예를 받았다'(또는 '제우스가 치하하는')는 의미이며 그녀의 고향 마을 이름인 만티네이아Mantinea는 예언자를 뜻하는 희랍어 만티스mantis를 떠올리게 하기 위한 것인 듯하다.[5] 따라서 제시된 바에 따르면, 소크라테스는 여기서 사랑에 대한 심오하고도 신비스러운 학설의 주인이 그 의미를 알 수 있는 특권을 가진 예지적 지혜자인 한 여성이라고 말하고 있는 것이다. 비록 디오티마라는 여성이 존재했는지는 알 수 없지만 『향연』에서 소크라테스는 그녀를 특정한 역사적 활동과 연결시킨다. 소크라테스는 예전에 아테네 사람들이 역병을 막기 위해 제사를 바치고 있을 때 그녀가 지혜를 써서 '역병이 의도된 때보다 10년 지연되게 해준 적이 있다'고 말한다.

이 야릇하디만지 구체적인 주장을 설명하고자 노력한 이는 별로 없었다. 그러나 기원전 430년에 아테네 역병이 발생했기 때문에 소크라테스의 이런 언급은 기원전 440년에 관심을 갖게 한다. 그해에 무슨 일이 있었기에 소크라테스가 아테네 역병이 원래 그때 일어났어야 했다고 지나가는 말로 암시할 수 있었을까?

기원전 440년의 가장 두드러지는 역사적 사건은 유력한 사모스섬에 대한 페리클레스의 정복 원정으로, 이는 오랫동안 사모스섬의 라이벌이었던 이오니아 본토의 밀레투스의 요청에 따른 것이라고 알려져 있다. 이 원정은 여러 측면에서 악명 높은 사건이었다.[6] 첫째로, 해전과 육상전, 오랜 포위 공격을 동반한 이 군사작전에서 페리클레스는 충격적일 정도로 잔혹했다고 한다. 이 암울한 이야기는 기원전 4세기 후반 사모스의 통치자였던 두리스가 사모스 역사를 책으로 편찬하며 들려주었다. 두리스가 기록한 바에 따르면 해전에서 적을 물리친 페리클레스는 사모스의 지휘관과 해군을 밀레투스 시장에서 십자가에 매달았다고 한다. 아테네에 대항한 사모스 함대의 지휘관 중 한 명이자 20년 전쯤 소크라테스가 평화 시에 사모스를 방문했을 때 개인적으로 만났을지 모르는 철학자 멜리소스도 페리클레스의 희생자였을지 모른다.

페리클레스가 십자가에 못 박힌 사모스인들을 열흘 뒤 몽둥이로 때려 죽이고 시신은 장례식도 없이 내버렸다고 두리스는 계속해서 기록한다. 그의 행동은 신에 대한 공격으로 받아들여졌을 것이다. 신에 대한 공포심을 품고 있는 그리스인의 눈으로 볼 때 이는 아테네에 대한 신의 보복을 불러올 것이 자명했고, 전염병은 그러한 죄에 대한 전형적인 형벌로 간주되었다. 그 결과가 즉시 나타나시는 않았지만 (그의 두 아들 크산디포스와 파랄로스뿐 아니라) 페리클레스를 희생자로 만든 역병이 기원전 430년 아테네를 덮치자 많은 사람은 이것이 10년 전 사모스에서 행한 아테네인들의 비양심적인 행위에 대한 신들의 지연된 형벌이라고 생각했다.[7]

둘째로, 페리클레스의 사모스에 대한 무자비하고 편중된 공격은 사모스의 최대 라이벌인 밀레투스에서 건너와 그와 동거한 여성 아스파시아를 기쁘게 하기 위한 것이라고 널리 알려져 있었다. 그리스인들은 사건이나 행동 뒤에 있는 여성의 영향력을 알아보라는 프랑스식 표현 "여자를 찾아보세요cherchez la femme"가 지닌 관념에 충분히 익숙한 사람들이었다. 그리스 최고의 시인 호메로스도 트로이전쟁의 배후로 헬레네를 지목한 바 있다. 당대의 희극 작가로 아리스토파네스의 선배이자 라이벌인 크라티노스와 유폴리스는 아테네 정치에 악영향을 끼친 아스파시아를 '매춘부' '사생아의 어머니'(비아테네 출신 여성의 자식은 사생아로 간주되었다) 같은 경멸적인 용어로 묘사하며 매우 성차별적인 모욕을 가했고, 그녀의 고향인 밀레투스는 남근 수출을 독점한 도시라고 빈정거렸다.[8] 이로 인해 페리클레스는 살아 있는 사람에 대한 모욕을 금하는 일시적 검열법을 아테네에서 최초로 통과시켰다.[9]

그렇다면 플라톤은 지연된 아테네 역병의 문제를 언급함으로써 디오티마의 진짜 신원에 대한 단서를 남겼던 걸까?『향연』에서 '디오티마'는 실제 인물 아스파시아를 위장한 것일까? 기원전 440년의 사건들에 대한 언급으로 플라톤의 독자들은 분명히 페리클레스가 사모스를 포위한 일과 그에 관련된 아스파시아의 역할, 그리고 페리클레스의 명령에 따른 사모스 사람들의 끔찍한 죽음을 떠올렸을 것이다. 이런 악행으로 불안해진 아스파시아가 속죄의 제사를 지내 신의 노여움을 달래는 길을 찾았을지도 모르는 일이다.[10]

추가적인 단서는 '제우스에게 영예를 받았다'는 '디오티마'라는 이름의 뜻에 있다. 희극 작가(특히 크라티노스)들은 종종 페리클레스를 '제우스'란 별칭으로 불렀는데, 이는 대중이 그렇게 칭했기 때문이다. 신들의 왕인 제우스에 비유하는 것은 그의 숭고한 '올림포스의 신 같은' 연설뿐 아니라 정치적 우세 또한 인정하는 일이었다. 희극 배우들은 아스파시아를 제우스 아내의 이름인 '헤라'로 불렀고, 게다가 페리클레스는 아스파시아를 특별히 영예롭게 대우했다. 플루타르코스는 페리클레스가 그녀에게 하루 두 번, 집을 나설 때와 돌아올 때 사랑이 담긴 입맞춤을 했다고 전한다.[11] 그러한 행동은 고대 아테네인의 삶에서 매우 이례적이었던 모양이다.

되돌아보면 디오티마의 정체성에 대한 이러한 단서들은 실수일 수 없다. 플라톤은 『메넥세노스』에서 소크라테스의 스승으로 인정받은 아스파시아가, 『향연』에서 이야기되는 교리를 오래전 젊은 소크라테스에게 전해준 '현명한 여성' 속에 숨겨져 있다고 확인해주는 듯하다. 플라톤은 사모스섬 사건에 연루된 아스파시아의 역할과 그 영향에 대해 확실하게 알고 있었고, 이런 변장은 이 문제에 조금이라도 관심을 기울일 만하고 역사적 편견으로 시야가 가려지지 않은 사람이라면 누구나 알아차릴 수 있을 만큼 뻔한 것이다. 그럼에도 불구하고 플라톤은 왜 그녀에게 가면을 씌우려고 했을까?

사모스 전투는 페리클레스의 군사적 성공으로 전시되었고 아테네인들 눈에는 그렇게 보였지만, 소크라테스뿐 아니라 다른 그리스인에게는 페리클레스와 아스파시아 모두에게 오점으로 남을 사건이었다. 이는 『향연』을 통해 사랑에 대한 디오티마의 가르침을 전달받는 독자들의 생각에 부정적인 영향을 끼칠 수 있을 터이고, 플라톤은 이를 피하기 위해서 비록 소크라테스 스스로는 그렇게 했을지언정 아스파시아를 노골적으로 사랑의 가르침의 창시자로 부르고 싶지 않았을 수 있다.

더구나 이 경우 문제의 가르침은 사랑의 작용에 관한 것이었는데, 이것은 분명 젊은 소크라테스가 예전에 경험한 어떤 것보다도 더 깊이 그의 생각과 행동에 영향을 미친 듯하다. 소크라테스가 몸담고 있던 문학적이고 시적인 전통은 인간의 삶과 행위의 중심에 사랑이 있다고 정의했다. 이를 대표하는 것은 호메로스 등 비극 작가들의 신화적 이야기와 아르킬로코스, 사포, 아나크레온 등 서정시인들의 사랑 노래다. 우리가 어떻게 살아야 하는지에 관한 철학적 견해는 또한 그의 젊은 시절 중요한 경험에 의해 형성되었을 것이고, 그 경험 중 가장 중요한 것은 생각건대 그 당시 제일 유창한 언변을 지닌 여성으로 인정받던 아스파시아와의 만남과 개인적인 교류였다. 비록 그녀는 일반적으로 고대와 현대 역사가들에게 인정받지 못했지만, 이러한 이유로 고대에서 가장 지적 영향력이 있는 여성으로서 그 공로를 치하받아야 한다.

에로스 찬가

소크라테스가 죽은 지 10년 이상 지난 기원전 380년에 쓰인 『향연』은 수십 년 전의 사건을 기술한다. 우리는 플라톤이 묘사한 그대로 사건이 발생했다고는 생각할 수 없다. 파티가 열렸을 것이고, 소크라테스가 참석했을지도 모른다. 플라톤이 쓴 것처럼 에로스에 대한 그런 토론이 있었는지, 플라톤이 각각의 인물에게 할당한 자세한 연설이 실재했는지는 확실하지 않다.

플라톤은 기원전 424년경 태어났고, 향연이 열렸던 바로 그 시점인 기원전 416년에는 소년이었다.[12] 젊고 우아하며, 현란한 여성적 문체를 구사하던 아테네 극작가 아가톤은 그해 겨울 끝자락에 열린 종교 축제 레나이아Lenaia에서 비극으로 1등상을 받았다.[13] 디오니소스 극장에 오른 아가톤의 비극은 아티카의 마을과 동네에서 온 수천 명의 관중 앞에서 공연되었다. 그해의 비극 공연은 레나이아에서 열렸기 때문에 바다로 향한 그리스인은 거의 없었고, (기원전 423년 『구름』이 공연된 디오니소스제와는 다르게) 아테네인이 아닌 방문객이 그 축제에 온 경우는 거의 없었다.

『향연』에서 아가톤의 친구들은 그가 받은 상을 축하하기 위해 이틀 밤 뒤 그의 집에 모여 파티를 열었다. 희랍어로 향연 *symposion*은 머리를 쓰는 현대적 의미의 학술 대회라기보다는 문자 그대로 '함께 마시는 것'을 뜻한다. 그러나 플라톤은 참석자들이 지난 48시간 동안 충분히 술을 마셨다는 데 모두 동의했다고 적는다. 일부는 여전히 숙취 상태였고 그들 중 한 명인 의사 에릭시마코스는 와인을 지나치게 탐닉하는 데 따르는 위험을 의식하고 있었다. 그래서 그들은 술을 더 마시기보다는 사랑을 찬양하는, 혹은 사랑을 의인화한 에로스와 그가 대표하는 모든 것을 찬미하는 연설을 하기로 결정한다.

왜 사랑일까? 왜 에로스일까? 소위 '대화dialogue'—화자들 간에 주고받는 이야기의 심도가 매우 다양함에도 불구하고 이 용어는 플라톤의 모든 작품에 사용된다—에 참석한 남자는 대부분 헌신적인 친구나 연인으로 소개된다. 소크라테스 자신과 희극 작가인 아리스토파네스만 제외하고 그들은 파트너나 친한 친구들과 함께 저녁 파티에 참석한 것으로 그려진다. 토론의 주제를 제안한 이는 에릭시마코스의 오랜 친구인 젊은 파이드로스다. 그는 사랑, 즉 에로스 신은 시인과 연설가들의 공식적인 찬사를 받은 적이 없지만 그럴 자격이 있다고 주장한다. 찬양 연설을 하는 그는 젊음의 열정으로 가득 차 있다.

그 저녁 파이드로스의 에로스 찬가에 이어 아리스토파네스를 포함한 여섯 명의 참가자가 돌아가며 진지하건 그렇지 않건 간에 사랑에 관한 자신의 개념을 설명한다. 아리스토파네스가 이 향연에 참석했다는 사실은 그가 『구름』에서 '소크라테스'라는 인물을 조롱했음에도 실제로 그와 소크라테스는 (적어도 나중에는) 사이가 좋았음을 시사한다. 이 대화편의 에로스 찬양에서 이 희극 작가는 신화의 형식을 빌려 『향연』의 모든 연설 가운데 가장 기억에 새길 만한 역작을 남긴다.

아리스토파네스가 말하길, 원래 인간은 남성와 여성을 함께 가진 남녀추니였다.[14] 그들은 전체가 구형으로 둥글고 네 개의 팔과 네 개의 다리가 달린 땅딸한 생명체였으며, 반대 방향을 보고 있는 두 개의 얼굴과 네 개의 귀, 두 개의 생식기 등을 가지고 있었다. 그들의 오만한 힘은 스스로를 지나치게 야심적이게 만들었고, 그들은 실제로 신들을 공격하기 위해 하늘로 올라가려고 했다. 그러자 제우스와 다른 신들은 어떻게 해야 할지 논의했다. 그들은 인간을 전멸시킬 생각은 없었다. 이는 그들이 얻을 수 있는 모든 제사와 영예의 끝을 의미하기 때문이다. 그래서 제우스는 이들을 둘로 나눠 생명체의 힘을 약화하는 계획을 생각해냈고 마치 철사로 삶은 달걀을 가르듯 그들 중간을 잘랐다. 원래 하나였던 생물체가 둘로 잘리자 각각의 반쪽은 나머지 반쪽을 그리워했고, 그들은 서로 다시 붙기 위해 헛되이 필사적으로 노력했다. 아리스토파네스는 계속해서 말한다. 우리 각자는 단지 온전한 인간의 반쪽일 뿐이며, 또 다른 반쪽을 찾기 위해 영원히 헤매고 있다. 사랑은 우리 본래의 본성을 회복하려고 하는, 그래서 다시 온전해지길 원하는 힘이다.

고의적으로 우스꽝스럽고 터무니없게 꾸며졌는데도 불구하고 사랑은 '우리의 또 다른 반쪽을 찾는 것'이라는 관념에 살을 붙인 아리스토파네스의 신화적 이야기는 익숙하면서도 매혹적인 진실처럼 보인다. 그러나 이야기의 함축적인 의미를 끌어낸다면 썩 만족스럽지 못한 사랑의 그림이 떠오른다.

첫째로, 사람들은 원래 '다른 반쪽들이' 죽었거나 오래전에 사라졌기 때문에 사랑을 찾기 위한 탐구에 늘 실패할 것이다. 그래서 오늘날 인간들은 그들이 갈망하는 온전한 하나 됨을 발견할 수 없으며 본래의 다른 반쪽이 될 수 없는 사람들과 관계를 맺어야만 한다. 그러나 아마도 더 중요한 점은 사랑의 궁극적인 이상이 거울에 비친 자신의 모습을 찾는 것이라는 암시일 터이다. 이는 사랑을 하는 사람이 애당초 제우스의 불만을 초래한 바 있는 전능한 자신에 대한 도취에 다시 안주하도록 허락한다. 사랑을 하는 사람은 이에 만족하여 독립적이며 상냥하나 비판적인, 사랑을 하는 다른 인간의 영향 아래서 새롭게 심리적, 정신적으로 성장하기보다는 단지 그가 상상하는 합일적인 유아기의 자신을 반복할 뿐이다.

이런 결과는 소크라테스가 연설에서 사랑의 중요성과 능력의 핵심으로 주장한 것과 반대된다. 소크라테스는 연설 중에 자신이 하는 얘기가 단지 꾸며낸 것이나 그럴듯한 소설이 아니라고 말한다. 그는 한때 자신이 디오티마로부터 사랑에 대해 들은 대로 사랑에 대한 진실을 말하겠다고 한다. 플라톤의 말에 따르면 그 사랑의 교리는 청자들을 신비의 중심으로 밀어넣는다.

디오티마에 따르면 사랑은 사다리의 이미지로 이해될 수 있다. 사다리 맨 아래 층은 매력적인 개별자에 대한 육체적인 욕망을 수반한다. 사랑을 하는 사람들은 그 아름다움에 자극을 받아 사랑하는 대상과의 성관계를 통해 아이들을 낳음으로써 자신의 사랑을 영원하게 만들려고 한다. 그러나 사다리를 올라가며 사랑하는 대상의 본성이 바뀐다. 진정으로 사랑받는 대상은 단지 다른 육체나 어떤 사람이 아니라 그 사람에게 속하는 선과 미의 성질들, 즉 그 사람을 사랑할 만한 가치가 있게 만드는 성질들이다. 디오티마는 그러한 성질들이 사랑을 하는 사람에게 사랑을 받는 사람과 영원히 소멸하지 않는 관계를 지속하고자 하는 욕구를 발생시킨다고 말한다. 마지막으로 사다리 꼭대기는 사랑을 하는 사람에게 선과 아름다움의 영원한 가치를 선사한다. 이 단계에서 계몽된 인간들은 물질세계를 초월하여, 성관계를 통해 육체적인 후손을 만들고자 하는 것이 아니라 그들이 마주치는 아름다움에 의해 자극된 이데아에 살고자 한다.

이런 유의 계시는 미스터리로 불리기 충분할지도 모른다. 사랑이 무엇인지에 대한 해답을 제시하려는 수많은 시도 중 플라톤의 『향연』은 가장 큰 신비 가운데 하나로 남아 있다. 이는 성적인 요소가 배제된 두 사람 사이의 깊은 애정을 뜻하는 '플라토닉 러브'라는 유명한 개념을 낳았고, 이 개념은 플라톤이 이 대화편을 쓴 이후 수천 년 동안 논란의 대상이 되어왔다.

플라톤은 자신이 묘사한 파티에 그 자신은 참석하지 않았음을 분명히 한다. 기원전 416년의 그 극적인 날에 플라톤은 여덟 살 소년이었을 것이다. 대신 그는 아리스토데모스라는 사람의 입을 통해 이 이야기를 전한다. 그런데 아리스토데모스도 그곳에 있지는 않았고 어떤 사람에게 전해 들었는데, 그 사람이란 결과적으로 플라톤의 형제 글라우콘에게 이 이야기를 들려준 이다. 이런 의도적인 거리 두기는 이 이야기가 사실에 근거하는지, 그리고 그것이 그 진행 과정을 꾸며낸 허구의 설명 외에 다른 어떤 것이 될 수 있는지에 대해 의구심을 갖게 한다. 어쩌면 『향연』은 사랑의 개념에 대한 소크라테스나 다른 사람의 설명이 아니라, 결국 현상에 대한 플라톤 자신의 탐구로 이해되어야 할 것이다. 그렇다면 '진짜 소크라테스'는 사랑과 어떤 관계가 있는가?

사랑꾼 소크라테스

많은 사람에게 사랑이라는 주제는 소크라테스가 규정하고 행하는 정의正義, 좋은 삶 그리고 진실 탐구보다는 덜 소크라테스적으로 보인다. 그러나 사랑은 다양한 현상 속에서 사람들의 삶과 일의 토대가 된다. 사랑에 대한 가장 완전하고 유명한 설명은 『향연』에 실려 있다. 하지만 플라톤이 보여주듯 철학 — 철학은 희랍어로 필로소피아*philosophia*이며 이는 '지혜에 대한 **사랑**'을 의미한다 — 에 바쳐진 소크라테스의 삶 속에서도 사랑은 그가 친구와 추종자 그리고 제자와 맺은 무수한 인간관계에 영향을 미쳤다.

소크라테스가 사랑에 몹시 열중한 철학자였다는 것을 우리가 안다면, **사랑에 빠진 소크라테스**에 대해서도 이해할 수 있을까? '사랑에 빠졌다'라는 말의 낭만적인 의미는 필연적으로 인물에 대한 불확실한 암시를 불러일으킨다. 그것은 욕망의 대상이나 사랑받는 그 사람에게 사로잡힌 철학자를 상상하게 만든다. 그러나 플라톤과 크세노폰의 저술이 묘사하는 소크라테스의 일반적인 이미지에서 애정 생활은 더 높은 윤리적, 철학적, 교육적 목표에 명백히 종속되어 있다. 플라톤과 크세노폰은 사적이거나 에로틱한 본성과 관련된 에피소드들이 아니라 바로 이런 고상한 취지와 관련된 소크라테스의 활동들이 그의 가장 잘 알려진 역사적 사건, 즉 재판과 사형으로 이어졌다고 말하고 싶어한다.

그러나 소크라테스가 "나는 누군가를 사랑하지 않았던 때를 말할 수 없다"고 말했다고 크세노폰은 전하며, 플라톤 역시 소크라테스가 자신은 "늘 사랑에 빠졌다"고 주장했다고 기록한다. 다른 수많은 증언과 함께 이런 진술은 소크라테스가 성적 감정과 애정에 낯설지 않았다는 것을 확인해준다. 두 저자 모두 소크라테스가 특정한 한 사람을 그 누구보다 더 사랑했다고 썼는데, 그 사람은 바로 젊고 아름다운 알키비아데스다. 소크라테스는 그보다 나이가 스무 살 남짓 더 많지만 알키비아데스가 어릴 때부터 그를 알고 있었다. 플라톤의 『프로타고라스』를 보면 기원전 435년경 알키비아데스는 추정컨대 15세였고 소크라테스는 34세였는데 그들은 이미 한동안 서로 알고 지낸 것으로 묘사된다. 『향연』에서 (여기서 30대 중반인) 알키비아데스는 소크라테스가 정신적 의미에서만—그러므로 '플라토닉 러브'라는 용어에 부합하는—그의 애인이었음을 애처롭지만 단호하게 이야기하고 있다. 그러나 바로 그 주장으로 파티 참석자들과 『향연』의 독자들은 소크라테스의 이른바 금욕(절제)이 놀랄 만한 수준이라는 것을 알게 되었다.[15]

소크라테스의 다른 애정 관계나 그가 '사랑에 빠졌을' 수 있는 사람들에 대한 자세한 내용은 찾기 어렵다. 플라톤의 『카르미데스』에서 소크라테스가 젊고 잘생긴 카르미데스에게 순간적으로 반한 것은 확실하다. 플라톤은 카르미데스의 벗은 몸을 보고도 육체적 욕망에 빠지지 않는 소크라테스를 묘사한다. 그 순간 욕망은 빠르게 지적이고 철학적인 더 깊은 관계에 자리를 내준다. 곧 절제에 대한 논의가 이 대화편의 주제가 된다.

그렇다면 크산티페는 소크라테스의 로맨틱한 애정의 대상이었을까? 그녀의 이름은 알크마이오니다이 집안 출신이며 아테네의 지도자인 페리클레스와의 가족 관계를 함의하는 것으로 생각되어 왔다. 페리클레스의 아버지 이름은 크산티포스이며 이는 페리클레스 장남의 이름이기도 하다. 만일 그렇다면 그녀는 명문가 출신인 것이고, 늙은 소크라테스가 생활하는 데 필요한 지참금을 가져왔을지도 모른다. 플라톤에 따르면 크산티페는 소크라테스와 결혼하여 소프로니스코스, 메넥세노스, 람프로클레스를 낳았고 소크라테스가 죽을 때까지 그와 함께 살았다. 전기 작가들은 그녀를 활기차고 요구가 많은 여성으로 묘사하고 있으며 이후 작가들은 그녀를 여성 혐오적 용어로 '바가지 긁는 여자'라고 폄하하기도 했다. 그러나 소크라테스가 크산티페를 만난 것은 그가 50대일 때였으며 아마도 기원전 416년 이후일 것이다. 그로부터 17년 후 소크라테스가 사형당했을 때 그녀가 어린 람프로클레스를 품에 안고 있었던 것을 보면 결혼 당시 그녀는 20세 이상은 아니었을 듯하나.[16] 소크라테스가 크산티페에 대해 느낀 사랑의 감정이 무엇이었든 그것은 그의 삶과 생각을 바꾸었을지도 모르는 젊은이의 불타오르는 연애 감정은 아니었다.

게다가 플라톤의 기록은 소크라테스의 혼인 관계에 대한 곤란한 진실을 삭제해버린 듯하다. 아리스토텔레스와 아리스토크세노스에 따르면 소크라테스는 두 번 결혼했다. 또 다른 사람들은 소크라테스가 미르토라는 부인과 크산티페와 함께 살았다고 주장하면서 그에게 중혼 혐의를 씌우기도 했다. 미르토는 소크라테스의 부친과 알로페케에서 절친한 친우였던 리시마코스의 딸이다. 역사가 플루타르코스는 소크라테스와 크산티페가 과부가 되고 궁핍하게 살게 된 미르토에게 그저 숙소만 제공했다는 순진한 해석을 내놓았다.[17] 소크라테스는 미르토와 또래이고 어린 시절부터 알로페케 집을 드나들며 그녀를 알게 되었을 것이다.

아리스토텔레스와 그의 제자 아리스토크세노스는 둘 다 소크라테스가 미르토와 결혼했으며 아들로 소프로니스코스와 메넥세노스를 두었다고 쓴다. 이 작가들은 타당한 이유 없이 플라톤의 설명을 반박하지는 않았을 것이다. 또 아리스토크세노스는 크산티페를 '시민이지만 평민 계급의 여성'이라고 묘사하며 그녀가 훨씬 더 후에 소크라테스와 결혼해서 막내아들 람프로클레스를 낳았다고 말한다.[18] 그렇다면 귀족인 미르토가 소크라테스의 유일한 법적 배우자이자 그의 두 아들의 어머니일지도 모른다.[19] 그러나 『소크라테스의 변명』에서 플라톤은 소크라테스에게 "세 아들, 즉 이미 청소년기인 한 아들과 아직 어린 두 아이"[20]가 있다고 적는다. 플라톤이 자신의 선생을 동정 어린 시선으로 바라보며 사실을 조작하려 했다면 소크라테스에게 보살펴야 할 세 명의 어린아이가 있다고 진술했을 것이고, 그럼으로써 고귀한 태생의 미르토와 예전에 결혼했다는 언급도 아울러 피해버렸을 것이다.

어쨌든 그의 철학적인 생활 방식을 고려해볼 때 소크라테스가 전형적인 아버지들처럼 부지런하게 그리고 열정을 가지고 아버지나 남편의 의무를 수행하기는 힘들었을 것이다. 만약 일찍이 소크라테스가 이전 결혼에서 과부가 된 미르토와 결혼해(아테네에서는 남편이 젊은 나이에 전투에서 죽는 일이 많았다) 두 명의 자녀를 낳았다면 후에 그의 집에서 함께 산 '가난한 늙은 미망인'의 인상을 설명해줄지도 모른다. 이 경우 미르토는 크산티페와 겹쳐 보일 수도 있다. 아리스토크세노스는 두 여자가 항상 싸우기만 했는데, 계속 웃고만 있는 소크라테스를 혼낼 때만 싸움을 멈췄다고 전한다.[21] 아마도 미르토가 죽은 뒤 적절한 때에 크산티페는 소크라테스의 유일한 아내가 되었고 막내아들 람프로클레스를 낳은 듯하다.[22] 그러나 소크라테스가 미르토와 젊을 때 결혼했든 나이 들어 결혼했든 간에 우리는 그녀를 향한 소크라테스의 감정을 전혀 알지 못한다.

또 다른 골칫거리도 있다. 소크라테스에게 푹 빠져 그를 찬미하는 플라톤과 크세노폰 모두 그들이 알고 있는 소크라테스는 잘생기지 않았다고 딱 잘라 말한다. 그들의 묘사대로 고대의 많은 조각품과 그림에 남아 있는 이미지로 볼 때 소크라테스는 아무리 좋게 말한다 해도 호감 가지 않는 외모이고, 최악의 경우에는 아주 못생겼다는 인상을 준다. 고대 흉상들에서 그는 들창코에 두 눈 사이가 멀고, 윗머리가 없으며 벗어진 머리 주변으로 머리카락이 엉클어져 있다. 다른 묘사로는 땅딸한 키, 두툼한 가슴, 그리고 올챙이배를 더할 수 있다. 맞건 틀리건 간에 이런 외모가 로맨틱한 매력이나 욕망을 불러일으키지는 않는다. 이렇게 희망 없는 외모를 가진 사람이 실제로 강한 애정의 결속을 만들어낼 수 있고, 심지어 카리스마와 위대한 내면의 아름다움 덕분에 강한 성적 매력을 발산할 수 있다는 것이 바로 잘생기기로 유명한 알키비아데스가 『향연』에서 새치 있게 또 열정적으로 밝혔던 역설이다. 그러나 순직히 중년의 혹은 노년의 소크라테스가 애인으로서 좋은 점이 많은 인물이라고 하는 것은 많은 독자에게 그리 와닿지 않는 일일 터이다. 우리는 좀더 그럴듯한 시나리오를 위해 그의 젊은 시절을 되돌아볼 필요가 있다.

이 아테네 남자는 심지어 그를 존경하는 제자들에 의해 정력이 왕성하고 '에로스로 충만하다'고 묘사된다. 플라톤에 따르면 그는 젊은 청년 카르미데스의 벌거벗은 몸을 보고 '짐승 같은 욕망'에 사로잡혔으며 제자 중 한 명인 파이돈에 따르면 '여자에 미쳤다'고 하는데, 아마도 그는 젊은 시절 양쪽 성별 모두와 애정 관계를 맺었던 듯하다.[23] 또한 아리스토파네스 등 소크라테스의 젊은 시절을 목격한 사람들은 그의 이른바 흉한 점들에 대해 말한 적이 없는데, 이는 소크라테스가 늘 나중에 묘사되듯 매력 없는 외모로 소문이 났던 건 아님을 시사한다. 중년이 지나면 이전에는 활동적이고 눈에 띄게 탄탄하던 사람도 목살이 늘어지고 머리카락과 근육이 빠지며 허리에 튜브를 차기 시작한다. 예를 들어 헨리 8세는 젊을 때 잘생기고 운동신경이 좋기로 유명했지만 40대에 부상을 당해 활동성이 떨어지고 나서는 점점 더 뚱뚱해졌다. 젊은 소크라테스를 상상하면서 플라톤과 크세노폰이 보여준 '못생긴 연인'의 이미지에 지나치게 천착할 필요는 없다.

기원전 4세기의 한 연설가는 성관계에 대한 아테네의 전형적인 관점을 보여준다. "우리는 즐거움을 위한 매춘부(헤타이라이 *hetairai*), 우리 몸을 매일 돌보는 첩, 그리고 법적 후계자를 낳는 아내를 가지고 있다."[24] 최신의 어떤 자료는 소크라테스가 더 냉철한 지적 연구의 길을 가기 전 젊은 시절에는 성적 행동을 통제하지 못하는 경향이 있었다고 말한다.[25] 소크라테스가 성욕이 강했다면 미르토와 결혼하기 훨씬 더 전, 그리고 크산티페와 관계를 맺기 훨씬 더 전부터 많은 사람과 연애하고 성적 유희를 즐겼을 가능성이 상당히 높다. 젊은 시절의 연애 중 일부는 그의 나이 또래에 그와 비슷한 사회적 배경을 지닌 사람들과 이뤄졌을 것이다.

소크라테스가 '사랑에 빠졌다'고 할 수 있는 경우를 찾기 위해 우리는 그가 청년이었을 때를 살펴봐야 한다. 이는 직간접적 증거에 따르면 그가 멋진 춤꾼이었고, 타고난 군인이었으며, 적극적인 바람둥이였을 때다. 그곳에서 우리는 젊은 소크라테스가 그가 살았던 시간과 장소의 사회적 환경에 맞는 방식으로 '사랑하고 있었을지' 모르는 누군가를 발견할 수 있을 것이다. 우리는 그가 말년에 전념한 활동이나 인간 삶의 다른 중요한 측면들뿐 아니라 사랑 그 자체에 대해서도 독창적인 사고방식을 갖도록 그를 이끈 연애 경험에 대해서도 알 수 있다.

소크라테스가 부당하게 사형당했다는, 전기 작가의 소위 '변론적' 목적을 고려하여 소크라테스의 이야기는 보통 효과적 전개를 위해 역순으로 진행되며, 설령 젊은 시절을 담는다 하더라도 재판과 죽음으로부터 시작하여 거슬러 올라간다.[26] 전기 작가 등이 제시한 10대 시절의 소크라테스에 관한 증거는 매우 부족하기도 하나 어쨌든 거의 자세히 검토되지 않는다. 그러나 의미심장하게도 플라톤은 소크라테스의 삶에서 가장 시기가 이른 사건 중 하나로 칠흑이 아닌 전투의 순간을 제시하고 있다.

『향연』에서 의사 에릭시마코스, 아리스토파네스, 그리고 아가톤을 포함한 다양한 참가자는 에로스에 대해 각각 자신만의 연설을 한다. 연설가 중 한 명인 파우사니아스는 사랑하는 사람을 위해 자신의 삶을 바칠 준비가 되어 있는 것이 사랑이라고 주장한다. 소크라테스가 디오티마의 견해를 설명한 후 사건은 예상치 못한 방향으로 흘러간다. 소크라테스의 친구이자 애인인 알키비아데스가 모임에 갑자기 뛰어든 것이다. 알키비아데스는 소크라테스가 있는 것을 보고 에로스(사랑) 찬가가 아닌 열렬한 소크라테스 찬양 연설을 시작한다. 비록 그의 연설이 묘사하고 기리는 것은 에로스가 아닌 소크라테스의 속성이지만, 대화에 등장하는 말들을 볼 때 플라톤의 목표는 다름 아닌 알키비아데스의 눈을 통해 소크라테스를 인격화된 사랑으로 표현하는 것인 듯하다.

알키비아데스가 연설 중 군 복무라는 가혹한 상황을 견딘 소크라테스의 용맹함을 열렬하게 칭송한 후 우리는 기원전 432년 일어난 전투에서 알키비아데스가 소크라테스에 의해 구출되는 특별한 사건을 경험했음을 알게 된다. 전투에서 알키비아데스의 생명을 구한 것은 플라톤이 기록한 소크라테스의 생애에서 가장 극적이고 격렬한 순간이다.

따라서 일부 독자는 전투에서 사랑하는 친구를 거의 잃을 뻔한 경험이 소크라테스의 삶과 철학에 중요한 전환점이 되었다고 추측해왔다.[27] 사실 플라톤이 전하는 이 성공적인 구출에 대한 설명은 이러한 가정의 근거를 제공하지 않는다. 오히려 『향연』은 37세의 소크라테스가 이미 오래전부터 연애, 돈 또는 명성에 관심이 없는 자유로운 사상가로 인식되었다는 것을 보여주고 있다. 군인적 삶에서 철학적 삶으로 '전쟁터에서의 전환'을 말하는 모든 주장은 소크라테스가 그후 다년간 계속 군인으로 복무했다는 증거와 모순된다. 그러나 이 에피소드는 역사적인 소크라테스에 대한 조사를 시작할 수 있는 유용한 장소를 짚어주며, 이 철학자의 삶과 사랑에 대한 더 많은 이야기, 무엇보다 그의 철학적 전환, 즉 그의 영혼이 걸어간 중대한 여정의 참된 동기를 발견하기 위해 전후로 연구할 수 있는 유리한 지점을 제시한다.

2장

전사 소크라테스

SOCR
ATES
IN
LOVE

포테이디아이아 구출 작전

아테네 군대가 진영을 펼치는 데는 약 1시간이 걸렸다. 군대는 성벽으로 둘러싸인 포테이디아이아에 인접한 들판을 가로질러 그들과 싸우기 위해 모인 적군과 마주보았다. 완전무장한 중무장 보병들은 오른손에 창을 들고 빽빽하게 줄을 맞춰 서 있었다. 둥근 방패가 그들의 왼팔에 묶여 자신과 동료 병사를 칼과 날아다니는 화살로부터 보호할 준비를 하고 있었다. 평야에는 약 3000명의 병력이 줄지어 자리했다.

칼리아데스의 아들 칼리아스 장군의 지휘에 따라 나팔이 울리고 적의 전선으로 향하는 리드미컬한 집격에 맞춰 나팔수들이 요란한 연주를 시작했다. 중무장 보병들의 입김이 차가운 공기 속에서 구름처럼 피어올랐다. 비록 훈련받은 군인들, 몇몇 전투에서 노련미를 보여준 베테랑 용사들이라 할지라도 이 전쟁에서만큼은 앞으로의 전투에 대한 공포로 떨림을 느끼지 않는 사람이 없었다.

소크라테스는 중앙부 전방 왼쪽 날개에 배치되어 나팔수의 리듬에 맞춰 행진했다. 얼굴은 무표정했지만 모든 감각을 열어두고 있었다. 죽는 것이 운명이라면 그렇게 하겠지만 아직은 때가 임박했음을 느끼지 못했다. 그의 관심을 끈 것은 오른쪽 측면에 있어 겯눞으로 보이는 제자 알키비아데스의 태도였다. 알키비아데스는 앞으로 전진하고 있었는데 자부심과 흥분으로 가득 찬 데다 동료 군인들의 흠모를 잔뜩 이고 있는 모양새였다. 그 젊은이는 지나치게 열정적으로 전쟁과 명예를 위해 달려들고 있었다. 소크라테스가 이미 충분히 강조한 것처럼 그는 자기 선을 지켜야 했다. 이것이 그의 첫 전쟁터였지만 마지막이 되어서는 안 됐다. 알키비아데스는 부드러우면서도 두려움을 모르는 사람이지만 동료들과 그를 사랑하는 많은 사람을 위해 자신과 동료 군인들이 위험에 노출되지 않도록 할 의무가 있었다.

적의 전선에 가까워진 우측 군대가 칼리아스의 명령에 따라 속도를 높여 빠르게 전진했다. 적들이 9미터 안으로 다가오자 그들은 큰 소리로 고함을 지르며 적의 목을 겨누고 창을 내찔렀다. 창 수백 개가 달그락거리며 요란한 함성과 뒤엉켰다. 창들은 인간의 살을 꿰뚫으며 자국을 남겼고 사방에서 고함과 비명이 터져나왔다. 거대한 굉음과 함께 군대가 반대편 적들의 방패를 밀고 들어갔다. 아테네의 왼쪽 측면 최전선의 방패들이 적의 공격의 선봉을 잡았을 때였다. 몇 초 만에 선두의 아테네 중무장 보병들이 금속 몸체를 적진 깊숙이 침투시켰다. 병사들이 맞부딪치는 소리며 쨍강거리는 소음이 뼈를 에는 듯했고 군인들은 공포와 전투욕에 차 소리 지르며 잔혹하게 밀고 나아갔다. 그들은 단검으로 적의 방어진을 뚫고 길을 내려 하고 있었다.

이어지는 난투는 그 속에 빽빽하게 뒤엉켜 있는 사람들에게는 끝이 없는 것처럼 보였을 터이다. 실제로 싸움은 한 시간 남짓 계속되었다. 그 무렵 아테네 전선은 효과적으로 적군을 포위해 오른쪽 날개의 중무장 보병들이 점차 안쪽으로 방향을 틀어 상대편의 후방을 공격할 수 있게 되었다. 철의 훈련으로 그들은 밀집 형태를 유지했고, 전진하면서 사실상 난공불락의 전선을 형성했으며 그들 앞에 있는 모든 사람을 죽음으로 내몰았다.

적이 방향을 틀어 도망가기 시작할 때가 대열을 이탈해 적을 뒤따라가고 싶은 유혹이 가장 강하게 엄습할 때다. 그 순간 잔인한 승리의 큰 파도가 몰려들어 성공한 공격자들을 덮친다. 그들은 엄중한 명령과 오랜 기간 연마한 무술 훈련을 잊어버린다. 아테네의 맹습에 약한 측면에 있던 포테이다이아인들이 목숨을 건지기 위해 뒤돌아 도망치자 알키비아데스 앞으로 틈이 벌어졌다. 소크라테스는 그의 어린 친구가 도망가는 적군을 쫓기 위해 대열 밖으로 튀어나오는 것을 보고 공포에 질렸다. "알카비아데스, 뒤로 물러가!" 고함을 질렀지만 소용없었다. 전쟁의 기쁨을 맛본 그 젊은이는 도망치는 적의 무리를 베어내는 데 혈안이 되어 계속해서 잔혹함 하나로 앞으로 달려나갔다.

포테이다이아의 코린토스 동맹국들이 아리스테우스 장군의 지휘 아래 싸우고 있던 전선 한가운데를 향해 이디네 디열에서 힘싱이 터져나왔다. 칼리아스가 적의 칼에 맞아 쓰러졌고 그의 목에서 피가 용솟음쳤다. 아테네의 중무장 보병들이 다시 대열을 맞춰 공격을 재개했고 보복 공격에 대한 즉각적인 조치가 뒤따랐다. 소크라테스는 여전히 알키비아데스에게 집중하고 있었다. 그는 자신의 소대에서 떨어져 나왔지만 위험을 인지하지 못했다. "알키비아데스, 뒤로 물러나!" 소크라테스가 절망에 빠져 다시 소리 질렀다. 하지만 너무 늦었다. 그는 적군이 친구에게 달려들어 위로부터 공격하려는 모습을 공포에 떨며 지켜보았다. 알키비아데스는 잠시 쓰러졌다가 재빨리 디시 일어났다. 그는 잘 훈련된 피리케 댄스 동작으로 오른발을 돌려 적군을 쳐 쓰러뜨렸다. 다른 포테이다이아인들도 더 이상 지원부대가 없는 적군에 빠른 승리를 예감하며 다시 돌아왔다. 창 뒷부분이 알키비아데스의 투구에 부딪혔고 그는 병사들 속으로 사라졌다.

소크라테스가 뒤로 물러나 알키비아데스가 사라진 곳으로 가는 것을 보고 라케스가 왼편에서 소리쳤다. "대열을 유지해, 소크라테스!" 소크라테스는 상황 판단을 위해 주위를 둘러보며 망설였다. 그의 대열은 이제 승리의 확신에 차 전진하며 점차 왼쪽으로 회전했고, 중무장 보병들은 동료들을 방어하기 위해 최선을 다하고 있었다. 곧 그들은 알키비아데스가 죽거나 부상당했을 지역을 벗어나 진격해나갈 것이다.

"알키비아데스를 구하러 가야 해." 소크라테스가 소리쳤다. "내 뒤로 대열에 붙어." "그는 내버려둬." 라케스가 고함쳤다. "대열을 떠나지 마!" 소크라테스는 당황하여 입술을 깨물며 퇴각하는 포테이다이아인들의 이동을 주시했다. 알키비아데스의 흔적은 없었다. 소크라테스의 머릿속에서 단호하게 '지금 가!'라고 명령하는 소리는 너무나 커서 라케스가 직접 귀에 대고 외치는 것처럼 여겨질 정도였다. 소크라테스는 더 이상 망설이지 않았다. 동료 군인들이 놀라서 고함치는데도 소크라테스는 대열을 벗어나 자기 앞에 펼쳐져 있는 소란과 난장판 속으로 몸을 던졌다. 그는 위협적으로 칼을 휘두르며 방패로 적들을 밀쳐냈다.

알키비아데스는 의식을 잃은 채 땅바닥에 쓰러져 있었고 머리와 갑옷은 흙과 피로 얼룩져 있었다. 그를 쓰러트린 타격이 적군에게 치명

사랑에 빠진 소크라테스

적인 상처를 입는 것을 막아주었다. 소크라테스는 엄습할지 모르는 적의 공격을 피하기 위해 좌우를 살피면서 그를 무릎에 받쳤다. 다행히 아무도 그들에게 관심을 기울이지 않았다. 그는 친구의 칼이 땅에 놓여 있는 것을 발견하고는 잡아채 겨드랑이에 끼웠다. 알키비아데스의 멋지게 장식된 방패는 여전히 쓰러진 투사의 왼팔에 묶여 있었다.[1] 소크라테스는 젊은이의 가슴 위에 방패를 놓고 무릎을 꿇어 방패에 묶인 팔과 가슴 사이로 알키비아데스의 몸통을 움켜잡았다. 그리고 천천히 몸을 일으켜 축 늘어진 몸을 땅에서 들어올렸다. 그는 방패 두 개를 앞에 들고 맹렬하게 좌우를 노려보며 아테네 대열을 향해 천천히 뒷걸음질 쳤다. 알키비아데스는 무사했고 자신의 원래 검과 방패를 가지고 또 다른 전투에서 싸울 때까지 살 수 있게 되었다.[2]

역사적 배경

쩝지만 격렬한 전투의 결과로 갈리아스를 포함한 150명의 아테네 중무장 보병이 전사하고 수십 명이 부상당했다. 포테이다이아인과 동맹국들은 두 배의 사망자 수를 기록했다. 그후 며칠 그리고 몇 달 동안 클레이니아스의 아들이자 페리클레스의 추종자인 고귀하고 젊은 알키비아데스는 전투에서의 대담성과 용기로 칭찬을 받고 공식적으로 보상받게 되었다. 그는 첫 전투에서 영웅적인 투사로 자신의 이름을 각인시켰다. 친구를 구하기 위해 동지를 위험에 빠뜨린 것이 불편하다고 생각한 소크라테스는 그 젊은이를 칭찬하는 데는 동참했지만 자신의 행동에 대해서는 어떠한 명예도 받기를 거부했다.

포테이다이아 전투에서 젊은 알키비아데스를 구출한 사건은 플라톤이 묘사한 소크라테스의 삶에서 시기상 가장 앞선 때에 위치한다. 소크라테스는 생동감 넘치는 모습으로 역사의 무대에 등장한다. 그의 나이 30대 후반이었다. 아테네 지도자 페리클레스가 그리스 북부 도시 포테이다이아의 반란을 평정하기 위해 시작한 군사작전에서 소크라테스는 이미 강인하고 노련한 군인이었으며, 전우로 함께한 젊은 알키비아데스는 군인의 의무를 다하기 위해 처음으로 참전한 신병이었다.

기원전 432년 아테네의 군사 원정은 때때로 추위로 얼어붙는 트레이스워드의 넓게 트인 지역에서 시작되었다. 원정의 목표는 멀리 북쪽에 있는 삼지창 모양의 칼키디케반도 서쪽 도시 포테이다이아를 제압하는 것이었다. 그러나 그 군사작전은 비참하고 끝이 보이지 않는 사태로 변질되었으며 전투는 거의 3년 동안 결말을 내지 못했다. 이 사건은 기원전 431~기원전 404년 아테네 동맹국들과 스파르타, 코린토스, 펠로폰네소스 동맹국들 사이에 벌어진 펠로폰네소스전쟁의 서막이었다.

펠로폰네소스전쟁과 그 원인에 대한 우리의 앎은 거의 전적으로 한 아테네 장군, 즉 오롤로스의 아들 투키디데스가 망명 중 집필한 『펠로폰네소스 전쟁사』에 의존한다. 투키디데스는 자신의 작품에서 소크라테스를 언급하진 않지만 페리클레스와 알키비아데스는 중요한 인물로 보았다. 투키디데스는 소크라테스를 잘 알고 있었을 테고 그의 글 역시 종종 소크라테스의 지적 영향력이 반영된 것으로 여겨지기도 한다.[3] 그는 자신이 기술한 많은 전투에서 소크라테스가 중무장 보병으로 싸운 사실을 잘 알고 있었을 것이다.

제2차 세계대전의 기원이 제1차 세계대전의 불만족스러운 여파에서 유래된 것처럼 펠로폰네소스전쟁은 이전의 큰 분쟁인 기원전 490년과 기원전 480~기원전 479년의 그리스-페르시아 전쟁의 반향에 뿌리를 두고 있다. 페르시아 침략자들이 기원전 479년 플라타이아이싸움에서 패배해 퇴각한 뒤 아테네 사람들은 앞으로 있을 수 있는 페르시아의 공격에 대비하여 그리스 국가들의 방어 동맹의 지도자를 자처했다. 이 동맹은 델로스섬에서 공식적으로 맺어졌고 그후 현대 학자들에 의해 델로스동맹이라 불렸다. 동맹의 일원으로서 포테이다이아 같은 그리스 전역의 도시국가들은 희랍어로 포로스*phoros*, 즉 '기부'라고 불린 연간 세금을 돈이나 배 또는 군대로 납부했다.

그 결과 쏟아져 들어온 금, 은 그리고 귀중품은 처음에는 델로스의 금고에 저장되었다. 하지만 약 25년 후인 기원전 454년 아테네의 지도자 페리클레스의 요구에 따라 페르시아의 손에 넘어가지 않도록 하기 위해 금고를 아테네로 옮겼다. 아테네는 기원전 450년경 페리클레스가 부추긴 아크로폴리스의 거대한 건축 프로그램에 이 세금을 사용했고 엄청난 이익을 보았다.[4]

왜 아테네인들은 기원전 432년 그들의 도시에서 약 640킬로미터 떨어진 북부 그리스에서 싸웠을까? 그들의 타깃은 포테이다이아였다. 이 도시는 다른 많은 그리스 동맹 도시처럼 아테네가 부과하는 경제적 부담에 점점 더 분개하고 있었다. 포테이다이아는 어머니 나라 격인 코린토스와는 우호 관계를 유지했으며 그 지역에 대한 아테네의 야심을 염려한 마케도니아의 왕 페르디카스는 포테이다이아가 아테네와 맺은 동맹을 탈퇴하도록 부추겼다.[5] 동맹에서 탈퇴하려는 도시국가들은 아테네인의 적으로 간주되었고 무력으로 잔인하게 짓밟히곤 했다. 포테이다이아는 점점 더 목을 조여올 아테네의 제국화 정책의 새로운 희생자가 될 예정이었다.[6]

전쟁으로의 길

도시국가 포테이다이아는 기원전 7세기 말 펠로폰네소스(그리스 최남단의 넓은 반도)의 코린토스 출신 정착민들에 의해 세워졌다. 이곳에는 바다의 신 포세이돈의 명예를 기린 이름이 붙여졌는데, 코린토스 방언으로 포세이돈을 뜻하는 포테이단*Poteidan*이 도시 이름 포테이다이아의 어원이다. 역사가들이 오용해온 용어일 수 있지만, 일반적인 의미로 포테이다이아가 코린토스의 '식민지colony'인 것이다(희랍어 아포이키아*apoikia*는 문자 그대로 '고향에서 멀리 떨어져 있는 집'이라는 뜻이며 이에 대한 더 나은 번역어는 '위성도시satellite' 다). 델로스동맹 회원국이었던 포테이다이아는 다소 놀랍게도 기원전 5세기에도 어머니 나라 코린토스에서 매년 파견되는 감독관들에게 여전히 관리를 받고 있었다. 이런 상황이 기원전 432년 아테네가 싸움을 일으키도록 한 셈이다.

거의 반세기 전인 기원전 479년 사방이 두터운 성벽으로 둘러싸인 도시 포테이다이아는 페르시아 왕 크세르크세스가 군대를 철수시키는 과정에서 포위됐다. 크세르크세스는 그리스를 정복하기 위해 아시아를 가로질러 행진했지만 플라타이아이싸움에서 격퇴되었다. 포위 중에 마을 사람들과 그 적은 전례 없는 사건을 경험했다. 위대한 바다의 신에게 바쳐진 도시 포테이다이아가 거대한 파도, 즉 역사적 자료에 기록된 최초의 쓰나미에 삼켜진 것이다.

그리스인들과 달리 페르시아 군인들은 대부분 수영을 할 수 없었다.7 그래서 다른 상황에서는 끔찍한 형벌로 여겨질 수도 있었던 이 사건은 포테이다이아 사람들에게 신성한 독립으로 환영받았다. 페르시아의 포위군 수백 명이 익사하자 지휘관들은 포위 공격을 취소해야만 했고 포테이다이아는 신의 도움으로 외국 군대의 점령과 파괴로부터 해방되었다. 비극적인 아이러니로 인해 그러한 운명은 거의 반세기 후인 기원전 430년 포테이다이아인들이 같은 그리스인인 아테네인들에게 겪은 것만큼 나쁘진 않았다.

그리스-페르시아 전쟁 이후 아테네와 그 동맹국들 사이에 적대감이 표면화되는 데에는 그리 오랜 시간이 걸리지 않았다. 낙소스섬 주민들이 기원전 471년경 연맹에서 탈퇴하려 할 때 아테네가 그들을 정복했고 그 도시의 벽을 허물었다. 트라케 연안의 타소스섬은 기원전 465년 동맹에서 이탈했지만 2년간 포위 공격을 당한 끝에 아테네 장군 키몬에게 항복했다. 스파르타가 이끄는 펠로폰네소스 도시국가들은 기원전 447년 알키비아데스의 아버지 클레이니아스가 전사한 코로네이아 전투를 포함하여 그후 20년 동안 벌어진 육상과 해상의 많은 피비린내 나는 전투에서 아테네에 대적하는 국가들을 지원했다. 이런 사건들은 기원전 433

년 여름 코린토스가 현재의 코르푸섬에 있던 코린토스의 유력한 위성도시 케르키라의 지위에 관한 싸움에서 아테네를 상대로 해전에서 승리를 거두었을 때 정점에 이르렀다.

어머니 나라 코린토스와 밀접한 관련이 있는 포테이다이아가 용기를 얻고 아테네의 동맹에서 벗어나 반란을 일으키는 것을 막기 위해 페리클레스는 육로와 해로를 통해 북쪽에 군대를 파견할 것을 명령했다. 포테이다이아인들에게 코린토스의 연례 감독관을 해임하고, 방어벽 일부를 허물고, 아테네에 인질을 넘겨주도록 요구하는 것과 더불어 배 30척과 군인 1000명이 파견되었다. 포테이다이아 사람들은 명령을 거부했다. 협상 결렬 후 그들은 포테이다이아를 보호하기 위한 군대를 파견하도록 코린토스를 설득했고 공식적으로 아테네와의 동맹에서 탈퇴했다. 40일 뒤 코린토스의 장군 지휘하에 있는 병사 2000명이 트레이스워드 지역에 도착했다. 이 상황은 코린토스와 아테네 사이의 대리전을 증폭시켰다.

전쟁터의 철학자

코린토스 군대가 포테이다이아에 도착하자 기원전 432년 아테네인들은 2차 파견대로 칼리아데스의 아들 칼리아스가 이끄는 군인 2000명과 배 40척을 보냈다. 이 군대에는 30대 후반의 소크라테스와 그의 후배인 19세의 알키비아데스도 있었을 것이다. 그들이 도착했을 때는 1차 원정에 나섰던 아테네 군대가 오늘날 테살로니키 지역인 마케도니아의 테르메를 막 점령한 참이었다. 적

사랑에 빠진 소크라테스

군은 마케도니아의 피드나로 후퇴했고 아테네 군대가 그 도시를 포위했다.

포테이다이아 사람들은 이웃 나라 마케도니아의 페르디카스 왕에게 지원을 받았는데, 그의 군대가 칼리아스의 지휘를 받으며 도착한 아테네 군대를 포테이다이아로 가는 길목인 마케도니아에서 저지했다. 피드나 포위 공격은 결국 좌절되었고—포위 공격은 고대 전쟁에서 거의 성공한 적이 없다—소크라테스와 알키비아데스가 함께 싸울 연합군은 마케도니아의 베리아와 스트렙사에 대한 공격에 참전해 승리한 후 마침내 포테이다이아로 행진했다.

기원전 432년 여름에는 막상막하의 격전이 벌어졌다. 소크라테스가 적진으로부터 알키비아데스를 극적으로 구출한 것도 이 기간이었다. 전투에서 동료 오른쪽에 서서 커다란 둥근 방패를 왼쪽으로 들고 있는 중무장 보병은 왼쪽 동료를 부분적으로 보호할 책임이 있었다. 줄지어 늘어선 방패들은 창과 화살에 대한 방어선을 형성했고 이를 유지하기 위해서는 무조건적인 규율이 필요했다. 그러나 전투의 역동은 중무장 보병들에게 엄청난 압박을 가해 전열을 무너뜨리게 하곤 했다. 상대편 전선이 다가오는 것을 보고 전열에서 도망치거나 상대 대열이 무너지기 시작하면 그 병사들을 쫓아 전열을 무너뜨리는 식이었다.

이는 바로 우리가 아는 알키비아데스, 적군을 쫓아가 자신의 용맹함을 증명하려는 유혹에 휩싸였던 젊은이의 이야기이기도 하다. 대열을 이탈하는 것은 동료 병사들에게 위험을 안기고 자신뿐 아니라 동료들에게도 치명적인 수 있는 일이었다. 반대편 대열은 무너지는 대신 재정비하여 대열을 맞췄을 수도 있고, 그렇다면 부상당한 알키비아데스는 홀로 자신을 둘러싼 무장한 적군을 상대해야 했을지도 모른다. 소크라테스는 아테네 대열에서 자신의 자리를 고수하고 있었는데 알키비아데스가 스스로 만든 위험을 보는 것만으로도 소름이 끼쳤을 것이다.

훈련받은 군인에게 친구의 생명을 구하기 위해 스스로 자신의 대열을 이탈하는 것은 어려운 선택이었을 것이다. 그러나 알키비아데스의 진술에서 분명한 점은 그가 적에 의해 쓰러지는 것을 막은 유일한 사람이 적군의 대열에 침입한 소크라테스였다는 것이다. 플라톤에 따르면 알키비아데스는 소크라테스의 대담한 행동이 비난보다는 칭송과 상을 받을 만한 가치가 있다고 말한다. 알키비아데스는 피비린내 나는 전투의 대란 속에서 다행히 치명적인 부상을 입지 않았다. 그를 죽음에서 구해낸 것은 아마도 그를 땅에 쓰러뜨린 투구의 타격일 것이다. 소크라테스는 자신의 기백으로 습격해 들어간 그 장소에서 친구와 무기를 위험에서 건져내 아테네의 대열로 안전하게 되돌려놓을 수 있었다.

소크라테스는 기꺼이 그의 젊은 친구가 혼자서 세상의 인기를 누리기를 바랐다. 여기서 그는 개인적 영예가 비록 높이 평가되는 가치이나 자신이 더는 지불할 준비가 안 된 대가를 요구할 수 있다고 생각했을지도 모른다. 중무장 보병 계급에 속하는 많은 아테네 젊은이는 전쟁터에서 영웅이 되려는 야심을 마음속에 간직하고 있었을 터이다. 소크라테스의 삶은 군인이었을 때건 철학자였을 때건 다양한 형태의 영웅적 행위가 그에게 욕망과 존경의 대상이었음을 보여준다. 그러나 삶의 이 단계에서 소크라테스는 이미 전쟁의 영웅보다 도덕적 영웅에 더 큰 매력을 느끼고 있었다. 비록 여전히 10대 후반인 알키비아데스는 결코 같은 견해에 도달하지 않았다는 것을 인정한다 하더라도 말이다.

포위 공격의 끝

포테이다이아에서의 전투는 짧았으며 결정적인 싸움이 되지 못했다. 아테네보다 두 배나 더 많은 사상자를 냈음에도 불구하고 포테이다이아인 대부분은 여전히 굳건한 그들 도시의 성벽 뒤로 철수할 수 있었다. 아테네인들은 2년 동안 포테이다이아를 계속 포위 공격했다.

기원전 430년 아테네에서 포위 공격을 돕기 위한 지원 부대가 파견되었다. 아테네 장군 클레오폼포스와 하그논은 거대한 공성 망치를 가지고 왔는데, 이는 성벽이 있는 도시를 공격하기 위해 포병대가 고안한 것으로 그리스 전쟁 역사상 여기서 처음 등장한다.[8] 그러나 아테네의 새로운 파견 부대는 아테네에서 훨씬 더 치명적인 것도 가져왔는데, 바로 전염병이었다.

기원전 431년 전쟁 선포 후 아테네 도시는 스파르타의 아티카 침공을 피해 도망쳐 들어온 성 밖 거주민 수천 명의 임시 거처가 되었다. 성벽 안 환경이 지저분하고 혼잡해졌으며 아테네 시민들은 투키디데스가 글로 자세히 묘사한 무시무시한 증상을 지닌 끔찍한 역병의 희생양이 되었다. 이 역병은 몇몇 현대 연구가에 의해 페스트의 한 형태로 확인되었다.9 기원전 430년 포테이다이아에 도착한 몇몇 군인이 전염병을 옮겼고 역병은 전쟁 진영에서 거침없이 퍼져나갔다. 클레이니아스(알키비아데스의 아버지는 아니지만 아마도 같은 가문의 동명이인인 듯하다)의 아들 클레오폼포스 장군은 많은 군인과 함께 전염병에 무릎을 꿇었다. 몇 주 만에 포테이다이아에 주둔하고 있던 아테네 병사 1000명 이상이 전염병으로 죽었고 하그논은 불운한 군대의 남은 병사들과 함께 곧 배를 타고 아테네로 돌아왔다.10

이처럼 사기를 꺾는 좌절에도 불구하고 소크라테스와 알키비아데스를 비롯해 그 지역에 남아 있던 아테네인들은 계속 포위 공격을 하라는 명령을 받았다. 포위된 포테이다이아의 상황은 더 끔찍했다. 결국 식량이 바닥나기 시작하고 모든 상점의 식품과 농작물, 가축을 다 먹어치우자 포테이다이아 주민들이 최후의 수단으로 동료 시민들의 시체를 먹는 데 이르렀던 것이다.11

기원전 430년 겨울 굶주린 생존자들은 마침내 아테네인들에게 항복했다. 쇠약한 포테이다이아인들은 그 지역의 이웃 도시들로 추방되었다. 투키디데스는 남자는 옷 한 벌과 소액의 돈을, 여자는 두 벌의 옷을 갖고 가도록 허용되었다고 쓴다. 아테네인들의 원정 목적은 공식적으로 달성되었지만 그것은 긴 전쟁의 처참하고 만족스럽지 못한 결말처럼 느껴졌을 것이다.

진영의 소크라테스

이오니아에서 온 군대를 비롯해 아테네인들과 그 동맹국 사람들은 기원전 429년 여름까지 포테이다이아의 야영지에 남아 있었다. 알키비아데스가 소크라테스의 독특한 행동을 목격한 것은 아마도 이 여름 동안일 것이다. 플라톤의 『향연』에서 알키비아데스는 다음과 같이 이야기한다.

> 어느 날 새벽 소크라테스 선생님은 어떤 문제에 몰두해 있었고 그것을 해결하기 위해 그 자리에 서 계셨다네. 선생님은 그 문제를 해결할 수 없었지만 포기하려 하지 않으셨지. 그저 문제를 풀기 위해 노력하며 거기 계속 서 계셨다네. 그러다가 한낮이 되자 많은 군인이 그분을 보았고, 서로 놀라서 말했지. "소크라테스가 새벽부터 저기에 서서 사색하고 있어!"
>
> 저녁이 되었을 때도 그분은 여전히 거기에 서 계셨다네. 저녁 식사 후 몇몇 이오니아인은 매트와 요를 꺼내와 시원한 곳—나듬이있어—에서 잠을 청했지. 그리고 그들은 소크라테스 선생님이 거기 밖에 서서 밤을 새우시는지 지켜보았어.
>
> 그분은 날이 밝을 때까지 그 자리에 서 있었고 태양이 떠오르자 태양에게 기도를 드리고 떠나셨다네.[12]

소크라테스가 (헬리오스 신으로 인격화된) 태양에게 경의를 표한 일을 추가로 묘사한 것은 그가 전통적인 그리스 종교의 방식을 따랐음을 넌지시 부각하기 위해서다. 사람들은 대상은 신이 아닌 물리적 물체라고 주장한 것으로 악명 높은 클라조메나이의 아낙사고라스 등 자연철학자들과 사상가로서의 소크라테스를 결부시켜 생각했다. 많은 그리스인에게 그러한 견해는 위험한 수준의 신성모독이었다. 그리고 자신의 스승이 '도시의 신들을 믿지 않는다'는 이유로 부당하게 사형 선고를 받았다는 사실은 늘 플라톤의 머릿속에서 떠나지 않았을 것이다. 여기서 플라톤은 소크라테스가 전형적으로 종교적인 사람이었다고 독자들에게 은근히 일러주고 있다.

소크라테스의 동료 병사들과 플라톤의 동시대 독자들에게 태양에게 기도하는 행위는 지극히 정상적인 행동으로 비쳤을 것이다. 반면 그가 밤새도록 가만히 서 있는 것을 보는 일은 좀더 불편했을 수 있다. 우리가 보았듯 소크라테스가 이런 사람이라는 점은 잘 알려져 있었고 그를 평범하지 않은 사람으로 만드는 다른 성격적 측면들과도 어울리는 듯하다. 소크라테스를 묘사하기 위해 빈번히 사용되는 형용사 중 하나가 '별난eccentric' 또는 '틀에 박히지 않은unconventional'(장소와 맞지 않는)을 뜻하는 희랍어 아토포스atopos다. 하지만 가만히 서서 몇 시간 동안 사색하는 행동은 전적으로 이성적인 선택이라고 하기엔 지나치고, 오히려 근본적으로 생리적이거나 심리적인 증상이라고 보는 것이 타당하다.

그러나 소크라테스의 신체적 증상들이 '우울감'에서 비롯되었다고 주장한 한 아리스토텔레스 학파(소요학파) 저자를 제외하면, 놀랍게도 어떤 고대 작가도 그가 의학적 질환으로 고통받았다는 말을 하지 않았다.[13] 소크라테스의 주요 전기 작가들은 그를 추모하는 데 전념한 이들이기에 그의 행동을 엄청난 존경심을 가지고 바라보려고 하며, 명백한 침묵의 관조를 전하는 일화들은 정신적 삶에 대한 극단적인 (그리고 아마도 그들이 보기에 신적인 영감을 받은) 헌신을 표시하는 것이라고 생각한다. 그러나 최근 들어 이러한 일화들은 긴장병緊張病 진단을 포함한 의학적인 분석을 이끌어 냈다.[14] 이 말이 옳다면 소크라테스는 어릴 때부터 이런 병을 겪었을 가능성이 높으며, 이를 목격한 사람들이 그를 적극적으로 싫어하지는 않더라도 대할 때 주의를 기울인다는 사실을 소크라테스도 알아챘을 수 있다. 다른 무엇보다 소크라테스의 이런 점은 분명 조건이 맞는 같은 계급의 아테네 소녀들에게 그를 매력적이지 않은 결혼 상대로 보이게 했을 것이다.

마지막 전투

소크라테스는 포테이다이아 진영에서의 마지막 싸움을 치르게 되는데 플라톤의 『카르미데스』(소크라테스가 포테이다이아에서 복무하고 아테네로 막 돌아온 때를 배경으로 한다)에서 소크라테스는 이것이 '혹독한 전투'였다고 말하며, 이는 즉 스파르톨로스 전투다.[15] 기원전 429년 포테이다이아에 있던 아테네인들은 아테네에서 온 지원 부대와 함께 2000명의 병력으로 군사 활동을 재개했다. 스파르톨로스 마을이 내부자들에 의해 배신당할 것이라는 거짓 정보가 퍼져나가게 한 후 아테네인들은 성 밖 들판과 과수원에 불을 지르면서 도시로 진격했다. 그러나 이웃 도시국가들에서 빠르게 몰려온 군대가 스파르톨로스를 방어했다. 여기에는 아테네 군인들을 무찌르는 데 치명적인 효과를 발휘한 기병대와 투석기들이 포함되어 있었다. 아테네는 이 전투에서 400명이 넘는 병사를 잃었고 지휘관들은 모조리 죽임을 당했다.

스파르톨로스는 이 군사작전의 마지막 전투였으며 전쟁에 지친 아테네인들은 포테이다이아인들과 휴전하고 전사자의 시체를 거두어 아테네로 돌아갔다. 소크라테스와 알키비아데스는 3년간의 군 복무를 마치고 기원전 429년 늦여름 집으로 돌아왔을 것이다. 그들은 자신의 도시와 주변 환경이 비참한 상태임을 알게 될 것이었다. 시내 중심부는 시골에서 몰려든 피란민으로 북적거렸다. 남자와 여자, 노예와 자유인, 젊은이와 늙은이가 계속해서 역병으로 고통받다 죽어갔고, 시체들은 거리에 버려져 쌓이거나 허둥지둥 급하게 판 구덩이에 묻혔다. 인접한 밭과 과수원은 스파르타의 잇따른 침략의 여파로 훼손된 상태였다.[16]

소크라테스처럼 의지가 강한 사람이 아니라면 그처럼 불행한 상황에서 철학적 관점을 고수하기는 어려웠을 것이다. 『카르미데스』에서 소크라테스는 유쾌해 보이고 전투나 그후 경험으로 상처받은 사람으로 비치지 않는다. 소크라테스의 군 복무에 대한 위의 설명에서 분명한 점은 사상가로서의 소크라테스는 그를 형상화하는 유일한 이미지가 아니라는 것이다. 포테이다이아 등에서 그는 자신이 인상적이고 심지어는 영웅적인 투사라는 것을 증명했다. 적군으로 빽빽한 전쟁터에서 알키비아데스를 홀로 구출했음에도 세간의 관심을 자신의 행동이 아닌 다른 곳으로 돌렸다는 점에서는 그가 전형적이지 않은 인물이라는 것도 확실히 드러난다.

　이미 말했듯 이는 한편으로는 소크라테스가 다른 동료들의 안전보다 알키비아데스의 구출을 우선시한 데 대해 죄책감을 가졌기 때문일 것이다. 소크라테스의 단독 행동으로 그들 중 일부가 목숨을 잃었을지도 모르는 일이다. 그리고 이는 다른 한편으로는 소크라테스가 아테네인, 그중에서도 페리클레스와 아스파시아로 하여금 젊은 알키비아데스의 위풍당당한 전쟁 영웅담으로부터 자부심과 위안을 얻게 하고 싶었기 때문일 듯하다. 그러나 그들은 자신의 명예를 위해 대열을 이탈해 돌진했던 알키비아데스의 행위를 더욱 엄중한 시선으로 바라봤을지도 모른다. 반면 알키비아데스와 달리 소크라테스는 무공에 대한 보상을 받는 데 분명히 관심이 없었거나 혹은 더 이상은 관심이 없었다. 이런 무공으로 알려지고, 인정받고, 기억되는 것은 당대의 아테네 남성 대부분이 간절히 바란 일이었다.

행동가 소크라테스

　알키비아데스의 증언에 따르면 소크라테스는 혹한의 추위에도 육체적인 고통에 무관심해 동료 병사들에게 강한 인상을 남겼고 심지어는 원망을 샀다고 한다. 소크라테스는 일찍부터 이 같은 혹독한 상황을 견뎌내는 훈련을 받았을 것이다. 그의 이런 강한 체력을 소년기 및 청년기의 활동과 연관시켜볼 수도 있다. 그의 아버지 소프로니스코스는 '석공'(리투르고스*lithourgos*)이었다고 한다. 소크라테스가 받은 초기 교육과 그가 중무장 보병으로 복무했다는 사실은 그의 가족이 비교적 부유했다는 것을 증언한다. 이는 소프로니스코스가 단지 가난한 장인이 아니라 석공과 조각가를 고용한 사업주였다는 뜻이다.

소크라테스는 가업 안에서 자신을 연마했다. 그는 채석장에서 돌을 깎고, 돌을 조각하기 위해 작업장으로 큰 돌을 운반하는 등의 고된 노동을 했을 것이다. 그 외에도 소크라테스는 중무장 보병이었으므로 무거운 갑옷을 입고 행하는 기동 연습 등으로 힘과 민첩성을 길렀을 터이다. 고대 군대는 지원 부대와 함께 이동했는데 일부는 불을 운반하는 역할을 담당했다. 불을 지핀 석탄이나 숯불을 화로에 보관해 날랐고, 불쏘시개와 마른 통나무 더미도 여기에 더해졌다.[17] 불은 적의 땅이나 농작물을 불사르는 등 군사적 목적으로 사용되었다. 겨울에 포테이다이아에서 그랬듯 혹한의 추위에서 야영할 때 아테네 군대는 또한 몸과 정신을 지탱하기 위해 불에 의존했다. 진영을 세우자마자 그들은 몸을 덥히고 요리를 하기 위해 불을 붙였다. 그러나 소크라테스는 추위와 고생에도 아랑곳하지 않는 놀라운 수준까지 자신을 단련한 듯하다. 알키비아데스는 『향연』 연설에서 소크라테스의 고생을 견뎌내는 능력에 대해 다음과 같이 설명한다.

그분은 전쟁 진영의 어려움을 나보다 훨씬 더 잘 견뎠고, 사실 어떤 군대의 어떤 사람보다 더 잘 참으셨지. 전쟁터에서 흔히 그렇듯 보급품이 끊겼을 때도 소크라테스 선생님처럼 배고픔을 잘 견디는 사람은 아무도 없었네.

게다가 그 지역의 겨울은 끔찍했지만 그분에게는 추위를 견디는 특별한 능력이 있었네. 내 기억에 한번은 몹시 추운 날이라 아무도 코를 바깥으로 내놓지 않았어. 막사를 떠날 때는 손에 쥘 수 있는 모든 것으로 우리 몸을 꽁꽁 싸매고 여분의 부직포 조각이나 양가죽을 부츠 위에 묶었지.

음, 소크라테스 선생님은 그런 날씨에도 낡고 가벼운 외투만 걸친 채 나갔고 얼음 위를 맨발로 걷는데도 장화 신은 군인들보다 더 척척 잘 나아가셨네. 자네들은 다른 이들이 그분을 어떻게 봤을지 상상할 수 있겠지. 그들은 소크라테스 선생님이 단지 잘난 척하기 위해 그렇게 한다고 생각했다네.

소크라테스의 체력과 무술 실력은 남달랐던 것이 분명하다. 포테이다이아의 전쟁터에서 알키비아데스를 구출한 일은 플라톤의 『향연』 마지막 부분에 등장하는데 거기서 알기비아네스는 다음과 같이 회상한다.

소크라테스 선생님이 전투에서 어떤 존재였는지 자네들이 알고 싶다면 나는 그분이 받아 마땅한 칭송을 드려야겠네.

자네들은 내가 그 전투에서 용감하게 싸워 상을 받은 걸 알고 있겠지. 음, 그 전투 동안 소크라테스 선생님은 나를 혼자 힘으로 구해주셨고 의심할 여지 없이 그분의 행동이 내 목숨을 구했네. 난 상처를 입었는데 소크라테스 선생님은 나를 미뤄두기 않고 내 무기까지 되찾아주셨다네.

소크라테스 선생님, 저는 당시에 용맹함으로 상을 받아야 할 사람은 제가 아니라 선생님이라고 말했습니다. 제가 그때 그렇게 말한 게 잘못된 것이 아니며, 지금 다시 말하는 것 역시 잘못이 아님을 선생님은 인정하실 겁니다. 물론 장군들도 제 사회적 지위를 잘 알고 있었고 저에게 상을 주려 했죠. 솔직히 말하자면 선생님은 제가 상을 받아야 한다고 장군들보다 더 열을 올리셨습니다.

알키비아데스가 말하는 '사회적 지위'는 아버지가 죽은 후 그의 후견인이 된 아테네 최고의 장군 페리클레스와 관련 있다. 소크라테스는 그의 절친한 친구이자 전쟁 막사 동료였던 알키비아데스가 아테네의 인기 있는 지도자의 피후견인이라는 것을 장군들 못지않게 잘 알고 있었다. 페리클레스도 결과적으로 알키비아데스가 첫 번째 전투에서 소크라테스와 막사 동료로 합숙한 것을 알고 있었을 것이다. 아테네 시민들은 10개 '부족tribe'으로 나뉘고 소크라테스와 알키비아데스는 서로 다른 부족에 속했다. 그들은 같은 부족의 병사와 함께 막사를 쓸 예정이었을 것이고 그 둘이 같은 막사를 쓰기 위해서는 페리클레스의 공식적인 승인이 있어야만 했을지도 모른다. 소크라테스와 알키비아데스의 관계는 페리클레스가 젊을 적부터 시작되었고 이를 감안할 때 소크라테스와 페리클레스의 관계는 설명될 필요가 있는 듯하다. 그러나 플라톤은 두 사람의 관계를 자세히 묘사하지 않는다. 우리가 가지고 있는 증거들은 필연적으로 소크라테스가 아테네의 최고 시민인 페리클레스와 초기에 어떤 관계를 맺었는지 재검토하기를 요구하는데 플라톤의 기록은 이에 답하지 않는 것이다.

결연한 전사

소크라테스는 40대까지 아테네의 군사 활동에 계속 참여했다. 『구름』 공연 1년 전인 기원전 424년 소크라테스는 유독 피비린내가 진동했던 보이오티아 델리움의 전투에 참여했다. 아티카 바로 북쪽의 보이오티아 지역은 강력한 도시국가인 테베가 장악하고 있었다. 델리움 전투에서 소크라테스와 그의 친구 라케스(장 서두의 이야기에서 라케스가 소크라테스 옆에서 함께 싸웠다고 썼는데, 이는 역사적으로 증명된 것은 아니며 그가 소크라테스와 함께 델리움에서 싸웠을 때에 대한 증언에 기초한 것이다)를 포함한 7000명의 아테네 중무장 보병은 비슷한 수의 테베 군대와 맞닥뜨렸다.

한동안 양쪽 군대는 더 강한 오른쪽 날개에서 각각 승기를 잡았고 전투는 고르게 힘의 균형을 이루는 듯했다. 아테네인들이 그쪽의 보이오티아 대열을 돌파하자 테베 사령관은 퇴각하는 대열을 재정비하기 위해 기병 부대 둘을 투입했다. 아테네인들은 이 지원군을 예비군으로 남겨놓은 큰 부대의 군인들로 착각했고 극심한 공포심으로 달아나기 시작했다. 뒤이어 후퇴하는 수백 명의 아테네인을 보이오티아인들이 추격하여 무참히 살해했다.[18]

이 전투에 알키비아데스는 말을 타고 참여했다. 소수로 이루어진 아테네 기병 부대가 그와 함께했다. 플라톤은 『향연』에서 안키비아데스가 본 것을 다음과 같은 말로 묘사한다.

군대는 이미 사방으로 흩어졌고 소크라테스 선생님과 라케스님이
함께 후퇴하고 있었네. 나는 우연히 그분들을 보았고 보자마자 기
운 내시라고 격려하면서 내가 그분들의 뒤를 지키겠다고 소리쳤지.
그날 나는 소크라테스 선생님을 포테이다이아에서보다 더 잘 관찰
할 수 있었는데 내가 말을 타고 있어서 덜 위험했거든. 그분은 라케
스님보다 상당히 더 침착했던 것이 분명하다네. 그분이 여기 마을
에서 하는 것처럼 거기서도 성큼성큼 걸어다니시는 걸 보면서 실은
아리스토파네스 자네가 '이리저리 곁눈질하면서 거만한 걸음걸이
로' 나아가는 그분을 묘사한 게 생각났다네. 소크라테스 선생님은
주변의 모든 것을 차분하게 관찰하셨네. 적을 주시하면서도 동료
군사들을 찾아내셨지.
누가 접근할라치면 무시무시하게 싸움을 벌일 매우 거친 사람이라
는 것이 아주 멀리 떨어져 있는 사람에게도 분명했다네. 이런 이유
로 두 분은 무사히 전투에서 살아 돌아올 수 있었어. 전쟁터에서는
보통 이런 태도의 사람들은 건드리지 않고 대신 공포에 질려 도망
치는 사람들을 쫓기 마련이거든.

이 설명은 용기가 토론의 주제인 플라톤의 작품 『라케스』의
한 구절을 떠올리게 한다. 이 대화편에서 니키아스 장군은 젊은이
들에게 중무장 전투술 훈련을 해야만 한다고 충고한다.[19] "대열이
무너졌고 일대일로 싸워야 하는 상황에서 당신이 공격을 막아내려

는 적을 쫓는 입장이든 혹은 적의 공격을 막아내면서 후퇴하는 입장이든 간에" 이 훈련을 받는다면 이에 대비할 수 있다고 그는 말한다.

니키아스는 군인이 완전무장을 갖추고 그러한 기술을 익히면 비록 동시에 여러 적과 맞닥뜨리더라도 부상을 입지 않고 살아남을 수 있다고 주장한다. 소크라테스는 이런 유의 훈련에 능숙했던 듯하다. 완전무장을 한 채 물속에 처박거나, 밀치거나, 적을 속이는 등의 동작을 수행하는 전쟁 무용 '피리케'를 연습한 것이 실전 경험과 함께 소크라테스의 전투 능력에 기여했는지도 모른다.[20] 숙련되었고, 단호하며, 능력 있는 아테네의 중무장 보병으로서의 이미지는 소크라테스를 묘사할 때 필수적인 것이다.

나이 많은 군인

소크라테스가 포테이다이아, 델리움 등 수많은 전투에서 복무한 사실은 그의 인생의 여러 측면 가운데 주목할 만한 것인데도 곧잘 잊히곤 한다.[21] 그는 최소한 기원전 422년 여름까지 헌신적인 군인이었다. 그해 그는 47세로 접어들었고 완전무장을 한 채 야전野戰에 참여하기에는 적지 않은 나이였지만 칼키디케와 트라케에 대한 군사작전을 수행하기 위해 또다시 북쪽으로 향했다. 이 전투는 암피폴리스에 대항하는 원정의 일환이었다. 포퓰리즘적 정치인이기도 한 아테네의 장군 클레온이 원정을 주도했으며 목표는 그 지역에서 아테네의 제국주의적 영토를 되찾는 것이었다. 그곳에서 소크라테스는 전투 기간에 일어난 것으로 기록된 10여 차례의 독립적 교전에 참여했을 수 있다.

암피폴리스와의 전쟁 1년 전 그리고 델리움에서 싸운 이듬해인 기원전 423년 소크라테스는 아리스토파네스의 『구름』에서 긴 머리를 한 마른 과학자, 늘 꼬투리를 잡는 망상가로 묘사되었다. 그러나 소크라테스의 이 같은 참전은 몇몇 현대 학자가 낭만적으로 바랐던 바와는 달리 그가 평화주의자나 양심적 병역 거부자가 아님을 증명하고 있다. 분명 그는 오랜 기간 유능하고도 애국적인 아테네 군인이었다. 그리고 소크라테스의 인격에 대한 모든 증거는 그가 아무 생각 없이 관습을 따르는 사람이 아니었다는 것을 보여 준다. 결론적으로 그는 도시를 대표해 군 복무에 참여하고자 몇 번이고 확고한 결정을 내렸음에 틀림없다. 다시 말해, 그는 좋은 삶을 사는 것이 무엇을 의미하는지 끊임없이 검토해야 한다고 주장했는데, 그런 주장을 했음에도 불구하고 그런 선택을 한 것이 아니라 바로 그 주장 때문에 그런 선택을 한 것이다.

우리는 소크라테스가 기원전 432~기원전 430년의 포테이다이아 전투 이전에 참여한 군사 활동에 대해 명시적으로 알지 못한다. 우리가 이미 본 것처럼 그는 그 한 번의 군사작전에서 적어도 네 번 이상의 전투, 즉 피드나, 베리아, 스트렙사, 스파르톨로스 주변에서 벌어진 전투 및 포위전에 참여했을 것이다. 그러나 포테이다이아에서 싸울 때 그는 이미 30대 후반이었고, 이 전투는 그의 용기와 군사적 기량에 대한 세부 정보를 주는 첫 번째 전투이긴 하지만 그가 처음으로 경험한 전투는 아닐 듯하다.

『향연』에서 알키비아데스는 소크라테스가 『라케스』에서 니키아스가 추천한 기술을 숙달했음을 보여준다. 그는 극심한 공포에 굴복하지 않고 후퇴한다. 그가 아테네군에 복무하며 더 이른 전투들에도 참여했다면 그중 질서정연한 철수가 필요한 싸움이 있었을 수 있고, 그는 이때 그러한 기술을 훈련한 것인지도 모른다. 우리가 소크라테스의 전쟁 경험에 대해 들은 바에 따르면 그는 많은 아테네 전투에 참전했지만 그중 대부분의 전투가 눈에 띄게 성공적이지는 않았다. 그러나 그가 싸운 전투가 승전이든 패전이든 간에 그는 항상 다른 전투를 위해 살아남았다. 어디서 그리고 언제 이를 위해 필요한 경험을 얻을 수 있었을까?

후퇴하는 법을 배우다

기원전 440~기원전 439년의 사모스 전쟁 외에 기원전 446년에서 기원전 433년 사이에 아테네인들이 참여한 군사 활동에 대해서는 알려진 바가 거의 없다. 그러나 소크라테스가 참전하여 처음으로 유명한 절제된 후퇴 기술을 연마했을 것으로 보이는 전투가 있다. 바로 코로네이아 전투다. 이 전투는 소크라테스가 스무 살이 되어 현역 복무 자격을 얻은 지 2년 뒤인 기원전 447년 가을에 시작되었다.[22] 아테네 중무장 보병 1000명이 코로네이아에서 싸우기 위해 파견되었다. 그 당시 소크라테스는 전투가 가능한 나이였고 징집될 가능성이 높은 후보였을 것이다. 그 전투의 상황을 재현해보는 일은 소크라테스가 20대 초반 훈련받았을지 모르는 전진과 후퇴에 대한 어떤 비법을 이해하는 데 도움을 줄 수 있다.

참전한 아테네인들에게 코로네이아 전투는 패배와 전우의 죽음으로 많은 상흔을 남긴 불행한 교전이었다. 그리고 이것이 소크라테스가 겪은 첫 전쟁터라면, 이는 그의 삶과 죽음에까지 결정적인 역할을 할 개인적인 결과를 낳기도 했다. 그 결과란 곧 알키비아데스와의 긴밀한 관계로 이어질 조건들이 조성된 것이다.

코로네이아는 코린토스만 북쪽 산악 지대에 위치한 보이오티아 중부의 작은 마을이다. 기원전 447년 페리클레스의 동료, 톨마이오스의 아들 톨미데스가 지휘하는 아테네의 중무장 보병 1000명은 지방의 여러 마을이 관련된 초기 반란을 진압하기 위해 그 지역으로 파견되었다. 한 젊고 추진력 있는 지휘관도 아테네인들과 함께했다. 스캄보니다이 데모스의 (알키비아데스와 동명이인인 그의 할아버지) 알키비아데스의 아들 클레이니아스였다. 그는 페리클레스의 절친한 친구이자 인척이었다. 그 군대는 목적상 병력이 적었던 반면 테베와 그 동맹은 상당수의 병력을 배치했다. 아테네로 돌아온 페리클레스는 이 지역으로 보낼 병력을 증강하기 위해 안간힘을 쓰고 있었지만 추가 병력이 도착하기 전에 아테네의 전진 부대가 코로네이아로 향하는 넓은 길에서 적군과 맞닥뜨렸다. 그 길은 일명 '여신의 길'이다.

종교심이 강한 그리스인에게는 전투 전에 지역 신들에게 승리를 기원하는 기도를 올리고 제사를 지내는 것이 일반적인 관행이었다. 자신의 부대가 수적으로 매우 열세임을 알고 있던 아테네의 지휘관 톨미데스도 지역 신에게 제사를 지냈다. 그 지역 신은 전설적인 전사로, 지역적인 영웅 숭배의 대상이었으며 탐구자들에게는 신비스러운 지침을 제공했다.

군대에 소속된 아테네 사제가 영웅의 신탁을 전하며 선언했다. "군대는 사냥의 힘든 먹잇감이 될 것이다." 사제는 이 모호한 말을 긍정적으로 해석했다. 그는 이 신탁이 아테네인들을 안심시키기 위한 것으로, 보이오티아인들이 비록 수적으로 우세하나 그들의 적을 패배시키기 어렵다는 뜻이라고 말했다. 톨미데스도 아테네 군대가 병력이 더 많은 보이오티아 군대에게 '힘든 먹잇감', 즉 '어려운 적수'가 될 것이라는 생각에 위안을 얻었다. 만약 아테네 군인들이 적의 수에 압박을 받아 후퇴했더라면 그들은 최소한 재앙은 피할 수 있었을 것이다.

거짓된 희망으로 가득 찬 톨미데스는 병사들에게 공격하라고 명령했다. 그러나 용감하게 싸웠음에도 불구하고 그들은 곧 더 큰 힘에 직면하여 후퇴할 수밖에 없었다. 퇴각 이후 차츰 패운이 짙어졌다. 보이오티아인들이 추격해 물과 34세의 상군 글레이니아스를 포함한 수백 명의 아테네인을 칼로 베었다. 신탁은 톨미데스가 꿈꾼 것보다 훨씬 더 나쁜 결말의 전조였다. 아테네인들은 보이오티아 군대에게 '힘든 먹잇감'임을 증명해 보였을지는 몰라도 그럼에도 불구하고 그들은 '먹잇감'이었다.

당대에 세워진 한 아테네 대리석 판에 새겨진 경구는 전사자들을 기리는 애가를 담고 있다. 코로네이아 전투에 대한 이야기는 이 애가로부터 재구성되었다. 애가는 실패의 원인을 신탁을 내린 영웅의 불신설함 탓으로 돌린다. 애매모호한 신탁이 톨미데스에게

지나친 자신감을 심어주었다는 것이다.[23]

> 확고부동한 자들이여. 당신들은 끝까지 가망 없는 싸움에서 버텨
> 냈다.
> 신의 개입으로 목숨을 잃었으므로.
> 당신들이 직면한 것은 인간의 힘이 아니었다. 당신들은 곤경에 빠
> 졌다.
> 여신의 길 위에서 신의 악한 의도에 의해.
> 그는 당신들의 운명을 당신들이 반긴 신탁으로 봉쇄했다.
> '사냥의 힘든 먹잇감.' 하지만 그 애매한 말은 사냥당한 당신들의
> 파멸을 뜻했다. 그래서 미래에는,
> 인간들도 그의 신탁을 진실하고 확실하게 판단할 것이다.

코로네이아가 정말로 소크라테스의 첫 번째 전투 경험이라면
그는 비참한 후퇴를 견디고 살아남은 수백 명의 '확고부동한 자들'
중 한 명이었을 것이다. 이것은 니키아스가 조언하고 알키비아데스
가 언급한 기술을 시험해본 최초의 사례일 수 있다. 전투에서 도망
갈 때는 공포에 질려 뛰기보다는 의지력을 가지고 걷는 것이 올바
른 방법이다.

코로네이아 전투에서 클레이니아스가 전사한 것은 소크라테
스의 삶에 헤아릴 수 없이 중대한 결과를 가져왔다. 클레이니아스
장군은 페리클레스의 이혼한 전 부인이자(그의 사촌이기도 하다. 이
결혼은 왕가라는 이유로 성사되었을 것이다) 자신의 아내인 데이노마

케를 남기고 떠났다. 그의 어린 두 아들에게는 남자 후견인이 필요했고 클레이니아스의 유언에는 그가 죽으면 페리클레스를 후견인으로 해야 한다는 내용이 명시되어 있었다. 두 아들 중 한 명이 겨우 네 살이었던 알키비아데스다.

15년 후 알키비아데스는 포테이다이아에서 소크라테스의 동료 겸 식사 친구가 되었다.[24] 알키비아데스가 아버지를 잃은 때가 바로 전쟁 기간이나 평화로울 때나 그가 소크라테스의 절친한 친구로서 제자 겸 레슬링 파트너 겸 헌신적인 동반자가 된 데 결정적인 단초를 제공한 순간일지 모른다. 한편 이런 관계는 그의 후견인인 페리클레스의 인지와 동의 없이는 이뤄질 수 없었는데, 이것이 소크라테스의 계층과 지위에 대해 시사하는 바는 거의 전혀 주목받지 못했다. 그러나 소년과 남자 어른으로서 알키비아데스와 소크라테스가 맺은 오래되고 친밀한 관계는 결국 그 철학자가 '젊은이들을 타락시켰다'는 인식에 주된 빌미를 제공했다. '새로운 신들을 도입했다'는 죄와 더불어 바로 이 죄목으로 소크라테스는 오랜 세월이 흐른 기원전 399년에 기소되고 재판을 받은 뒤 사형에 처해졌다.

3장

알키비아데스 알아보기

SOCR
ATES
IN
LOVE

『향연』의 마지막 장면

소크라테스가 연설을 마치자 함께 있던 사람들이 열광적으로 박수를 보냈다. 그가 아리스토파네스의 이야기에 관해 언급한 것이 있어 아리스토파네스가 대답으로 뭔가를 말하려는데 갑자기 문을 크게 쾅쾅 두들기는 소리가 들렸다. 밖에서 술 마시고 흥청거리는 무리의 소리와 피리 부는 소녀의 목소리가 들렸다. 아가톤은 시종들에게 가서 알아보라고 일렀다. "친구면 안으로 초대하고, 아니라면 술판은 끝났다고 말하게."

얼마 지나지 않아 그들은 알키비아데스의 목소리가 마당에 울려 퍼지는 것을 들었다. 그는 술에 완전히 취한 채 우렁찬 목소리로 계속 말했다. "아가톤은 어디 있어? 아가톤에게 데려다주게나." 마침내 그는 피리 부는 소녀와 시종들의 부축을 받으며 문가에 나타났다. 그는 담쟁이덩굴과 제비꽃으로 엮은 거대한 화관을 쓰고 있었고, 머리는 리본들로 둘려 있었다.[1]

"안녕하신가, 친구들." 그가 말했다. "술에 완전히 취한 남자를 당신들 파티에 참석하도록 허락해주시겠나? 아니면 그냥 아가톤에게 왕관을 씌워주고 가버릴까? 이게 내가 여기 온 이유지. 어제는 내가 올 수 없었다네. 그래서 이렇게 리본들을 가지고 왔네, 이제 내 머리에서 벗겨내 영리하고 잘생긴 이 남자에게 화환을 씌워주려고 말이야. 내가 술에 취했다고 비웃을 텐가? 자네들이 비웃을지라도 나는 아네. 내가 무슨 말을 하고 있는지. 그러니 말해주게. 내가 들어가면 나와 함께 마시겠는가, 말겠는가?"

동료들, 특히 아가톤은 큰 소리로 그에게 합류하라고 말했다. 알키비아데스는 들어왔고, 아가톤에게 화환을 둘러줄 심산으로 머리에서 리본들을 떼어내 자기 앞에 들고 있었다. 그러는 바람에 알키비아데스는 그에게 침상에 앉을 자리를 내준 소크라테스를 보지 못했다. 알키비아데스는 빈자리에 앉아 아가톤을 껴안고 키스한 뒤 그의 머리에 리본들을 둘러주었다.

"신발을 벗어. 그리고 침상 세 번째 자리에 앉아." 아가톤이 말했다.

"그렇게 하지. 그런데 우리 말고 다른 이는 누구인가?" 알키비아데스가 말했다.

그는 몸을 돌려 소크라테스를 보고서 벌떡 일어나 외쳤다.

"이런, 소크라테스 선생님 아니신가요? 늘 그렇듯 숨어서 절 기다리셨군요. 생각지도 못했을 때 선생님은 갑자기 나타나시죠! 소크라테스 선생님, 하실 말씀이 있습니까? 제가 보니 아주 완벽한 장소를 찾아내셨군요. 아리스토파네스 같은 늙은 희극인 옆자리가 아니라 이 방에서 가장 아름다운 사람 옆에 앉으셨으니 말입니다."

소크라테스가 몸을 돌려 아가톤에게 말했다.

"나를 좀 지켜주게나, 아가톤. 이 사람에 대한 나의 사랑이 문제가 되어버렸으니 말이야. 그의 추종자가 된 이후로 나는 다른 사람에게 말을 걸거나 심지어 쳐다보는 것도 허용되지 않아. 내가 그렇게 하면 그가 시기와 질투로 미쳐 날뛴다네. 나에게 소리를 지르고 나를 때리고 싶은 것도 간신히 참지. 아마 지금도 그럴 거네. 제발 우리를 화해시켜주거나 혹 그가 나를 때리려고 한다면 막아주게나. 정말 그의 미칠 듯한 분노가 무섭다네."

"우리 사이에 결코 평화란 없을 겁니다." 알키비아데스가 말했다. "하지만 지금은 앙갚음을 미루겠습니다. 아가톤, 그 리본 좀 몇 개만 돌려주게나. 최고의 토론가의 멋진 머리에 화환을 둘러드리게 말이야. 내가 선생님이 아닌 자네에게 화환을 줬다고 말하게 둘 수는 없지."

알키비아데스는 몇 개의 리본을 떼어다 소크라테스 머리에 둘러주고 다시 자리에 앉았다.[2]

어린 사자

알키비아데스는 항상 주목받으며 등장하는 것을 좋아했다. 여기 기원전 416년 아가톤의 파티에서 그렇게 한 것처럼 말이다. 이는 플라톤이 『향연』에서 묘사한 장면이다. 기원전 451년에 태어난 알키비아데스는 이때 30대 중반이었다.[3] 이는 그의 용감한 아버지 클레이니아스가 코로네이아에서 전사했을 때의 나이와 얼추 비슷하다. 소크라테스는 이때 53세였을 것이고 더 이상 그가 젊을 때나 중년에 그랬듯 그리고 알키비아데스가 묘사했듯 활동적인 군인은 아니었다.

놀랍게도 플라톤이 그린 향연에서 알키비아데스는 자기 자신에게 쏠려 있던 청중의 관심을 소크라테스와 그의 특질들에게로 돌린다. 대화편의 시간적 배경이 되는 기원전 416년 기나긴 펠로폰네소스전쟁은 중간 지점을 막 지나고 있었으며, 기원전 415~기원전 413년의 시칠리아 전투가 큰 규모의 군사작전을 재개하기 전이라 비교적 소강상태였다. 클레이니아스의 아들은 그 시대에 가장 화려하고 눈부신 인물이었다.

귀족이며 아주 잘생긴, 심지어 그의 아버지보다 더 위풍당당했던 알키비아데스는 게다가 경쟁심까지 아주 높고 야심만만했다. 그러한 자질은 스승과 팬 그리고 보호자의 우려를 자아냈지만 고대 아테네 상류사회의 환경에서 이런 성품은 인정과 감탄의 대상이 되었다. 알키비아데스는 자신이 아테네에서 가장 고귀한 두 명문가 출신임을 자랑했다. 그는 아버지 쪽으로는 살라미스해전의 영웅 아이아스까지 거슬러 올라가는 명문가(에우파트리드Eupatrid)에 속했다.[4] 페리클레스의 (전 부인이자) 사촌인 어머니 데이노마케는 태고부터 아테네 지도자들을 배출하고 호메로스가 언급한 네스토르 왕까지 조상으로 연결되는 귀족 왕조 알크마이오니다이 출신이다.[5]

알키비아데스는 젊을 때부터 관심과 인정을 갈망했다. 그는 일생 동안 경쟁자와 적뿐 아니라 열렬한 연인과 추종자의 마음도 끌어들였다. 기원전 1세기 말이나 기원전 2세기 초에 「알키비아데스의 생애」를 쓴 전기 작가 플루타르코스는 어린 알키비아데스가 악명을 얻게 된 수많은 일화를 소개한다. 한번은 그가 레슬링 경기 중 바닥에 내동댕이쳐지는 것을 피하려고 상대방 팔에 이빨 자국을 낸 적이 있다. 상대 선수가 쥐었던 손을 놓고 알키비아데스가 '계집애처럼' 물었다고 비난하자, 그는 사자처럼 물어뜯었다고 대답했다.

자신을 이상화한 이 이미지는 계속 살아남아 알키비아데스는 이후에도 종종 그를 사자에 비유한 별명이나 이미지를 부여받았다.

소년 시절의 어느 날 알키비아데스는 좁은 거리에서 친구들과 함께 지골 놀이, 즉 당나귀의 지골을 주사위처럼 던지며 노는 아이들 놀이를 하고 있었다. 그가 막 지골을 던졌을 때 무거운 짐을 실은 소달구지가 달려왔고 그는 운전자를 멈추기 위해 손을 들었다. 운전자는 이를 무시했고 달구지는 덜커덩거리며 앞으로 나아왔다. 다른 소년들은 위험을 피해 달아났지만 알키비아데스는 마차 길로 곧장 몸을 내던졌고 이에 격분하고 놀란 운전자는 달구지를 멈췄다.

알키비아데스는 고집이 세고 늘 이기려 하는 사람이었다. 한 일화에서 소크라테스는 어린 알키비아데스가 학교 친구들과 주사위 놀이를 비롯한 여러 놀이를 하는 것을 지켜보곤 했다고 말한다. 다른 소년이 반칙하는 걸 알아차렸을 때 알키비아데스는 불같이 화를 내면서 그 소년을 '역겨운 사기꾼'이라고 불렀다고 한다.[6] 이 일화는 알키비아데스가 소년일 때부터 소크라테스와 친했다는 사실을 확인해준다.

알키비아데스의 젊은 시절에 관한 이런저런 이야기는 그가 잘생긴 외모에 걸맞은 카리스마와 자신감을 겸비했음을 보여준다. 그는 혀 짧은 소리를 내서 희극 시인들에게 조롱받았다고 하지만, 그의 연설은 모두 더할 나위 없이 매력적이고 설득력이 있었다고 한다. 많은 사람이 그에게 반했지만, 플루타르코스가 보기에 소크라테스만이 알키비아데스가 그런 마음에 화납애 진깅으로 소중히 여긴 하나뿐인 사람이었다. 그를 보호하고 교육하는 것이 소크라테스의 유일한 동기였고 이것을 알키비아데스도 잘 알았기 때문이다. 그러나 두 사람의 대비되는 성격과 외모, 삶의 목표는 보는 사람들의 시선을 끌었다. 플루타르코스는 "알키비아데스가 소크라테스와 식사하고, 운동하며, 막사를 같이 쓰는 것을 봤을 때 사람들은 아연실색했다"라고 기록한다.

소크라테스와 알키비아데스의 관계는 잘 설명되어 있으며 특히 플루타르코스의 알키비아데스 전기 초반부에 자세히 다루어져 있다. 반면 소크라테스와 페리클레스의 관계의 전기적 의미에 비중을 둔 사람은 거의 없다. 기원전 447년 가을 클레이니아스의 죽음과 기원전 432년 포테이다이아 전투 사이에는 15년의 시간이 있었다. 이 기간에 소크라테스와 알키비아데스가 사적으로 친밀해지기 위해서는 알키비아데스의 강력한 고위층 후견인 페리클레스가 노골적인 축복을 해주는 것까지는 아니더라도 동의하는 일은 필요했을 것이다. 또한 그들의 관계는 페리클레스에게 영향력 있던 애인 아스파시아의 확실한 인지와 지원 아래 다져졌을 가능성이 있다. 아스파시아의 자매가 알키비아데스의 할아버지(알키비아데스와 이름이 같다)와 결혼해 아스파시아는 알키비아데스와 연결 고리가 있었다.[7]

플라톤과 크세노폰의 저술에서 소크라테스는 페리클레스에게 곧잘 경의를 표하는데, 페리클레스는 기원전 429년 소크라테스와 알키비아데스가 포테이다이아에서 돌아온 직후 역병으로 목숨을 잃었다. 크세노폰은 또한 아스파시아가 낳은 이 정치인의 아들인 젊은 페리클레스와 소크라테스가 친분이 있었다고 적는다. 『소크라테스 회상』에는 두 남자의 우호적인 대화가 묘사되어 있다. 그러나 플라톤과 크세노폰 모두 페리클레스와 소크라테스가 개인적으로 연락하거나 또는 서로 잘 아는 사이였음을 보여주지는 않는다. 그렇더라도 알키비아데스의 어린 시절을 둘러싼 주변 환경, 즉 그가 네 살 때 페리클레스의 피후견인이 된 것과 어린 시절부터 소크라테스와 친밀한 관계였던 것 등을 고려하면 다른 가능성이 있었으리라고 상상하기는 어렵다. 이러한 연관성은 소크라테스의 배경, 지위, 초기 주변 상황에 대한 질문을 무대 위로 불러낸다.

알키비아데스의 또 다른 스승

소크라테스와 페리클레스가 아는 사이라는 것 그리고 소크라테스의 젊은 시절 활동과 인간관계에 관련된 다른 문제들에 대해 플라톤과 크세노폰이 침묵하는 데에는 그럴 만한 여러 이유가 있다. 지금은 로마의 정치가이자 웅변가인 키케로가 전한 일화를 통해 어린 알키비아데스와 소크라테스의 관계를 더 깊이 알아볼 것이다.[8]

클레이니아스가 죽은 뒤 페리클레스는 어린 알키비아데스를 조피로스라는 나이 많은 트라케인 가정교사에게 맡겼다. 조피로스는 아테네 시민이 아닌 외국인 거주자였다. 그는 당시 아테네에서 활동했으며 관상학적 교리를 퍼트린 것으로 유명한 조피로스와 동일 인물로 보이기도 한다. 관상학이란 신체적 특징이 성격을 어떻

게 반영하는지 연구하는 학문으로서 18세기에 유행했다.9

조피로스도 소크라테스의 구체적인 외모에 대해 잘 알고 있었다. 조피로스는 사람들 앞에서 소크라테스의 골격적 특징들을 상세히 언급했다고 한다. 그는 소크라테스 목의 쇄골 위에 움푹 팬곳(전문 용어로 쇄골상와)이 없고 막혀 있는 것을 보았다. 조피로스 특유의 관상학적 이론에 따르면 이는 소크라테스의 성격을 분명히 보여주는 것이었다. 그는 이 부위가 '막힌' 사람들이 '바보 같고 머리가 둔하다'고 말했다.

소크라테스에 대한 이렇듯 충격적일 정도로 부적절한 판단은 조피로스의 기이한 교리 때문이라기보다는 소크라테스의 태도에 대한 오해나 심지어는 개인적인 혐오 및 시기심에서 비롯되었을 가능성이 있다. 조피로스는 관상학을 통해 소크라테스의 또 다른 성격적 단점을 진단해냈다. 그는 소크라테스가 분명히 '색마' 혹은 '바람둥이'라고 말했다. 키케로가 들려준 이야기에서 알키비아데스는 그 말을 듣자마자 웃음을 터뜨린다. 그는 조피로스가 적어도 이 점에서는 정확했기 때문에, 즉 사랑하는 스승 소크라테스의 호색한적인 측면을—이 경우 확실히 남성보다는 여성을 향한 것으로 생각되었다—맞춰냈기 때문에 즐거워했을 것이다.

소크라테스에 대한 조피로스의 평가 가운데 이 철학자의 얼굴 생김새에 대한 언급은 분명 없다. 예를 들어 나중에 소크라테스 외모의 특징으로 여겨진 넓은 들창코와 튀어나온 눈은 이 트라케인의 관상학적 평가에는 등장하지 않는다. 조피로스는 사람의 성격을 몸, 눈, 얼굴, 미간에서 읽을 수 있다고 주장했다. 따라서 소크라테스의 성적 본성에 대한 추측은 그의 불룩한 눈을 관찰한 데서 비롯되었을 수 있다. 이는 갑상선기능항진증이라는 질환의 전형적인 증상이기도 하다. 그러나 우리가 들은 바는 소크라테스의 쇄골 모양에 관한 것뿐이다.

조피로스가 소크라테스의 맨어깨를 그렇게 정확히 관찰한 것은 추측건대 그가 맨 어깨를 드러냈을 만한 상황들과 연관되어 있을 것이다. 예컨대 조피로스의 제자 알키비아데스와 소크라테스가 함께 춤추거나 맨몸으로 씨름하는 등의 상황 말이다. 그의 귀족 제자 알키비아데스와 소크라테스의 이같이 친밀한 관계는 소크라테스처럼 아테네 출신의 자유 시민이나 군인이 아니고, 오만하며 고집 센 제자로부터 존경받지도 못했던 가정교사 조피로스의 분노를 자아냈을 것이다.

같은 자료에 등장한 또 다른 일화로, 소크라테스의 제자 엘리스의 파이돈이 쓴 『조피로스』라는 유실된 대화편에 따르면 성질 고약한 조피로스는 소크라테스의 외모에 근거해 비난거리가 될 만한 결점과 악덕을 줄줄이 읊었다고 한다. 자리에 있던 사람들은 이 트라케인의 분석을 비웃었는데 사실상 그런 결함들을 그들이 알고 있는 소크라테스가 가지고 있다고 보기 어려웠기 때문이다.

이때 소크라테스는 그만의 특징적이고 아이러니한 제스처를 취하며 조피로스의 변호를 맡겠다고 정중하게 나섰다. 그는 조피로스가 절대적으로 옳다고 말했다. 그것들은 그가 선천적으로 쉽게 가질 수 있는 바로 그런 결함들이었기 때문이다. 그러나 그는 '지금 나의 성석에서 그런 악덕이 없는 것은 이성적 훈련을 통해 그것들을 내쫓을 수 있었기 때문'이라고 덧붙였다. 이런 능숙한 답변을 통해 소크라테스는 그의 성격을 암시하는 조피로스의 모든 이론적 발견을 반박했고, 이성의 원리에 대한 철학적 주장도 재확인할 수 있었다.

소크라테스의 또 다른 자아

젊고 잘생긴 알키비아데스는 범죄 행위와 도피 행각으로 아테네에서 악명이 높았다. 한번은 호메로스의 시에 대한 어떤 선생의 냉담한 반응에 화가 난 그가 선생의 얼굴을 주먹으로 때렸다. 또 한번은 회의장에 메추라기를 풀어 퍼덕거리며 날아다니게 해서 의회 회의를 방해했다. 그는 긴 꼬리의 마스티프를 산 후 꼬리가 잘린 채 시내 곳곳을 돌아다니게 해 동료 아테네인들을 아연실색하게 만들기도 했다. 이 일로 비난받았을 때 그는 훨씬 더 나쁜 행동으로 관심을 끄는 것이 자신의 목적이라고 주장했다.

비행을 좋아하던 이 젊은이는 후견인 페리클레스의 엄중한 분노에 맞닥뜨렸다. 명목상 정식은 아니나 페리클레스의 아내이자 알키비아데스의 이모할머니인 아스파시아는 어쩌면 더 관대했을지도 모른다. 소크라테스와 함께 그녀가 적어도 한 번 이상 소년 알키비아데스를 대신해 탄원했으리라 예상해볼 수 있다. 소크라테스와 아스파시아의 이런 방만한 태도는 많은 아테네인과 결을 같이했다. 아테네인들은 알키비아데스의 어떤 악행도 용서할 수 있는 듯했고, 이 엄청나게 잘생기고 영리한 젊은이의 성공과 인정에

사랑에 빠진 소크라테스

대한 열의를 창찬받을 만한 것이라고 생각했다.

소크라테스는 어쩌면 폭주하는 이 젊은이를 자신과 같은 종류의 사람으로 봤는지도 모른다. 그 자신도 젊을 때 꾀를 부렸고 그 일로 아버지 소프로니스코스에게 벌을 받았다. 우리가 많이 봐온 장난기 가득하고 짓궂은 나이 든 소크라테스는 젊은 시절에도 장난기 많은 성격이었을 것이다. 알키비아데스 못지않게 소크라테스도 쉽게 격분하고 경쟁심이 강한 본성을 지녔으며, 그런 까닭에 플라톤은 소크라테스를 자주 상대편에게 굴복하지 않기로 결의한 사람처럼 묘사한다. 플라톤과 크세노폰의 굉장히 호의적인 묘사에서도 소크라테스는 연장자나 동료와의 만남에서 자신이 생각하기에 잘못됐거나 불합리한 사상 혹은 진술이라면 받아들이지 않는 모습을 보인다. 플라톤이 『메논』에서 묘사하듯 성난 대화자가 신체적 폭력으로 그를 위협할 정도로 말이다.[10]

논쟁을 엎치락뒤치락하는 레슬링 시합으로 만드는 나이 든 소크라테스를 지적 승부사로 이해해볼 수 있다. 그의 목적은 거짓된 가정들을 제거함으로써 진리에 더 가까워지는 것이었다. 젊은 알키비아데스는 진리보다는 다른 사람들의 눈에 보이는 명예나 상에 더 많은 관심을 가졌다. 명예에 대한 사랑인 필로티미아 *Philotimia*에 관한 집착은 야심 있는 정치인들에게 흔한 것이었고, 성공에 대한 열망은 아테네 사회의 갈채를 받았다. 알키비아데스의 영예에 대한 무한한 욕망은 그가 포테이다이아 전투에서 떨친 용맹으로 장군들에게 훈장을 받은 데서 잘 드러난다. 소크라테스의 개입이 없었다면 알키비아데스는 죽었을 터이다. 따라서 원칙적으로 그 상은 소크라테스에게 주어졌어야 했다.

알키비아데스 못지않게 소크라테스의 문화적 배경 또한 무공의 명예와 영광에 대한 열망을 강조했을 것이다. 그러나 이러한 종류의 인정은 분명 더 이상 소크라테스의 목표가 아니었다. 플라톤의 『향연』에서 소크라테스를 묘사하는 알키비아데스는 그의 못생긴 외모를 걷어내고 내면의 아름다움을 드러낸다. 반대로 우리는 어쩌면 소크라테스의 신성시된 이미지를 벗겨내 내면의 알키비아데스를 찾아낼 수 있을지도 모른다. 소크라테스 역시 젊은 남자로서 호메로스의 『일리아스』가 내린 명령, (후에 알렉산더대왕의 좌우명이 되는) '항상 남보다 뛰어나고 우월하라'가 추동하는 성공에 대한 열망을 이해했을 것이다. 그렇다면 소크라테스는 알키비아데스의 군사적, 정치적 야망을 못마땅하게 여기기보다 오히려 한때 같은 길을 가고 싶어했지만 그것을 포기하기로 확실히 결정한 사람의 눈으로 바라보았을지도 모른다.

이러한 관점에서 알키비아데스는 젊은 소크라테스의 또 다른 자아다. 젊은 시절에는 이 철학자도 같은 나이와 지위를 가진 다른 아테네 남성들과 함께 용감한 전쟁 영웅이 되고자 노력했을 것이다. 그러나 30대 후반에 이르러 무언가가 소크라테스의 관점과 포부를 완전히 바꾸었고, 그는 또 다른 영웅적인 목표에 자신의 삶을 바쳤다. 그 목표란 동료 시민들이 삶의 목적에 대해 더 큰 깨달음을 얻도록 돕는 것이었다.

알키비아데스와 시칠리아 원정

알키비아데스는 궁극적으로 개인주의적 명예와 영광의 길을 따라 자신을 파괴하는 지경에 이르렀다. 플라톤 『향연』의 고대 아테네 독자들은 기원전 416년 아가톤의 축하 파티가 열린 지 불과 1년 후 알키비아데스가 아테네에 의해 시작된 가장 위대하고 운명적인 군사작전을 제안하고 공동 지휘한 사실을 떠올렸을 것이다. 이는 바로 재앙과도 같은 시칠리아 원정이다.

그 당시 시칠리아 해안선에는 다양한 크기와 힘을 가진 도시국가들이 있었고 많은 그리스인이 거기에 정착했다. 이 섬에서 가장 크고 부유한 도시국가인 시라쿠사는 권력과 문화적 위신에서 아테네와 견줄 만했다. 세게스타와 레온티니 같은 시라쿠사의 경쟁 도시들은 아테네의 지원을 얻으려 애썼고, 아테네와 시라쿠사 간의 전쟁에서 아테네를 도울 수 있는 막대한 자원을 가지고 있다는 거짓된 인상을 심어주려 노력했다. 심지어 세게스타 사람들은 아테네 함대에 자금을 댈 준비가 되어 있다고 주장했고, 아테네 사절단에게 여기저기 널브러진 많은 금붙이, 은붙이를 보여주어 그들이 쓸 수 있는 것은 이보다 훨씬 더 많다는 암시를 주었다. 그 섬은 또한 옥수수 농지가 풍부해서 많은 아테네인은 그 섬을 정복하는 게 쉬우면서도 이익이 될 거라 예상했다.

기원전 415년 봄 아테네 의회는 시칠리아 군사 원정의 장점에 대한 공개 토론을 벌였다. 기원전 420년 장군으로 처음 선출된(최저 연령은 30세다) 알키비아데스는 아테네에서 엄청난 인기를 얻고 있었다. 그는 자신이 시대가 다가왔음을 느꼈고, 성공적인 원정이 아테네인들 사이에서 자신을 진정한 영웅의 지위로 격상시킬 것을 감지하고 시칠리아 원정을 강하게 주장했다. 경험이 더 많은 니키아스 장군은 그의 의견에 반대했고 자제를 촉구했다. 그러나 알키비아데스의 카리스마와 설득력 있는 연설이 그날을 주도했다.

시칠리아 원정이 시행될 듯하자 니키아스는 아테네인들의 기세를 꺾을 만한 계책을 내놓았다. 그는 시칠리아 도시들과 힘을 겨루기 위해서는 함대와 군대에 훨씬 더 많은 지출이 필요할 것이라고 주장했다. 그의 계책은 역효과를 냈다. 아테네 의회는 그의 제안을 열광적으로 받아들였다. 그들은 장군들에게 함대 100척과 중무장 보병 5000명 이상을 할당하는 법안을 통과시켰는데 이는 결과적으로 소규모 원정보다 훨씬 더 큰 피해를 낳게 되었다.

아테네인들은 전례 없는 함대를 준비하기 시작했다. 출전 몇 주 전 군중은 아테네의 거대한 항구인 피레우스로 몰려들어 준비 중인 군용선들이나 명예로운 원정을 확신하며 만들어진 대포 등을 구경했다. 소크라테스도 구경꾼 중 한 명이었을 것이다. 자신의 군 복무 시절은 지났지만 그는 알키비아데스의 성공을 지대한 관심을 가지고 계속 주시했을 것이다.

함대가 출항하기 바로 직전 어느 날 아침 아테네 사람들은 일어나자마자 끔찍한 신성모독 행위를 목격했다. 아테네 전역, 특히 아고라에 가장 많이 있던 헤르메스 신상 수백 개가 손상되고 훼손되었던 것이다. 헤르메스 신상은 사각형의 돌 위에 근엄한 수염을 기른 신의 머리가 올려져 있고 돌 앞쪽으로는 발기된 남근이 돋을 새김되어 있는 모습이다. 헤르메스 신상은 방문객, 여행객, 도시 거

헤르메스 신상

주자에게 행운을 보장하기 위해 성지와 개인 주택의 입구에 세워
져 있었다. 아테네는 헤르메스로 가득 찬 곳이었는데 그 운명적인
아침, 도시 전역의 헤르메스가 고의로 훼손되고 신상의 얼굴과 남
근이 모두 파괴된 것이 분명하게 드러났다.[11]

　　미신을 믿는 아테네 사람들의 눈에는 그처럼 불경한 행동이
원정의 전망에 어두운 그림자를 드리우는 것으로 비칠 수밖에 없
었다. 알키비아데스의 정치적 적은 거짓 증인들을 재빨리 만들어
내 이런 기이한 일과 관련해 알키비아데스와 그 친구들에게 신성
모독의 책임이 있다고 주장하도록 했다. 이 혐의는 훼손된 헤르메
스 신상과는 무관했지만 알키비아데스가 불경하다고 몰아붙이는
데는 성공했다. 알키비아데스는 즉시 자신의 결백을 증명하기 위

해 사형 선고를 받을 수도 있는 재판을 자청했다. 그러나 그의 적들은 군대가 아테네를 떠나면 그의 지지자들이 수적으로 열세에 놓일 것이라고 계산했다. 그래서 그들은 이튿날 알키비아데스가 출항하기를 기다렸다가 그후 그를 고발했다. 최근 그가 귀족 친구들과 함께 사적으로 가면극을 열고 연기를 했다는 사실이 알려졌고, 이는 그가 신성모독 죄를 범한 것을 증명하는 셈이었기에 적들의 목적에 들어맞았다. 그들이 주장한 바에 따르면 그는 특히 여자 옷을 입어 데메테르 여신의 거룩한 신비를 비웃어댔으며, 노예들 앞에서조차 이러한 행동을 과시하는 등 용서할 수 없는 짓을 벌였다.

군대가 시칠리아에 상륙한 지 몇 주 후 신성모독 죄로 알키비아데스를 체포하기 위해 아테네의 배가 도착했다. 알키비아데스는 되돌아가기 위해 자신의 배에 올랐으나, 20년 전 이탈리아 남부에 세워진 아테네인들의 정착지 투리오이에 정박한 후 은신처를 찾기 위해 적군인 스파르타인들과 함께 다시 출항했다. 그는 공식적으로 아테네의 반역자가 되었다. 그의 도피는 유죄의 증거로 채택되었고 그는 재판에 출석하지 않았지만 사형 선고를 받았다.

알키비아데스의 망명으로 인해 아테네의 적들, 즉 시칠리아에 있는 적과 본토에 있는 적 모두가 전쟁을 하는 데 필요한 중요한 정보와 도움을 얻을 수 있었다. 투키디데스는 원정의 점진적인 붕괴를 고통스러울 정도로 자세히 묘사한다. 시칠리아에 있던 신중한 성격의 니키아스 장군은 일련의 망설임과 잘못된 판단으로 이듬해까지 아테네 군대를 위태롭게 만들었다. 그는 마지막까지 계속

사랑에 빠진 소크라테스

지체하며 잘못된 판단을 내렸고 수천 명의 아테네 군인이 시라쿠사인들에 의해 학살되었다. 수천 명이 항복했지만 보호막 없이 노출된 혹독한 시라쿠사 채석장의 포로가 되어 굶주림과 갈증으로 죽어나갔다. 니키아스 자신은 항복했고 사형에 처해졌다.

육상전 및 해전의 최종 사망자 수는 충격적이었다. 수백 척의 배를 잃었고, 아테네 중무장 보병 약 1만 명과 숙련된 노군檣軍 3만 명이 죽었다. 아테네 민주정은 그 어느 때보다 더 큰 멸망의 위험에 처했고, 실제로 기원전 411년 잠시나마 400명의 시민이 이끄는 과두정으로 교체되었다. 아테네의 많은 사람은 이 재앙과 반민주적 타격을 알키비아데스 탓으로 돌렸다. 그가 소크라테스의 가장 가까운 친구이자 예전 제자라는 사실이 아테네인들의 주목을 받지 않을 수 없었다.

알키비아데스의 최후

펠로폰네소스인들이 시칠리아 등지에서 아테네를 물리치고 군사적 성공을 거두는 데 도움을 주는 등 대담하게 행동하던 알키비아데스는 곧 스파르타인의 호감을 잃었다. 스파르타에 있는 동안 그는 스파르타 왕 아기스의 부인 티마이아와 바람을 피웠고 알려진 바에 따르면 그녀는 알키비아데스의 아들을 낳았다. 알키비아데스는 자신을 죽이라는 명령이 내려진 걸 알고 다시 도망쳤고, 이번에는 아테네에 대항해 스파르타를 지원하던 페르시아로 망명했다.

예전에 알키비아데스는 펠로폰네소스 군대 보조금을 조직하면서 소아시아의 페르시아 총독(현지 통치자)인 티사페르네스를 만난 적이 있었다. 알키비아데스는 페르시아의 이익을 위해 양쪽 군대를 약화하려면 이제 지원을 축소해야 한다고 조언했다. 그러나 많은 사람에게 그의 행동은 아테네에서의 인기를 회복하려는 시도로 생각되었다. 티사페르네스의 신뢰받는 조언자로 자리매김한 후 알키비아데스는 궁극적으로 아테네로 돌아가기 위해 자신과 연결된 복잡한 책략을 세웠다. 그러나 그동안 스파르타는 페르시아와 일련의 조약을 맺었고 이는 싸움의 궁극적인 결과가 아테네에 덜 유리해 보이게 만들었다.

기원전 411년에 세워진 400인 정권은 곧 좀더 중도적이고 광범위한 기반을 갖춘 5000인 정권에 계승되었고, 알키비아데스는 마침내 아테네로 소환되었다. 그는 즉시 돌아오지 않았고 우선 아테네인들이 바다와 육지에서 많은 승리를 거둘 수 있도록 도왔다. 결국 기원전 407년 아테네로 돌아왔을 때 그는 영웅으로 환영받았고 그에 대한 고소는 공식적으로 취하되었다.

그러나 그의 정치적 적들은 사라지지 않았다. 기원전 406년의 해전에서 아테네가 패배한 후 아테네인들이 이를 알키비아데스의 탓으로 돌리자 그는 자진해서 트라케로 망명길에 올랐다. 기원전 404년 아테네의 패전 후에는 트라케에서 동쪽으로 헬레스폰트를 건너 프리기아로 향했다. 그는 아테네를 대신해 페르시아와의 연합을 부활시키려는 바람을 품고 있었다. 얼마 후 스파르타인들이 보낸 페르시아 군대가 프리기아에 있는 그의 집을 포위하고 불

을 질렀다. 칼을 들고 집 밖으로 뛰쳐나온 알키비아데스는 빗발치는 화살을 맞고 최후를 맞이했다.[12]

알키비아데스의 그림자

플라톤이 기원전 380년대와 기원전 370년대에 대화편을 썼을 때 알키비아데스는 오래전에 죽고 없었다. 그의 성격과 태도는 기원전 404년 아테네가 스파르타에 마침내 항복한 후에도 여전히 논란의 대상이었다. 소크라테스 자신이 그의 젊은 친구의 정치와 군사 경력의 흥망성쇠에 대해 어떻게 생각했는지 전하는 기록은 없다. 알키비아데스가 권력을 손에 쥐고 있는 동안 소크라테스는 군복무 시절을 제외하면 대개 부유한 친구들의 집에서 철학적인 논쟁에 참여하거나 아테네의 아고라를 돌아다니며 장인 및 상인과 더불어 그들이 생각지도 못했던 가설들을 검토하고 있었다.

알키비아데스에 대한 그의 사랑과 아테네에 대한 한결같은 충성심을 감안한다면, 소크라테스는 시칠리아 군사 원정 기간에 알키비아데스가 이 도시의 적들을 지지한 사실에 실망하지 않을 수 없었을 것이다. 하지만 그때 그는 확실히 젊은 알키비아데스의 무모한 행동과 자유분방한 장난에 유사한 경악을 느끼는 데 오랜 세월 익숙해진 후였다. 그는 알키비아데스가 불경죄를 범하거나 아테네로부터 망명했다는 소식을 들었을 때 크게 놀라지는 않았을지도 모른다. 또한 그가 한 번 더 도망치기 전 좀더 행복했던 시기에 아테네인에게 용서받고 돌아온 영웅으로서 환영받는 것을 보았을 때도 역시 놀라지는 않았을 것이다.

기원전 404년 최후의 승리를 거둔 스파르타인은 아테네에 (플라톤의 외당숙이자 그의 어머니의 사촌인) 크리티아스를 앞세워 '30인 참주'로 대표되는 과두정치를 실시했다. 30인의 참주는 민주정을 지지하는 반대자들을 살해하고 재산을 몰수했지만 그들의 공포정치는 오래가지 못했다. 기원전 403년 참주들은 민주주의의 기치 아래 모인 망명 세력이 일으킨 전투에서 패배했고 그후 아테네의 전통적인 제도들이 복원되었다. 민주정의 망명자 중에는 소크라테스의 오랜 친구 카이레폰도 있었다. 소크라테스가 기원전 399년 자신의 재판에서 이를 배심원들에게 상기시키기도 했는데, 이는 그의 추종자 중 적어도 일부와 마찬가지로 그 자신의 견해도 반민주적으로 여겨질 수 없다는 것을 보여주기 위해서였다.

공식적인 사면이 선포되어 이전의 과두정치에 가장 직접적인 책임이 있는 이들을 제외한 모든 사람이 복귀할 수 있게 되었지만, 아테네의 민주주의 회복을 지지하는 사람들은 알키비아데스를 용서할 수 없었다. 그들이 보기에는 알키비아데스가 벌인 일들이 아테네의 패배와 수많은 동료 아테네인의 죽음을 야기한 결정적인 원인이었다. 그들은 그의 반민주적인 행위를 그의 친구이자 동료인 소크라테스의 가르침 탓으로 돌렸다. 소크라테스는 아직 살아 있었고, 상류층 젊은이의 스승으로서든 대중의 눈에 성가실 정도로 파괴적인 질문가로서든 아주 쉽게 눈에 띄었다.

플라톤은 『향연』에서 알키비아데스가 소크라테스에게 자신의 결정이나 행동에 대한 어떤 책임도 묻지 않았다고 분명히 이야기하고 있다. 거기서 젊은 알키비아데스는 자신이 소크라테스의 좋은 영향력 아래에 있지 않았을 때에만 옆길로 샜다고 말한다. 그러나 소크라테스를 고발한 자들에게는 이 철학자가 알키비아데스의 행동을 명시적으로 비난하지 않았다는 것만으로도 충분했을지 모른다. 아테네인들이 소크라테스가 알키비아데스를 가르친 날들과 그들의 친분을 떠올릴 수밖에 없게 된 것은 기원전 404~기원전 403년의 일들 때문이다. 이 시기 30인의 참주는 즉결 처형을 시행하고 시민들의 재산을 몰수하며 아테네 시민과 외국인 거류민 수천 명을 추방하는 등 잔인한 공포 통치를 벌였다.

소크라테스와 공포정치

알키비아데스의 동년배 친구인 크리티아스는 30인의 참주 가운데 주도적인 인물이었다. 그는 플라톤 어머니의 사촌이며, 맹목적이지는 않았으나 오랜 세월 소크라테스의 추종자였다. 그는 또한 기원전 415년 헤르메스 신상 훼손 사건에 가담한 혐의로 기소된 아테네 상류층 가운데 한 사람이기도 했다. 그는 사건 직후 체포되었지만 고발자가 신용할 수 없는 인물임이 드러나 무죄로 풀려났다. 그는 아테네를 떠난 알키비아데스와 긴밀하게 접촉했고 기원전 407년 망명으로부터 복귀할 것을 선뜻 제안하기도 했다.

기원전 406년 알키비아데스에 대한 여론이 다시 불리하게 돌아갔을 때 크리티아스는 도시를 떠났다. 그는 기원전 404년 아테네가 스파르타에 함락당한 뒤 스파르타가 세운 괴뢰 정권의 주역이 되기 위해 돌아왔다. 그는 다시 모인 민주 세력이 과두 군사 정부에 대항해 싸운 기원전 403년 전사했다. 그러나 수백 명의 무고한 시민을 정치적 동기로 처형한 그의 행동은 잊히지 않았고, 그와 남아 있는 동료들에 대한 대중의 원한은 오래 지속되었다.

크세노폰은 크리티아스를 무자비하고 부도덕한 사람으로 묘사한다. 그의 당파적 잔인함은 소크라테스에 대한 부정적인 인식을 만들어냈다. 크세노폰은 크리티아스가 소크라테스와 관계를 맺은 것은 정치 권력을 획득하기 훨씬 더 전이라는 증거를 제시하는 동시에 두 사람의 의견이 서로 합치하지 않았다는 것을 보여주려고 노력한다. 크세노폰은 소크라테스가 제혁업자, 공예가, 청동기 제작자 같은 하류층 장인들과 대화하고 싶어하는 것을 크리티아스가 공공연하게 경멸한 일을 기록한다. 소크라테스는 반대로 자신이 반한 젊은이를 크리티아스가 괴롭히는 것을 보고 역겨움을 느꼈다고 말한다. 소크라테스는 공개적으로 그러한 행동을 '돼지가 바위에 몸을 긁고 있는 격'이라고 비유했다. 크리티아스는 그런 모욕을 용서할 수 없었고 권력을 잡은 후 복수했다. 『소크라테스의 변명』에서 소크라테스는 자신이 30인의 참주에게 소환되어 무고한 살라미스의 레온을 체포하고 또 처형하기 위해 데려오도록 지시받은 일에 대해 말한다. 그는 자신이 처형당할 위험을 무릅쓰고 지시에 불응했으며, 얼마 지나지 않아 바로 30인의 참주가 권력에서 추락하는 바람에 그가 살아남을 수 있었다고 주장했다.

소크라테스는 변론에서 자신이 죽는 것보다 부정의한 일을 저지르는 것을 더 두려워한다는 자기주장을 뒷받침하기 위해 이

사랑에 빠진 소크라테스

이야기를 했다. 그러나 크리티아스와 30인 참주의 행동에 대해 비판의 목소리를 높였을지라도 그가 신新정권의 아테네에 남아 있었다는 사실 자체가 민주 진영에 있는 그의 적들에게는 의심스러운 일이었다. 소크라테스는 "만일 소치기가 소를 죽게 하거나 병약하게 만든다면, 그는 마땅히 모자란 소치기일 것이다. 마찬가지로 지도자가 시민들을 죽게 하거나 가난하게 만들면서도 자신이 모자란 지도자라는 것을 수치스럽게 생각하지 않는다는 것은 놀라운 일이다"[13]라고 했다. 소크라테스는 정권에 반기를 드는 젊은이들에게 이런 유의 정서를 가르친다는 의혹을 샀다. 크리티아스가 통과시킨 '연설술을 가르치는 것'을 금하는 법령은 소크라테스의 침묵을 위한 것으로 보인다.

소크라테스가 30인 참주정의 통치하에 살아남은 것은 정말로 행운이었을지도 모른다. 그러나 크리티아스는 개인적인 원한에도 불구하고 옛 스승 소크라테스의 처형은 지지하지 않은 듯 보였고 이는 그들이 좋은 관계를 유지했다는 의심을 불러일으켰다. 어쨌든 소크라테스와 상류 학생들 사이의 연결 고리는 사람들의 마음속에 남아 있었다. 소크라테스가 죽은 지 반세기 후 기원전 4세기의 웅변가 아이스키네스는 아테네 청중에게 이렇게 선언했다. "당신들이 소크라테스를 처형한 것은 그가 반민주적인 30인의 참주 중 한 명인 크리티아스를 가르친 책임 때문이었다."

기원전 399년 소크라테스는 아테네의 한 법원 앞에서 '도시의 신을 인정하지 않고' '새로운 신을 도입했으며' '젊은이들을 타락시켰다'는 등의 혐의로 재판에 넘겨졌다. 배심원 대다수는 그가 기소된 대로 유죄라고 판단했다. 아테네 법에 따라 소크라테스와 고발자들은 각각 처벌이 무엇이어야 하는지 제안할 수 있었다. 플라톤의『소크라테스의 변명』에 기록된 연설에 따르면 소크라테스는 (처벌 대신) 평생 공적 연금으로 자신의 철학적 활동을 보상할 것을 제안했다. 배심원들은 기가 막혔고, 유죄냐 무죄냐를 판결하는 첫 번째 투표보다 형량을 결정하는 두 번째 투표에서 상당히 더 많은 사람이 사형 집행에 찬성했다.[14]

감옥에 갇힌 채 사형을 기다리는 동안 소크라테스는 죽음을 피할 수 있었을 것이다. 친구들은 탈출을 위해 경비원들에게 뇌물을 주는 것을 허락해달라고 간청했다. 그러나 그는 비록 동료 시민들의 판단이 잘못됐더라도 그 결정에 따를 의무가 있다고 여겼다. 고전학자 메리 레프코위츠의 예리한 지적처럼 그 역시 다음과 같은 사실을 알고 있었다. "영웅적인 죽음이 그에게 불멸을 가져다줄 것이다. 어떤 그리스인도 파트로클로스와 헥토르, 아킬레우스의 이름이나 행동을 잊을 수 없다. (…) 소크라테스는 사형 집행을 스스로 받아들임으로써 비로소 자신의 일대기를 통제할 수 있었다."[15] 사형 집행 방법은 독미나리를 갈아넣은 물을 한 컵 마시는 것이었다. 독은 발끝에서부터 마비를 일으켜 그의 심장에 이르렀다.

많은 역사가는 기원전 399년 소크라테스가 기소되고 사형당한 진짜 이유는 크리티아스와 알키비아데스가 저지른 정치적 범죄에 대한 아테네인의 분노라고 보았다. 두 사람 모두 소크라테스와 친했으며 이는 부인할 수 없는 사실이다. 알키비아데스는 특히 아버지가 전사한 후 페리클레스가 그의 후견인이 되었을 때부터, 소년 시절부터 어른이 되어서까지도 소크라테스를 따라다녔다. 그렇다면 페리클레스와 친분이 있는 사람 가운데 소크라테스는 수십 년 동안 또 누구를 알고 사귀었을까? 소크라테스와 알키비아데스의 친분, 그리고 무엇보다 페리클레스와의 친분은 소크라테스의 삶과 사상의 궤도를 알기 위해 필수적이지만 지금까지 살펴보지 못한 그의 배경과 지위와 관련된 문제를 제기한다.

4장

페리클레스의 측근

SOCR
ATES
IN
LOVE

젊은 소크라테스에 대한 최초의 전기적 증거는 고대 작가 키오스의 이온으로부터 유래한다. 소크라테스의 동시대 선배 이온은 성공한 시인, 극작가, 철학자로 기원전 5세기 초에 활동한 석학이다. 그의 저술은 몇몇 인용문을 제외하고는 유실됐지만 후대 작가들의 인용에 근거하면 그는 사회와 정치 문제에 정통한 평론가였다. 최초의 자전적 여행기로 알려진 『여행 일지』에서 이온은 다음과 같이 썼다. "어린 청년이었던 소크라테스가 사모스를 여행하는 아르켈라오스와 동행했다."[1]

수세기 후 역사가 디오게네스 라에르티오스(2~3세기)가 인용한 이 아주 간단명료한 기록은 10대 시절의 소크라테스에 대한 최초의 직접적인 증언이며, 그의 어린 시절 배경과 경험에 대한 결정적인 증거다. 기원전 4세기의 권위 있는 고대 시가 이론가인 타렌툼의 아리스토크세노스는 이 이야기에 살을 붙이는데, 그의 아버지 스핀타로스가 소크라테스와 동시대인이다. 지금은 전하지 않는 소크라테스에 대한 최초의 공식 전기 『소크라테스의 생애』에서 아리스토크세노스는 "소크라테스가 아르켈라오스의 소년 애인*paidika*이었다"라고 직접적으로 언급했다.

아리스토크세노스 이후의 전기 작가들은 이 명제를 일반적으로 무시하거나 간과했다. 이런 외면은 이것이 소크라테스의 어릴 적 동성애 관계에 대한 충격적인 증거 진술이기에 이해될 수 있다.[2] 소크라테스의 성적(특히 이성애자적) 신념을 강조하거나 그의 삶을 오로지 재판과 죽음의 관점에서만 바라보려는 역사가 세대에서 이런 주장은 종종 단순한 편견 때문에 거부되었다.[3] 아리스토크세노스의 문장은 소크라테스의 사회적 지위와 어린 시절 그가 경험한 환경에 대해 암시하고 있다. 이는 소크라테스가 나이 든 한 남자와 소년애적 관계를 맺었다는 확신 못지않게 중요하며, 사실 전기적 관점에서 볼 때 훨씬 더 중요하다고 할 수 있다.

아르켈라오스의 측근

소크라테스와 사모스 여행을 함께했던 아르켈라오스는 아테네의 철학자였고, 귀족 정치인들을 이끌었던 친親스파르타 장군 키몬의 친구였다. 키오스의 이온은 아르켈라오스가 사모스로 가는 여행길에 소크라테스를 데리고 갔다고만 했으며 둘이 얼마나 친한 사이인지는 구체적으로 밝히지 않았다. 이온은 키몬과 친했고, 철학에 관심이 많은 학생이었다. 이온은 아마도 아르켈라오스와 만났을 것이고 그의 활동이나 철학적 교리에 친숙했을 듯하지만 당시 떠오르는 포퓰리즘 정치가였던 페리클레스와는 친밀하지 않았을 수 있다. 그가 페리클레스의 '성급하고 경멸적인' 태도를 지적했다고 전해지기 때문이다. 그는 젊은 페리클레스가 정치적 라이벌인 키몬과 보수파 동료들을 여과 없이 거만하게 대하는 모습을 직접 본 것이 틀림없다.

이온은 그리스 도시국가들 전체를 여행했고, 키오스에서 배를 타고 몇 시간 안 걸리는 사모스섬은 여러 번 들렀는데 그 방문들 중 뒤의 한 번은 비극 작가 소포클레스가 거기 있던 때와 시기상 맞물린다. 소포클레스는 기원전 440년 페리클레스가 사모스섬 정복을 위해 벌인 악명 높은 원정에 장군으로 참전했다. 소크라테스가 이 군사 원정에 참여했다는 증거는 없다. 하지만 몇몇 사람은 소크라테스가 사모스를 방문했다는 증언이 그가 사모스 원정에 중무장 보병으로 참여한 사실을 나타낸다고 해석한다. 그러나 이런 주장은 견지되기 힘들다. 첫째, 기원전 440년에 소크라테스는 거의 서른 살이었는데 이온은 소크라테스를 '어린 청년'으로 묘사하고 있으므로 이 방문은 군사 원정과는 무관해 보인다. 둘째, 디오게네스 라에르티오스는 명백히 '소크라테스가 군 복무 외에 아테네를 떠난 적이 없다'는 명제를 부정하기 위해 이온의 말을 인용하고 있다. 그러므로 이온이 언급한 소크라테스의 사모스 여행은 기원전 440년의 사모스 원정과 겹칠 수 없다. 이는 소크라테스가 더 어렸을 때 군사적 목적이 아닌 다른 이유로 그 섬을 방문했음을 나타낸다.

소크라테스는 '아테네를 떠난 적이 없다'고 흔히 알려져 있었다. 이 때문에 플라톤이 『파이드로스』에서 소크라테스가 도시 경계를 넘어 배회한다고 묘사했을 때 그것이 깜짝 놀랄 만한 발언이 되었던 것이다.[4] 소크라테스가 집에 박혀 지내는 철학자였다는 시인 이미지는 그의 중장년 시절에서 비롯된다. 그는 아고라나 (법적으로 아고라에 갈 수 없었을) 젊은이들이 모여 있는 다른 장소, 예를 들면 구두장이 시몬의 집 등을 드나들며 시간을 보냈다.[5] 소크라테스가 아테네에만 있었다는 생각은 소크라테스의 청년 시절을 알기엔 너무 어렸던 전기 작가들이 상정한 것인 듯하다. 이는 확실히 더 어린 시절의 소크라테스에게는 해당되지 않는다.

3세기의 유명한 이교도 학자 포르피리오스에 따르면 소크라테스가 아르켈라오스와 함께 사모스를 방문한 것은 기원전 452년경이다. 그때 소크라테스는 열일곱 살쯤이었을 것이다. 포르피리오스는 아리스토크세노스의 글에서 소크라테스와 아르켈라오스가 '오래 안 사이 정도가 아니라 연인 사이였다'는 주장을 발견했다. 학자들은 아리스토크세노스를 '심술궂고' '신뢰할 수 없는 험담꾼'으로 깎아내리려 했다.[6] 그러나 고대 그리스 엘리트 문화에서 보자면 아르켈라오스와 소크라테스가 연인 사이였다는 주장에 모욕이나 스캔들이 뒤따를 까닭은 없다. 그 진술은 그저 사실에 입각한 것일 수 있다.

플라톤의 후기 대화편인 『법률』에 등장하는 한 연설자는 "소년 시절 우리는 연상의 남자들의 애정을 구했다" "그들로부터 우리는 배울 수 있었고 그들과 어울리는 것이 우리에게 이익이었다"라고 말한다. 소크라테스가 살던 시대의 아테네 상류층 청년들은 연상의 남자와의 긴밀한 관계를 통해 사회적, 지적 시야를 넓히고자 했다. 『파르메니데스』 대화편에서 플라톤은 아테네를 방문한 철학자 파르메니데스와 그의 제자 제논을 소개한다. 그때 제논은 열다섯 살 밑의 '키 크고 잘생긴, 파르메니데스의 소년 애인'으로 묘사된다. 이런 언급은 경멸적인 것이 아니라 단순한 진술이다. 젊은 남자와 나이 든 남자 사이의 육체적 관계를 포함한 유대가 적어도 아테네의 엘리트 계층에서는 받아들여졌다. 비록 그리스 사회 전체에서 승인한 것은 아니고 꼭 사회적 합의의 일부는 아니었을지라도 말이다. 그러나 소크라테스와 아르켈라오스의 경우 아리스토크세노스의 증언은 분명하다.

아르켈라오스와 소크라테스

우리는 젊은 소크라테스의 멘토이자 연상의 연인인 아르켈라오스에 대해 무엇을 알고 있을까? 지적·철학적 성향으로 보자면 아르켈라오스는 아낙사고라스의 제자였다. 아낙사고라스는 페리클레스의 절친한 친구이자 당대 아테네에서 가장 유명한 철학자였으며 이오니아의 클라조메나이 출신이었는데, 클라조메나이는 그 시대를 이끈 많은 지식인을 배출한 지역이다. 이오니아학파 철학자들은 자연철학자로서 존재의 본질과 우주의 물질적 구성을 주된 탐구 대상으로 삼았다. 아르켈라오스는 물질세계가 '물질과 마음의 혼합을 통해' 생겨났다고 주장하는 아낙사고라스의 우주론을 추종했다고 한다.[7]

아르켈라오스는 성공한 석공의 아들인 소크라테스와 마주치게 됐을 것이다. 소크라테스는 교육받은 청년으로 당대 철학을 배우는 데 열성적이었다. 그는 육체적으로 인상적이었을 뿐 아니라 지적으로도 성숙한 10대였을 것이다. 비록 그의 이버지는 이들이 돌을 조각하는 데 더 많은 관심을 기울이기 원했을지라도, 소크라테스는 강한 체력뿐 아니라 비상한 두뇌를 타고난 인물이었다. 그를 비롯한 여러 사람이 훗날 칭송한 그의 제자 알키비아데스처럼, 그는 어떤 매력과 카리스마 그리고 강한 경쟁심을 보여주었을 것이다.

대화편 『테아이테토스』에서 플라톤은 테아이테토스라는 신진 수학자의 모습을 그린다. 플라톤은 젊은 소크라테스의 모습을 이 인물에 반영한 듯 보인다.[8] 플라톤은 테아이테토스의 가정교사가 이 소년에 대해 다음과 같이 감탄하게 한다.

저는 제 시대의 많은 사람을 알지만, 지금까지 이렇게 놀라운 재능을 가진 사람을 본 적은 없습니다. 그는 타의 추종을 불허하는 빠른 이해력과 유난히 온화한 성격을 지녔고, 게다가 어떤 또래 못지않게 남자답습니다.

저는 이 모든 것을 갖춘 존재가 있으리라고는 생각지도 못했습니다. 다른 곳에서는 보지 못했죠. 그와 같이 빠르고 예리하며 관대한 사람은 대체로 균형을 잃고 말죠. 어떤 이들은 밸러스트(선체의 안정을 유지하기 위해 배의 바닥에 싣는 물이나 모래 따위의 중량물 — 옮긴이) 없는 배처럼 돌진하고, 용기 있다기보다는 미친놈에 가깝습니다. 반면 더 안정적인 사람들은 지지부진한 마음가짐으로 공부에 접근하는 경향이 있습니다. 마치 형편없는 기억력을 짊어지고 있는 사람처럼 말이죠.

하지만 이 소년은 지식과 탐구의 길에서 확신에 차 부드럽고도 효과적으로 움직입니다. 그뿐 아니라 성격도 좋죠. 그는 마치 조용히

흐르는 올리브 기름과도 같습니다. 젊은 사람에게서 그런 재능을 관찰한다는 것은 멋진 일이죠.[9]

플라톤은 테아이테토스를 지식과 체력을 겸비한 '독특한' 인물로 묘사한다. 그가 이미 여러 대화편에 걸쳐 소크라테스를 정확히 그러한 자질을 가진 자로 그린 점에 비추어볼 때 이는 아이러니해 보인다. 따라서 테아테이토스의 자질에 대한 밑그림은 플라톤이 생각한 소크라테스의 10대 시절에 대한 힌트가 될 수 있다. 이 구절을 비롯하여 플라톤의 글은 다른 인물들의 삶과 성격을 통해 젊은 소크라테스의 이미지를 부분적으로 보여주는 듯하다.

소크라테스가 아르켈라오스와 맺은 관계의 본질이 무엇인지 확실하게 아는 것은 불가능하다. 그러나 기원전 452년의 사모스 방문은 특별한 교육적 목표를 이루기 위한 것이었다. 그 목표란 당대 가장 유명한 사상가 중 한 명인 사모스의 철학자 멜리소스의 사상을 배우는 것이었다.

사모스 방문

사모스는 (고대 그리스에서는 이오니아로 불렸던) 소아시아 연안에게해에 있는 섬이다. 그 섬에는 고대로부터 포도밭으로 뒤덮인 두 개의 화산이 솟아 있다. 소크라테스가 살던 시대에 사모스섬은 포도주와 도자기로 유명했고, 특히 기원전 6세기부터 도시 건축의 길과 세 기지로 이름을 떨쳤다. 이는 즉 항구의 거대한 인공 방파제, 산허리를 관통하는 1000미터 길이의 수로 터널, 그리고 헤라 여신에게 헌정된 거대한 신전이다.

이 섬은 지중해의 주된 교역로에 인접해 있어 수세기 동안 소아시아 내륙에서 수입한 직물과 정교한 금속 제품이 오고 가는 무역의 중추로 기능했을 뿐 아니라, 근동 지역과 더 먼 지역으로부터 지적 영향력을 끌어내고 널리 전파하는 장소가 되었다. 반세기 동안 사모스섬이 낳은 가장 유명한 인물은 철학자 겸 현자인 피타고라스였는데, 그는 동쪽 땅을 인도까지 여행했다고 한다. 소크라테스가 아르켈라오스와 함께 그 섬을 방문했을 당시에는 지성계에 새로운 스타가 탄생했다. 그가 바로 이타에게네스의 아들 멜리소스다.

멜리소스는 사상가이자 행동가였다. 10년 후인 기원전 440년 그는 페리클레스가 이끄는 아테네 함대에 맞서 사모스 함대를 지휘하게 되었다. 사모스인들이 결국 패배한 후 멜리소스는 페리클레스가 행한 잔인한 앙갚음의 희생자 중 한 명이 되었을 수도 있다. 그러나 기원전 450년의 그는 무엇보다 유명한 철학자였다. 그는 우주의 본성에 관해 자세한 형이상학적 이론을 발전시키고 이를 책으로 펴냈다.

멜리소스의 학설은 철학자 파르메니데스의 사상에 기초했다. 파르메니데스는 자신의 고향인 그리스의 도시 엘레아(현재 이탈리아 남부의 벨리아)를 떠나 아테네에서 가르침을 폈던 철학자다. 파르메니데스의 철학 시詩 「자연에 관하여」는 그리스 교양인 사이에서 널리 읽혔고 그가 제시한 유의 사상을 이해할 수 있는 사람들 사이에서 활발한 토론과 논쟁을 불러일으켰다. 그의 핵심 전제는 '무無로부터는 아무것도 나올 수 없다'는 것이었다. 파르메니데스에 따르면 이 전제에 따라 우주는 무로부터 생성될 수 없으므로 항상 존재했던 것이 된다. 그러한 전제는 이 철학자를 놀라울 정도로 우리 상식과 어긋나는 결론으로 이끌었는데, 즉 모든 변화와 운동은 환상에 불과하며, 우리의 공통 감각에도 불구하고 우주는 사실 변화도 없고 움직임도 없다는 것이다.[10]

멜리소스는 이러한 고도의 추상적 추론을 따라 존재하는 것은 무엇이든 영원히 존재해야만 하며 미래에도 영원히 존재해야만 한다고 가르쳤다. 그는 현상의 다양성과 변화에도 불구하고 우주는 사실상 통일되고 변하지 않는 실재여야 한다는 파르메니데스의 교리에 동의했고, 한발 더 나아가 우주는 공간적으로 무한하고, 존재는 영원하며, 우주는 파괴할 수 없고 불가분한 데다 변화할 수 없으며 움직이지도 않는다고 주장했다.

소크라테스에게는 멜리소스를 실제로 만나 그에게서 물질과 존재에 대해 상세한 논변을 듣는다는 것 자체가 흥분되는 도전이었을 것이다.[11] 사모스는 10대였던 소크라테스가 여행해보았을 법한 곳 가운데 가장 먼 곳이었다. 아르켈라오스와 함께 아테네로부터 뱃길을 따라간 여행은 약 2주가 걸렸을 것이다. 낯선 사람을 환대하는 것은 그리스 문화의 특징이었고 지금도 마찬가지다. 아마도 멜리소스는 아테네 방문객들을 집으로 초대해 고장의 음식과 와인을 대접하고, 우주의 본성에 관한 그의 교리에 대해 함께 토론했을 것이다.

그 방문은 또한 소크라테스가 당대 가장 고귀한 지혜로 널리 수용된 것에 관해 최초로 불만을 가지는 계기가 되었을지도 모른다. 이 땅에 발 딛고 있던 이 젊은이는 멜리소스의 이론에 난감했을 것이고, 그가 내린 결론의 숭고하고 추상적인 개념을 납득할 수 없었을 듯하다. 그러한 형이상학적 이론을 주장하는 사람은 얼마만큼의 확신을 가질 수 있을까? 그리고 아무리 논리적으로 도출되었다 하더라도 일상적 경험을 부정하는 결론에 어떻게 만족할 수 있을까? 차라리 모른다고 인정하는 편이 더 낫지 않을까? 더 중요한 것은, 어떻게 그러한 이론들이 자신의 삶을 살아내는 방법에 대한 일종의 안내를 제공할 수 있다는 것일까? 인간의 일상적 경험에 대한 절박한 질문에 답해줄 수 없다면 이런 종류의 철학이 과연 무슨 소용이 있을까?

우리는 소크라테스가 아테네를 또다시 떠나 다른 사상가들을 방문했는지는 알 수 없다. 그럴 필요를 느끼지 않았을지도 모른다. 그의 청소년기와 그 이후는 아테네의 권력 팽창으로 그리스 전역의 사상가와 예술가가 아테네로 모여들던 시절에 걸쳐져 있다. 지적인 동요가 계속되던 때였고, 소크라테스는 주변의 철학자, 의사, 조각가, 화가, 음악가, 극작가, 정치인, 군사 이론가들이 쏟아내는 짜릿하고 새로운 지식의 홍수 속에 깊이 빠져들었다. 이들 모두가 지금 우리가 아테네의 황금기로 알고 있는 시대, 무엇보다도 페리클레스라는 이름과 관련된 그 시대에 기여한 사람들이다.

유사 과학의 태동기

페리클레스의 소유지에서 이마 한가운데 뿔이 난 숫양이 발견되었을 때 사람들은 흥분했다. 이것은 전조일까? 만약 그렇다면 어떤 의미를 내포할까? 사람들이 숫양의 목을 잘라 페리클레스에게 보내자 페리클레스는 사제 람폰과 철학적 스승 아낙사고라스를 불렀다. 숫양의 머리를 본 람폰은 당시 귀족정의 반대에 부딪혔던 페리클레스가 적들을 이길 것이라고 예언했다. 즉 하나밖에 없는 뿔이 페리클레스가 아테네의 유일한 정치 지도자가 됨을 암시한다는 것이다. 그러나 이성적인 아낙사고라스는 숫양의 두개골을 가르라고 명령했다. 숫양의 뇌는 제대로 발달하지 못해 기형적 모양을 하고 있었고 이로 인해 뿔이 하나만 올라온 것이었다. 이는 기형에 대한 간단한 생리학적 설명이다.

이 이야기가 보여주듯 아낙사고라스의 천재성은 자연 현상에 대해 종교적 설명보다는 사실적 설명을 찾아보려는 의지에서 비롯됐다. 그는 일식, 유성, 무지개, 지진 같은 사건에 대해서도 같은 방식의 설명을 제시했다. 기원전 467년 그리스 북부에 운석이 떨어졌을 때 과학적 사고에 열의를 가진 사람들 사이에서 그의 명성이 크게 높아졌다. 그것은 그가 예측한 대로 활활 타는 뜨거운 바윗덩어리에 지나지 않는 것으로 판명되었던 것이다.

기원전 500년경 태어난 아낙사고라스는 20대에 클라조메나이에서 아테네로 여행을 가 페리클레스의 절친한 친구이자 스승이 되었다. 기원전 450년대에 그는 아테네에서 독보적인 철학자였다.[12] 당대에 그의 생각은 대담하고 선견지명이 있었다. 아낙사고라스는 전통적으로 그리스인에게 존경의 대상이었던 태양 그 자체는 불타는 돌덩어리에 지나지 않는다고 선언했다. 아낙사고라스는 원근법과 천문학적 측정에 관한 참신한 아이디어를 발전시켰고—그는 무엇보다 해시계의 발명가로 유명하다—태양이 펠로폰네소스반도 전체보다 좀더 크다고 추정했다.[13] 그는 또한 정확히 우리가 지금 알고 있는 것처럼 달빛은 태양의 빛이 지구를 경유해 반사된 것이라는 설을 내놓았다.

하지만 태양과 달을 신으로 숭배하는 평범한 그리스인에게 아낙사고라스의 학설은 위험한 것이었다. 소크라테스와 마찬가지로 그리스인들은 태양신 헬리오스에게 새벽마다 정기적인 기도를 드렸다. 태양이나 다른 신의 신성을 부정하는 것은 신들의 분노를 불러일으키고 사회 전체에 보복을 초래할 위험을 무릅쓰는 일이었다. 아낙사고라스는 불경죄로 기소되었고 페리클레스는 재판에서 그를 위해 증언했지만 아낙사고라스는 자신의 안전을 위해 이오니아로 돌아가야 했다. 이 재판은 아마도 기원전 430년대 초반에 일어났을 텐데 페리클레스는 사방에서 정치적 압력을 받고 있었기 때문에 그의 친구 겸 스승을 보호할 능력이 예전 같지 않았을 것이다.

아르켈라오스는 아낙사고라스의 제자 중 한 명이었기 때문에 아낙사고라스의 설명뿐 아니라 아낙사고라스라는 인물 자체도 자신의 젊은 친구에게 소개했을 듯하다. 플라톤은 소크라테스가 처음에는 아낙사고라스의 물질 현상에 대한 거침없고 이성적인 설명에 매료되었다고 전한다. 이는 멜리소스를 비롯한 여러 사상가가 주장한 사변적인, 비실재적 관념으로서의 우주와는 매우 다르게 비쳤을 것이다. 아낙사고라스의 자연철학이 아닌 다른 무언가가 젊은 소크라테스에게 영향을 미쳤을지도 모른다. 이 연로한 철학자는 부와 권력이 사람을 행복하게 하는 것은 아니라고 말했다고 알려져 있다. 그러나 그는 대부분의 사람에게 자신이 "괴짜로 보여도"[14] 놀라지 않을 것이라고 덧붙이기도 했다. 이는 소크라테스가 마음에 새겼을 법한 가르침이다. 그는 부와 권력을 얻는 것을 단호히 거부했고 희랍어로 '괴짜'를 의미하는 '아토포스atopos'라는 단어가 말년의 그에게 곧잘 따라붙었다.

아리스토파네스의 『구름』에서도 소크라테스는 신들의 존재 자체를 부정하는 사상가들과 명백하게 동일시된다. 이 중 가장 악명 높은 무신론자는 멜로스의 디아고라스다. 그는 신이란 번개나 천둥 같은 무서운 자연 현상을 설명하기 위해 인간이 창조한 허구적 개념이라고 주장했다. 그러나 소크라테스는 '이끄는 지성guiding Mind'에 의해 우주가 형성되었다는 아낙사고라스의 학설에 특히 흥미를 느꼈다. 그는 지성이 인간 존재의 진정한 목적을 밝히기 위한 철학적 사상의 새로운 출발점이 되기를 희망했다. 그의 학설을 더 배우고 싶었던 소크라테스는 아고라에 가서 아낙사고라스의 책을 샀다. 그 소중한 파피루스 두루마리를 위해 그는 노동자의 일당에 해당되는 1드라크마를 지불했다.[15] 이는 부유한 아테네 젊은이만이 감당할 수 있는 금액이었다.

열렬한 기대를 품고 책을 들춰본 젊은 소크라테스는 책 내용에 몹시 실망한 자신을 발견했을지도 모른다 아낙사고라스의 책에서 지성Mind이란 우주가 생성되고 형성된 기계적인 원리의 원인에 붙여진 이름 그 이상은 아니다. 그의 이론은 왜 세상이 이런 방식으로 구성되어야만 했는지 혹은 왜 이 방식이 최선이고 다른 방식은 안 되는지 설명해줄 수 없었다. 예전에 멜리소스와의 만남이 그랬듯 소크라테스는 위대한 미래를 약속하는 듯 보이는 철학적 학설을 만났지만, 결국 가장 열성적인 관심과 흥미를 불러일으킨 질문들, 즉 인간이 어떻게 살아야만 하는지에 대해서는 아무런 해답도 얻을 수 없었다.

과학으로부터의 전환

젊은 소크라테스가 아낙사고라스의 이론에 관심을 보였다는 것은 그가 경험적인 관찰을 통해 세계를 좀더 정확하게 이해할 가능성에 흥미를 느꼈음을 강하게 시사한다. 플라톤과 크세노폰은 스승의 이런 성향을 소극적으로 다뤘다. 이는 의심할 여지 없이 주로 비아테네 출신의 지식인과 교사로서 아낙사고라스, 멜리소스, 아르켈라오스까지 포괄하는 '소피스트' 부류와 자신의 스승 사이에 달갑잖은 연결 고리가 생기는 것을 피하기 위해서였다. 그들 부류의 이론이 과학 이전 시대에는 논증만큼이나 논박을 위해서도 필요했다. 그리고 많은 소피스트가 공적 생활에서 성공하기 위해 필수적인 기술 중 하나로 논쟁술을 가르쳤다. 이것은 소피스트는 모두 진실을 말하기보다는 설득력 있고 과장된 논변을 사용하여 자기주장을 펴고 싶어한다는 의심으로 이어졌다. 소크라테스의 제자와 추종자는 진실에 더 가까이 가는 것이 유일한 관심사였던 자신의 스승이 그러한 사상가들과 연결되는 것을 보고 싶어하지 않았다.

기원전 423년 아리스토파네스의 희극 『구름』은 소크라테스가 초기에 자연철학과 경험적 실험에 대해 지녔던 열정을 조명한다. 거기서 '소크라테스'라는 인물은 신들의 진짜 이름과 기능에 대한 신성모독적인 이론을 제시하고, 세상이 어떻게 움직이는지 연구하는 기발한 방법들을 묘사한다. 예를 들어 한 가지 가상 실험에서는 곤충을 위한 왁스 부츠를 만들고 부츠를 기준으로 길이를 측정하여 벼룩이 다리 길이의 몇 배나 높이 점프할 수 있는지를 가늠한다. 또 희극의 다른 부분에서 '소크라테스'는 모기의 윙윙거림과 천둥 번개의 작용을 주로 인간의 방구와 연결시켜 담백하면서도 익살스럽게 설명한다.[16] 이런 우스꽝스러운 시나리오는 당시 이미 40대였던 소크라테스가 경험적 실험과 과학적 사색에 열중하는 사람으로 유명했음을 강하게 암시한다.

자연 현상을 측정하기 위해 관찰과 실험을 이용하는 것, 즉 현재 과학적으로 간주되는 유의 자연세계에 대한 접근 방법을 사용한 기원전 5세기의 사례는 사실상 전하지 않는다. 기원전 5세기 초 알크마이온이라는 의사가 해부를 통해 감각 기관과 뇌를 연결하는 '작은 구멍들'을 찾아내려 하기도 했다. 하지만 아낙사고라스나 멜리소스 같은 사상가의 우주론이 교양 있는 아테네인에게는 가장 과학에 근접한 것으로 여겨졌다. 소크라테스는 그러한 추측을 뛰어넘어 실제 직동 빙닉을 상세히 연구한으로써 세계가 운행되는 참된 방식을 이해하고 싶었는지도 모른다.

그러나 실제로 자연철학자들이 내놓는 그러한 종류의 연구와 설명은 동시대 사람 대부분에게 자신과 상관없는, 심지어는 달갑지 않은 것으로 여겨졌다. 위에서 설명한 숫양의 머리에 관한 이야기에서는 그 시대로서는 독특하게 실험 관찰과 자연 현상에 대한 합리적인 설명이 결합된다. 설령 그렇더라도 이야기에서 드러나듯 숫양의 머리를 전조로 본 람폰의 미신적인 해석도 아낙사고라스의 이성적 해석과 대등한 것으로 받아들여졌는데 이는 예언자가 예측했듯 페리클레스가 정말로 경쟁자를 제치고 아테네의 유일한 지도자가 되었기 때문이다.[17]

소크라테스는 『파이돈』에서 과학적 연구를 포기하게 만든 곤혹스러움을 표현한다.

젊을 때 나는 사람들이 자연과학이라고 부르는 지혜에 놀라울 정도로 관심이 많았네. 모든 것의 원인을 아는 것은 대단한 일이라고 생각했기 때문이지. 가령 그게 왜 생겨나고, 왜 소멸되고, 왜 존재하는지 말이야. 나는 다음과 같은 질문들을 탐구하면서 종종 갈팡질팡했다네. 따뜻함과 차가움이 부패할 때 생명체들이 양성될까? 우리는 피나 공기나 불로 인해 생각하게 될까, 아니면 이 중 어떤 것으로도 생각하지 않을까? 아니면 뇌가 청각과 시각과 후각을 제공하며 이런 것들로부터 기억과 의견이 생겨나고 기억과 의견이 안정되면 지식이 생겨나는 것일까?[18]

약 두 세대가 지난 후 증거를 토대로 한 방법론은 플라톤의 제자이자 우리가 이해하는 한 과학의 창시자인 아리스토텔레스에 의해 도입된다.[19] 그러나 소크라테스의 시대는 아리스토텔레스가 스스로 시작했다고 말한 것 같은 종류의 지속적이고 수고로운 탐구를 품어주지 못했다. 대신 종교적인 관념을 이성적인 것으로 대체하려고 한 아낙사고라스 같은 사상가는 신을 사랑하는 사회 각 계각층의 아테네인으로부터 공격을 받았다.

장년이 되기 전 어느 시점에 소크라테스는 비로소 자연 현상에 대한 경험적 연구를 추구하는 것이 진리를 찾는 데 큰 도움이 되지 않는다는 점을 깨달았다. 대신 그는 성공의 기회가 더 많고, 자신의 개인적이고 윤리적인 성향을 더 자극하는 무언가로 관심의 초점을 옮겼다. 그는 자신의 인간 동료들, 그리고 그들의 이상할 정도로 숙고하지 않는 사고방식을 연구하기로 결심했다.[20]

아테네 지도자

소크라테스와 알키비아데스, 아르켈라오스, 아낙사고라스와의 인연은 모두 그를 아테네 황금기의 주요 정치가이자 웅변가이며 장군인 페리클레스에게 인도해간다. 기원전 495년경에 태어난 페리클레스는 기원전 460년대 후반부터 40년 동안 전쟁 시나 평화 시의 아테네를 이끌었다. 역사가 투키디데스에 따르면 '대중의 챔피언'으로, 귀족 태생이지만 포퓰리즘적인 지도자였던 페리클레스는 외가 쪽으로 유력한 알크메이오니다이 가문 출신인데, 이 가문은 아테네 민주 헌법의 창시자인 클레이스테네스를 비롯해 중요한 정치적 인물들을 배출했다.

페리클레스는 결단력 있고 청렴한 지도자로 잘 알려져 있다. 희극 작가들은 그가 아스파시아에게 노예처럼 헌신한다는 둥 늘 투구를 쓰고 대중 앞에 서는 것은 머리가 뾰족한 신체적 특징 때문이라는 둥 하며 그를 조롱했다. 그들은 페리클레스의 위엄 있는 연설을 높게 사 그를 '올림포스의 제우스'라고 부르는 한편으로 '양파 머리'라고 비웃기도 했다. 이런 식으로 신체적 특징을 풍자하는 희극의 특성을 감안할 때—아리스토파네스는 자신의 대머리를 스스로 조롱했고, 다른 사람들을 '사시' '말라깽이' '산발 머리' 등으로 묘사했다—들창코와 툭 튀어나온 눈 등 나이 든 소크라테스의 '사티로스' 같은 특징이 『구름』에서 언급되지 않았다는 점은 주목할 만하다. 오히려 우리는 그를 긴 머리에 수척하며 누더기를 걸친 '사색장'의 사람들 중 한 명으로 상상해야만 한다.

페리클레스는 막강한 페르시아 제국의 군대가 언제든 침략해 올 수 있는 위협의 그늘 아래서 자랐다. 기원전 480년 살라미스해전에서 함대의 노군櫓軍은 막 선거권을 가진 아테네 시민이 된 참이었는데 이들이 전쟁의 위협을 물리치는 데 큰 역할을 했다. 기원전 472년 페리클레스는 아이스킬로스의 비극 『페르시아인』 공연에 자금을 지원하기로 했다. 『페르시아인』은 역사적 배경을 기초로 한 그리스 극 중 유일하게 현전하는 작품으로, 페르시아 왕 크세르크세스의 군대를 패배시킨 아테네 해군의 용기와 결단력을 강조하며 기린다. 아테네 해군의 행동은 귀족인 페리클레스를 포퓰리즘적 지도자로 자리매김하도록 장려했을지도 모른다. 그는 아테네 시민권을 부유한 사람뿐 아니라 가난한 사람에게까지 확장하여 모든 아테네인을 아테네만의 독특한 민주 정체의 활동적인 일원으로 끌어들이고자 했다. 그와 정치 동료들은 급진적인 정책을 수행하기 위해 해군 참전 용사들의 도움을 발판으로 삼았다. 이에 따르는 희생은 장군이자 보수 정치가인 키몬이 이끄는 귀족들이 치를 터였다.

기원전 454년 페리클레스는 델로스동맹이 보유한 금은을 델로스섬으로부터 아테네로 이전하는 일을 투표에 부쳤고, 그때 소크라테스는 10대 중반이었다. 이 조치는 아테네가 동맹의 지도자가 아닌 제국주의 권력자로 변모했음을 상징했다. 페리클레스는 아테네로 흘러들어오는 옛 동맹국들의 조공을 이용해 막대한 건축 프로그램을 실행할 기회를 얻었다. 이 프로그램으로 도시는 강화되고 이 도시가 곧 제국의 중심지임을 확실히 할 터였다. 그중 핵심은 아크로폴리스 언덕에 아테네의 여신 아테나를 기리는 파르테논 신전을 짓는 것이었다. 이 신전은 타의 추종을 불허하는 웅장한 건축물로, 페리클레스의 친구인 조각가 페이디아스가 금과 상아로 제작한 거대한 아테나 조각상을 보유하게 될 것이었다.

소크라테스의 아버지 소프로니스코스는 다른 석수, 석공, 조각가, 장인과 함께 페리클레스가 시작한 건축 프로그램의 혜택을 후하게 받을 수 있는 지위에 있었다. 파르테논 신전의 재정에 대한 설명이 돌에 새겨져 오늘날까지 전하는데, 가장 큰 단일 지출이 약 16킬로미터 떨어진 펜텔리콘 산에서 돌을 운반하는 비용이었다고 한다. 그렇다면 그 돌을 만지고 조각하는 비용이 그보다 훨씬 더 낮았을 리는 없다. 이후 다년간 페리클레스는 과도한 건축비로 정치적 라이벌, 멜레시아스의 아들 투키디데스로부터 강한 비판을 받았다. 투키디데스는 키몬의 후계자이자 키몬이 죽은 후 보수파 지도자가 된 사람으로, 역사가 투키디데스가 아니라(그러나 친척일 수는 있다) 소크라테스가 개인적으로 알았던 정치인이며 알로페케 데모스 출신이다. 페리클레스는 연설에서 의문의 여지가 있는 비용은 모조리 사비로 변상할 것이며 그 조건으로 헌정사에 자신의 이름을 새기겠다고 함으로써 이 논쟁에서 승리를 거두었다. 투키디데스는 이후 기원전 443년 시민 투표에 의해 강제로 추방당했다. 이때 투표는 도편추방제ostracism로 진행되었는데 이는 도자기 파편 *ostraka*에 정치인 이름을 써서 많은 표를 얻는 정치인을 추방하는 제도다. 투키디데스의 추방으로 페리클레스는 람폰이 숫양의 외뿔을 통해 예언했듯 아테네에 상대할 자가 없는 무적의 지도자가 되었다.

이 기간에 페리클레스는 국내 정치가로뿐만 아니라 군 지도자로도 활동했다. 기원전 450년경 소크라테스가 군에 복무할 나이가 되었을 무렵 페르시아인들과의 평화협정이 이루어졌고, 아테네는 에게해에서 힘과 영향력을 자유롭게 확장할 수 있었다.[21] 파르테논 신전 건축이 시작된 기원전 447년 페리클레스의 친구 클레이니아스는 중무장 보병을 이끌도록 임명되었는데 그의 부대는 코로네이아에서 패배하게 되며, 앞서 추측했듯 이때 22세였던 소크라테스는 처음으로 전쟁터의 쓴맛을 보았을지도 모른다. 아마도

사랑에 빠진 소크라테스

전쟁터에서 이 젊은 석공의 유능함과 뚜렷한 탐구 정신은 총사령 관의 눈에 띄었을 것이다. 만일 그렇다면 알키비아데스의 아버지 클레이니아스가 친구의 보살핌을 필요로 하는 네 살배기 아이를 남기고 코로네이아 전투에서 전사한 기원전 447년 가을, 페리클레 스가 어째서 소크라테스를 피후견인 알키비아데스의 가정교사 중 한 명으로 받아들인 것인지 짐작해볼 수 있다.

지성인

펠로폰네소스전쟁이 시작된 기원전 430년의 끝 무렵 페리클 레스는 유공자 추모 연설에서 지난 25년간 아테네가 자신의 지도 하에 거둔 성공들을 압축적으로 묘사했다. 역사학자 투키디데스 는 자신이 들었던 연설들을 회고하여 이 유명한 장례 연설을 재구 성했는데, 여기서 페리클레스는 다음과 같이 주장한다. "우리는 사 치하지 않는 아름다움을 추구하며, 용기를 잃지 않는 지성을 추구 합니다. 우리에게 부는 행동에 자극이 되는 것이지 자랑거리가 아닙니다."[22] 그는 계속해서 말한다.

요컨대, 나는 우리 도시 전체가 그리스의 학교라고 선언합니다. 우리 모두는 우리 자신으로 하여금 다양한 경험을 즐기게 하고 새로운 환 경에 쉽게 적응할 수 있게 하는 자기 충족성을 지니고 있습니다.

아름다움의 추구란 페리클레스가 착수한 파르테논 신전 건축으로 가장 오랫동안 살아남을 건축적 성과를 달성하는 것이었다. 이 프로젝트의 막대한 비용을 고려할 때 그것이 '사치하지 않는 아름다움'을 추구한다는 것은 지나치게 보수적으로 보인다. 하지만 '용기를 잃지 않는 지성'이라는 문구가 스파르타인에 대한 인식, 즉 그들이 육체적으로는 더할 나위 없지만 지적으로는 뛰어나지 않다는 생각과 대조를 이루었듯 이 또한 페르시아의 훨씬 더 사치스러운 건축적 화려함과의 대비를 의도한 것이라는 주장이 있다.23 '용기를 잃지 않는 지성'이란 문구는 또한 철학자이자 전사이며 그 양쪽으로 모두 숭앙받은 소크라테스를 떠올리게 했을지도 모른다. 비록 소크라테스는 물질적 부와 겉치레를 거부하는 것으로 유명했으며 의심의 여지 없이 부가 '행동의 자극제'로 요구된다는 페리클레스의 견해에 이의를 제기했을 것이지만 말이다.

그러나 페리클레스가 아테네를 '그리스의 학교'라고 칭하고 동료 아테네인들의 다재다능함과 진취적 에너지를 극찬한 것은 옳았다. 파르테논 신전의 주요 건축가는 아테네인 익티노스와 칼리크라테스이고, 이 작품의 총감독은 페리클레스의 절친한 친구이자 동료인 조각가 페이디아스인데 상아와 금으로 만든 거대한 아테나 조각상을 기원전 438년 이 신전에 헌정했다. 이 뛰어난 사람들, 그리고 플라톤의 대화편에서 쟁론하는 페리클레스의 측근들을 젊은 소크라테스도 잘 알고 있었을 것이다. 대부분의 장인과 현장 기술자가 중산층 정도의 높지 않은 배경을 가지고 있었던 반면, 기원전 5세기 아테네에서 자신의 작품을 선보인 사상가와 예술가 중 많은 수는 아테네 바깥의 지역사회에서 유명 인사이자 상

사랑에 빠진 소크라테스

류층에 속하는 사람들이었다. 이들은 동일하게 비아테네 상류층 출신의 문하생들을 끌어당겼고 이들은 플라톤의 대화편에도 자주 등장한다.

소피스트 중 일부도 지방 출신이었는데 소크라테스에게 음악 이론을 가르쳤다고 전해지는 아테네의 오아Oa 데모스 출신 다몬이 그중 한 명이다. 다몬은 페리클레스의 측근으로 페리클레스의 정치사상에 강력한 영향력을 행사했다고 한다. 음악 교사가 어떻게 정치적으로 영향을 미칠 수 있었을까? 플라톤은 다몬을 '복면의 소피스트'로 묘사하며, 음악에 대한 전문 지식은 더 깊은 정치적 목적을 위한 위장이었다고 말한다. 만일 그렇다면 다몬은 페리클레스의 반엘리트주의적인 성향을 지지했을 것이다. 따라서 그의 정치 성향은 포퓰리즘에 가까웠을 듯한데도 플라톤이 『국가』에서 인용한 다몬의 가장 유명한 말은 오랫동안 음악적 측면에서 강한 보수주의를 드러내는 것으로 해석되어왔다. "사회와 정치에 급진적 변화를 야기하는 일 없이 음악 스타일의 변화가 일어나지는 않는다." 그러나 다몬의 발언은 음악의 안정성을 촉구하는 것으로 해석되어서는 안 되며, 오히려 다른 깊은 함의가 있는 것으로 받아들여져야 한다는 주장이 제기되었다. 이 발언이 음악, 그중에서도 특히 새롭고 인기 있는 스타일을 도입하고 권장하는 음악이 정치 영역에서 급진적인 변화를 도모하거나 야기하는 수단으로 사용될 수 있음을 뜻한다는 것이다.[24] 그 목적이 무엇이었든 간에 다몬의 노력은 이에 대한 반발심을 불러일으켰고 이는 알려져 있듯 아낙사고라스, 페이니아스, 아스파시아 등 페리클레스의 측근 중 다른 유명한 인물들에게도 일어난 일이다. 다몬은 결국 도편추방제에 따라 강제로 추방당했다. 그 당시 아테네에서 영향력 있고 성공한 사람들은 오랫동안 인기를 유지하기 어려웠다.

가장 뛰어난 소피스트이자 페리클레스의 또 다른 측근으로 압데라의 프로타고라스가 있다.[25] 그는 플라톤의 『프로타고라스』에서 히포니코스의 아들인 거부 칼리아스(포테이다이아 전투의 지휘관, 칼리아데스의 아들 칼리아스와는 다른 인물이다)의 집에서 강연을 한다.[26] 이후 그곳에서 프로타고라스는 소크라테스와 덕과 지식, 교육에 관한 폭넓은 토론을 벌인다. 프로타고라스는 돈을 받고 강연한 최초의 소피스트로 알려져 있는데, 강연으로 페이디아스와 다른 조각가 10명을 합친 것보다 더 많은 돈을 벌었다고 한다. 아테네 사람들이 기원전 443년 남부 이탈리아 투리오이에 새로운 정착지를 건설하기 시작했을 때 프로타고라스는 그들을 위한 헌법을 만드는 임무를 맡았고, 이는 물론 그 일이 상당한 숙고를 필요로 하기 때문이었다.

부유한 칼리아스는 프로타고라스 같은 사상가뿐 아니라 소크라테스보다 더 젊은 세대의 사람들, 예컨대 소피스트인 엘리스의 히피아스와 케오스의 프로디코스 같은 이에게도 돈을 아끼지 않았다. 그 당시 물질적 혜택을 거부했던 소크라테스는 가르침에 대한 대가를 받지 않았다. 또한 아테네의 정치 지도자들과 친하고 정규군으로 복무했음에도 불구하고 정치적으로 활동하거나 그러한 영향력을 행사하는 데 관심이 없었다. 사실 우리가 알기로 소크라테스는 말년에 단 한 번 공직 생활을 했는데, 이는 기원전 406년 10

월의 일이다.

소크라테스의 공직 생활

잠시 기원전 406년으로 가보자. 아테네의 민주 정체는 제비뽑기로 시민에게 책임을 부여하는 제도를 실시했다. 그해 소크라테스의 안티오키스 부족은 민주정 의회의 안건을 관리하는 임무를 맡게 되었다. 기원전 406년 어느 날 소크라테스는 하루 동안 평의회의 대표가 되었다. 이는 소크라테스에게 그날 아테네 민주주의 모임인 의회와 더 작은 지도 기구인 평의회를 주재할 책임이 있었음을 뜻한다. 그는 또한 도시의 상징 및 보물과 공문서의 열쇠, 아테네의 공식 인장을 지키는 등의 의례적 의무를 수행해야 했다.

소크라테스가 평의회에 봉사하는 날 극심한 논쟁이 일었다. 그해 초의 아르기누사이 해전은 아테네 함대에 승리를 가져다주었지만, 전투에 참여한 10명의 장군 중 8명이 해군 전사자의 시신을 수습하지 못했다는 죄목으로 이후 고발당했다. 그 장군들 중 한 명은 아스파시아와 페리클레스의 아들인 페리클레스 2세였고, 크세노폰에 따르면 소크라테스는 그와 친분이 있었다. 이날 하루 동안 6명의 장군이 시신 유기로 집단 재판을 받기로 했는데(피고인 중 두 명은 아테네로 돌아오지 못해 재판에 불출석했다) 이는 사형 죄의 피고는 개별적으로 재판받아야 한다는 아테네 법을 명백히 위반한 것이었다.[27]

소크라테스는 이것이 적법하지 않다고 주장하면서 유죄 판결을 의회 표결에 부치기를 거부했다. 하지만 소크라테스는 그들의 결정에 영향을 미치지 못했고, 후에 자신이 '스스로를 우스꽝스럽게 만들었다'고 말했다. 그가 민중의 분노에 반대하며 보여준 용기를 고려할 때 (의도치 않은 경우라면) 이는 상당한 아이러니를 포함한 발언이다. 그의 노력에도 불구하고 장군들은 사형 선고를 받고 처형되었다. 이는 아테네인들을 곧 후회하게 만든 극단적이고 성급한 결정이었다.

20여 년 전인 기원전 430년 투키디데스의 기록에 따르면, 페리클레스는 장례 연설에서 "우리는 시민의 의무에 참여하지 않는 사람을 야심이 없는 게 아니라 쓸모가 없다고 여긴다"라고 말했다. 후대 작가들은 이 연설의 초고에 아스파시아가 관여했다는 주장을 내놓았다. 그녀가 작성했든 그렇지 않든 간에 이 말은 소크라테스에 대한 간접적인 언급으로 읽힐 수 있다. 소크라테스는 페리클레스의 통치에 전적으로 찬성하지 않으면서도 정치적 삶을 살지 않기로 분명하게 결정했기 때문이다. 플라톤의 『국가』 1권에서 우리는 소크라테스가 다음과 같은 말로 정치적 야망을 언급하는 것을 볼 수 있다.

만약 자신이 직책을 맡고 싶어하지 않는다면 가장 큰 문제점은 열등한 사람에 의해 지배받을 수 있다는 것이네. 내가 생각하기에 이런 두려움은 그들이 행하는 더 나은 정치로 이어지지. 그들은 그것으로부터 즐거움이나 이익을 얻기 위해서가 아니라 그것이 필요악이기 때문에 거기 나아가는 것이고, 이는 그들이 그것을 맡을 자신보다 더 나은 사람을 찾을 수 없기 때문이지.

소크라테스가 군 복무를 했다는 사실은 아테네에 '쓸모없다'는 비난에 반박할 증거일 것이다. 그러나 정치적인 일과 거리를 두기 위한 그의 의도적인 선택은 예컨대 그의 친구이자 제자인 알키비아데스의 활동과는 뚜렷한 대조를 이룬다. 이는 또한 상류층 팬과 추종자를 감화하는 그의 도덕적 영향력이며 지적 탁월함을 알고 있던 페리클레스와 아스파시아에게 반감을 샀을지 모른다. 소크라테스는 많은 사람에게 사랑받은 것으로 잘 알려져 있지만 동시에 사랑을 하는 사람으로서 에로스에 대한 탐구에 헌신적인 것으로도 유명했다. 그러므로 페리클레스가 독창적이며 매력적인 사랑의 은유로 청중에게 "도시의 권력을 매일 응시하고 도시의 열정적인 애인erastai이 돼라"[28]고 호소했을 때 페리클레스는 한 철학자, 즉 도시와 권력이 아니라 인간과 이데아에 대한 열정적인 사랑을 삶과 사상 속에서 고무시킨 소크라테스를 암묵적으로 바로잡으려 하고 있었다.

침묵하는 자료

플라톤과 크세노폰의 작품에서 페리클레스가 언급될 때 소크라테스는 다소 친근하고 조심스러운 어조로 말하며, 페리클레스의 개인적이고 정치적인 업적에 대해 전폭적으로 지지하는 것처럼 보이지는 않는다. 예를 들어 플라톤의 『알키비아데스』에서 수크라테스는 페리클레스가 자신의 지혜를 아들들이나 그의 친구 클레이니아스에게 전달하지 않았으므로 현명하다고 할 수 없다고 말한다. 소크라테스는 묻는다. "아테네인이건 아테네인이 아니건, 노예이건 자유인이건 간에 페리클레스와 어울려서 더 현명해진 사람이 있는가?" 알키비아데스는 묵묵부답이다.

이 물음을 보면 소크라테스는 페리클레스를 그의 현명함에 대한 주장을 논박할 정도로는 알고 있었던 듯하나, 그들이 개인적으로 얼마나 친밀했는지는 알 수 없다. 하지만 소크라테스가 처한 상황을 보자. 크세노폰에 따르면 소크라테스는 알크마이오니다이 가문이 살았던 지역에서 태어났고, 그의 아버지가 페리클레스의 건축 프로그램에 참여했으며, 아르켈라오스, 아낙사고라스, 다몬과 친분이 있고, 페리클레스의 피후견인 알키비아데스와 친하고 아스파시아와도 아주 가까웠으며, 페리클레스의 아들과 친구였다. 이에 따르면 소크라테스가 아테네의 이 유력 정치인과 어떤 시점에는 자료들에 기록된 것보다 좀더 가까운 관계에 있지 않았던 것이 불가능하게 여겨진다.

만약 그렇다면 플라톤과 크세노폰은 왜 말이 없을까? 아마 그들은 이 관계에 대해 많은 정보를 가지고 있지 않았을 것이다. 즉 페리클레스가 그들이 태어나기 몇 년 전인 기원전 429년에 죽었기 때문일 수 있다. 아니면 소크라테스가 예전에는 이 나이 많은 정치인—페리클레스가 소크라테스보다 25세 연장자다—과 상황적으로 친했음에도 불구하고, 그가 정치적이나 군사적인 것을 제치고 오로지 철학적인 길을 선택한 이후 페리클레스가 그의 생활

사랑에 빠진 소크라테스

을 몹시 못마땅하게 보았기 때문일 수도 있다. 결국 소크라테스는 페리클레스의 지도하에 아테네 사람들이 어떻게 점차 더 무질서해지는지를 비관적으로 바라보았던 듯하다.[29] 이러한 온도 차이로 한때 따뜻했던 관계가 냉랭해졌을지 모른다.

플라톤은 페리클레스의 동반자 아스파시아가 장례 연설의 초안을 썼다고 믿는 고대 작가 중 한 명이다. 아스파시아가 어떤 식으로든 이에 기여했을 수 있다는 생각이 현대 역사가 대부분에 의해 너무 성급하게 묵살된 듯하다. 소크라테스는 명백히 아테네 정치의 난장판을 피하고 있었고, 페리클레스와 아스파시아 둘 다 이를 탐탁지 않게 바라봤을 것이다. 반대로 그들은 아들 페리클레스 2세가 공적 생활에 적극적으로 참여하도록 격려했을 것이다. 소크라테스가 기원전 424년 델리움 전투와 기원전 422년 암피폴리스 전투에 적극적으로 참여한 것을 감안할 때 소크라테스는 철학 연구에 전념한 후에도 오랜 기간 국가에 대한 봉사를 포기하지 않았다고 반박했을지 모른다. 하지만 제비뽑기로 결국 기원전 406년에 시민의 의무를 다하기 전까지 그가 논리에 밝고 교육받은 시민으로서 기대에 부응해 지방이나 국가 단체에서 봉사했다는 증거는 없다.

페리클레스나 아스파시아가 시민으로서 소극적인 철학자가 되기로 한 소크라테스의 결정을 못마땅하게 생각했다면, 플라톤과 크세노폰은 소크라테스가 죽은 후 가능한 한 가장 좋은 시각으로 소크라테스를 내세우고자 하는 바람에서 그와 같은 비판적인 기록을 담기를 꺼렸을 것이다. 마찬가지로 페리클레스의 푸푤

리즘 정치에 대한 소크라테스의 비판적 견해는 반민주적 입장으로 해석될 위험이 있었고, 이런 의혹은 전기 작가들이 없애기 위해 고군분투했던 것이다. 그러나 그들이 소크라테스와 페리클레스의 친분을 호도한 데에는 또 다른 이유가 있을 수 있다. 그것은 아스파시아가 페리클레스의 사랑하는 파트너이자 정부가 되기 전에 소크라테스와 맺었을지 모르는 관계의 본질에 관한 것이다. 이 관계가 무엇이었고 어떻게 발전할 수 있었을지 이해하기 위해서 우리는 소크라테스의 삶의 배경과 젊었을 때에 대한 증거를 새롭게 들여다보아야 한다.

사랑에 빠진 소크라테스

5장

철학자의 탄생

SOCR
ATES
IN
LOVE

독일 철학자 프리드리히 니체는 1880년대에 저술한 『우상의 황혼』
에서 소크라테스와 그의 '천한' 신분에 대해 끊임없이 부정적인 설
명을 늘어놓았다. 그는 다음과 같은 심미적 편견을 예로 들었는데,
고대 그리스인들은 출생이나 성격, 가정교육이 사람의 외모에 뚜렷
이 나타난다는 견해를 가지거나 심지어는 이런 선입견을 강요받았
다는 것이다.

소크라테스는 태생적으로 하층민에 속했다. 즉 그는 천민이었다.
누구든 소크라테스를 직접 보면 그가 얼마나 못생겼는지 알 수 있
었다. 그런데 못생김은 그 자체로 어떤 결함이며 그리스인 사이에
서는 거의 어떤 반증이었다. 소크라테스는 그리스인이기는 했던
가? 못생김은 종종 잘못된 발달, 이종교배에 의한 발달 지체의 징
후다. 혹은 그것은 발달의 **쇠퇴** 국면으로서 나타난다. 인류학을 겸
하는 범죄학자들은 전형적인 범죄자는 못생겼다고 말한다. 즉 얼
굴이 괴물이면, 영혼도 괴물이라는 것이다. 하지만 범인은 **타락한**
사람이다. 소크라테스가 전형적인 범죄자였을까? 적어도 저 유명
한 관상학자의 의견은 이 생각과 모순되지 않았을 것이다. 비록 소
크라테스의 친구들은 이 의견에 강하게 이의를 제기했지만 말이

다. 관상을 볼 줄 아는 한 외국인이 아테네를 지나다가 소크라테스의 얼굴을 보고 모든 종류의 불결한 악덕과 욕정을 품고 있는 괴물이라고 말했다. 그리고 소크라테스는 단지 이렇게 대답했다. "당신은 저를 잘 아시네요!"[1]

하지만 니체는 나이 든 소크라테스의 추함을 강조한다. 우리가 보았듯 '관상을 볼 줄 아는 아테네를 지나는 외국인'이었던 트라케인 조피로스는 소크라테스의 얼굴을 근거로 부정적인 평가를 내린 것이 아니다. 더욱이 니체는 그다음에 따라온 이야기를 설명할 수 없다. 소크라테스는 조피로스가 그에게 덧씌운 선천적인 성격의 특성을 이성을 행사하여 억제해냈다고 재치 있게 언급한 바 있다. 비록 그의 외모가 적대적인 반응을 불러일으켰는지는 몰라도 그는 비판자들을 반박할 수 있는 그만의 개성과 지성을 가지고 있었다.

나이 든 소크라테스를 관찰한 자들이 젊은 소크라테스에 대해 잘못 추정한 것은 무엇이었을까? 앞 장들은 소크라테스가 페리클레스의 측근들과 밀접한 관련이 있다는 증거를 제시했다. 어릴 적 아르켈라오스와의 관계, 이후 아낙사고라스나 다몬 같은 주요 지식인들과의 친분, 그가 자주 가던 거부 칼리아스의 집, 그리고 무엇보다 페리클레스의 피후견인 알키비아데스와의 오랜 친분은 어느 단계에서든 소크라테스가 개인적으로 페리클레스와 안면이 있었을 것임을 암시한다.

소크라테스를 둘러싼 여러 관계가 모두 그와 알크마이오니다

사랑에 빠진 소크라테스

이 가문이 낳은 귀족 출신의 아테네 정치 지도자, 즉 페리클레스와의 연결 고리를 암시하고, 따라서 소크라테스의 배경과 사회적 지위에 대한 추가적인 의문이 제기된다. 이는 그의 전기 작가들이 답하지 않은 질문이고, 이에 답하기 위해서는 소크라테스의 어릴 적 삶으로 돌아가서 그의 출생에 대해 무엇을 알 수 있는지 살펴봐야 한다.

출생, 계층 그리고 사회적 지위

소크라테스가 태어난 때는 페르시아 왕 크세르크세스의 30만 명에 달하는 거대한 침략군이 그 절반도 안 되는 그리스인 연합군에게 패한 후 거의 10년이 지났을 무렵이다. 아테네인들은 기원전 479년 아테네 북쪽에 있는 테베 근처 도시 플라타이아이에서 명예롭게 최후의 결전을 치렀다. 아테네 영토로 여겨지는 아티카 지역 전체에 걸쳐 그들의 땅과 마을은 페르시아 손에 유혈 사태와 대학살, 아버지와 아들의 죽음, 가정과 사원의 파괴를 경험했다. 소크라테스가 젊었을 때도 파괴된 건물과 불타버린 주택가 등 전쟁의 상처는 풍경 속에 여전히 남아 있었을 것이다. 그러나 페르시아인들은 떠났고 아티카엔 평화가 임했다.

소크라테스는 기원전 469년 아테네의 성벽 바로 너머에 위치한 알로페케 데모스에서 태어났다.[2] 소크라테스라는 이름은 '힘에 있어 안전하다'는 뜻이다. 이후 외모와 체격으로 유추해보자면 소크라테스는 통통한 팔다리에 힘센, 눈에 띄게 튼튼한 아기였을 것이다. 아테네를 수도로 한 아티케반도는 소크라테스 시절 공식적으로 교외 마을과 시골 촌락 등의 행정구역인 데모스(자치구)로 구분되었다.[3] 역사가들은 인구 6000~7000명의 엘레우시스나 아카르나이 같은 큰 공동체로부터 3000명의 주민이 사는 알로페케 같은 훨씬 더 작은 공동체까지 139개의 데모스를 나열한다. 각각의 데모스는 종교, 군사 및 세금 징수를 목적으로 임명된 데모스 지도자와 지역 관리가 감독했다. 같은 지역별로 구성된 데모스의 그룹이 모두 30개의 트리티스trittys, 즉 부족의 '3분의 1'을 형성했다. 고대 영어 단어로 구역을 뜻하는 '라이딩riding' 또한 본래 '3분의 1'을 의미한다.

여성을 제외한 자유민 출신 남성에게만 주어지는 아테네 시민권은 18세의 젊은 남성이 데모스 명단에 등록되었을 때 공식적으로 확보될 수 있었다. 더 이전 세기의 남성들은 각각 다른 층위의 부와 권력, 그리고 소유지를 가진 가족 집단phratry이나 씨족의 일원이 됨으로써 시민이 되었다. 기원전 6세기 말 아테네의 정치가 클레이스테네스의 민주 개혁 이후 18세 이상의 자유민으로서 아티카 지방에 거주하는 남성은 법적으로 모두 동등한 아테네 시민이 되었다.

기원전 507년 클레이스테네스는 자신의 알크마이오니다이 친족을 포함한 전통적인 지주 가문의 권력을 약화하기 위한 개혁의 일환으로 아티카 영토를 10개 부족으로 나눈 후 거기에 에렉테오스, 아이아스 등 전설적인 지역 영웅의 이름을 붙였고, 그 뒤 부족에는 에렉타이스, 아이안티스 등의 명칭이 부여되었다.[4] 각 부족은 해안과 도시, 그리고 내륙에 있는 세 개의 트리티스로 구성되었다. 이러한 세분화는 클레이스테네스가 의도했던 대로 친족에 대한 전통적인 충성심을 걷어내고, 아테네의 민주 정체에 기초를 둔 새로운 부족적 정체성을 만들어냈다.

알로페케는 소크라테스의 아버지 소프로니스코스 같은 돌 세공가, 석공, 조각가 등으로 유명했다. 그곳엔 수천 명의 사람이 살고 있었는데, 그중 18세 이상의 남성 자유민인 아테네 시민은 1200명 정도였을 것이다.[5] 나머지는 여성과 노예, 그리고 (비아테네인으로서 무역의 많은 부분을 지휘한) 외국인 거주자, 청소년과 아이 등이었다. 아테네는 '얼굴을 맞대고 사는' 작은 사회로 그려지지만 고대 기준으로 볼 때 주요한 광역 도시였다. 하지만 아티카의 더 작은 데모스들은 중심부보다는 좀 더 끈끈했을 것이다. 소크라테스의 데모스 안에서 시민권을 가진 성인 남성 대부분은 서로 안면이 있는 사이였을 듯하다. 그의 데모스 거주민 가운데에는 아테네의 정치적·군사적 지도자 몇몇을 배출한 저명한 알그미이오니다이 집안 사람들도 있었다.

페르시아인들을 추방한 뒤 아테네인들이 페리클레스가 주도한 공공사업의 물결에 열광적으로 착수하기까지는 수십 년이 걸렸지만, 전후戰後 기원전 440년대는 아마 사업 수단이 좋은 석공들에게는 수익을 많이 낼 수 있는 시기였을 것이다. 아테네 사람들은 소프로니스코스 같은 석공들에게 새로 짓거나 복구 중인 신전을 위한 조각품뿐 아니라 포르티코(대형 건물의 현관 지붕)와 공공건물을 장식할 새로운 동상과 프리즈 등도 의뢰했을 것이다. 소프로니스코스가 아리스티데스의 아들 리시마코스와 친한 친구로 알려진 것도 주목할 만하다. 아리스티데스는 전쟁 영웅이자 클레이스테네스의 오랜 동료로, 그 공명정대함으로 인해 '공정한 사람the Just'이라는 별명을 갖고 있었다.6

이러한 가문 간의 연관성은 소크라테스가 '하층민' 출신이라는 생각이 잘못되었음을 보여준다. 그의 아버지의 직업은 귀족적이라고는 할 수 없지만 꽤 괜찮은 것이었다. 플라톤의 『라케스』에서는 소크라테스가 '최고의 사람aristos'인 아버지의 본보기에 부끄럽지 않은 '괜찮은 칭찬'을 얻었다고 말한다.7 '최고의 사람'이란 도덕적 지위뿐 아니라 사회적 지위까지 내포하는 용어다. 크세노폰의 『경영론』에서는 '아름답고도 좋은 자kalos kagathos', 곧 '진정한 신사'라는 용어가 유사한 뜻으로 쓰인다. 거기서 소크라테스는 그러한 '좋은 자'가 무엇을 의미하는지 판단하는 기준으로 등장한다. 비록 크세노폰이 이 용어를 도덕적 성향에까지 확대하긴 했지만, 그 용어는 일반적으로 높은 사회적 지위를 뜻하며 이는 소크라테스 자신도 그러한 지위를 누린 사람으로 여겨졌음을 암시한다.8

"소크라테스는 가난했고 의회를 포럼으로 사용하는 것을 거부했지만 그럼에도 그가 아테네 귀족과 관련이 있다는 지속적이지만 단순한 암시들이 있다." 포괄적이고도 학구적인 저작 『플라톤의 사람들』에서 데브라 네일스는 이렇게 썼다. 이 책은 플라톤 작품에 등장하는 모든 등장인물의 배경과 역사를 일러준다. 소크라테스의 엘리트 교육, 페리클레스를 둘러싼 측근들과의 오랜 친분 그리고 중무장 보병으로 오래 복무한 사실 등은 모두 그가 어느 정도의 부와 사회적 지위를 가진 가문 출신임을 증언한다. 리시마 코스의 딸이자 아리스티데스의 손녀인 소크라테스의 아내 미르토의 혈통도, 이후 소크라테스의 아내가 된 크산티페와 그들의 장남인 람프로클레스의 이름도 소크라테스가 아테네의 고귀한 엘리트와 연관되어 있음을 시사한다. 생계를 위해 일하는 아버지를 둔 소크라테스는 귀족의 일원으로 여겨질 수는 없었지만, 그는 분명 니체가 생각한 것처럼 '하층 계급'은 아니었다.9 또한 소프로니스코스는 결혼을 잘한 것 같은데, 소크라테스의 어머니 파이나레테의 이름은 '빛나는 덕'이라는 뜻으로 높은 사회적 연줄과의 관련성을 함의하는 듯하다. 그녀의 주된 역할은 직계 가족과 가정을 돌보는 것이었을 테고 플라톤의 작품에서 소크라테스는 어머니를 '산파'라고 말한다. 이는 흔히 문자 그대로 받아들여지지만 이를 안정된 직업으로 생각하기는 어렵다. 그런데 이는 소크라테스의 삶에서 그녀가 한 상징적인 역할을 암시하는 것으로 이해되기도 한다. 마치 소크라테스가 스스로를 고귀한 사상을 낳게 해주는 '산파'라고 표현했듯 그의 어머니 또한 탁월한 아들, 즉 그의 가족으로서 '괜찮은 칭찬'을 얻었다고 말할 수 있는 그런 아들의 '산파'로 여겨질 수 있다는 것이다.

아테네 법에는 아버지가 아들에게 자신의 직업을 가르쳐야 한다고 명시되어 있다. 엘리트들에게 필요한 것은 군사 지식과 정치학, 토지 관리법이었다. 귀족이 아닌 많은 아테네 사람도 약간의 땅을 소유하고 또 대부분 노예를 거느리고 있었지만 소크라테스의 집안은 토지를 갖고 있지 않았다. 소프로니스코스는 아들에게 음악과 체육 교육을 받게 하면서도 곧 그를 작업장에서 석수나 석공으로 일하도록 했을 것이다. 어렸을 때 소크라테스는 큰 바위를 들어올리고 운반하여 모양을 만들거나 톱, 끌, 송곳, 망치로 대리석을 자르고 조각함으로써 전쟁터에서 잘 싸울 수 있는 힘과 기량을 키웠을 것이다. 소크라테스는 노년에도 취미로 석상 조각을 계속했겠지만, 그는 돌을 가지고 하는 고된 노동보다 마음을 훈련하는 것이 자신에게 훨씬 더 중요하다는 점을 젊었을 때 이미 깨달았다.

엘리트 교육

출생과 관련된 소크라테스의 정확한 사회적 지위와는 상관없이, 플라톤과 크세노폰은 그를 최고 교육을 받고 문화적 학식을 갖춘 사람으로 제시함으로써 그의 지적 지위를 증명한다. 그들의 저술에서 소크라테스는 호메로스, 헤시오도스의 것과 더불어 테오그니스, 핀다로스, 시모니데스, 사포 같은 여느 시인의 작품도 자주 인용한다. 플라톤의 『메논』에서 소크라테스는 당대에 막 증명되었던 수학적 증명으로서 지금의 '피타고라스 정리'에 해당되는 내용, 즉 직각삼각형의 긴 변을 한 변으로 갖는 정사각형의 넓이가 더 짧은 두 변을 각기 한 변으로 갖는 두 정사각형의 넓이 합과 같다는 것을 아주 명료하게 잘 가르칠 수 있는 사람이다.[10] 그는 아테네의 엘리트 교육에서 핵심적인 작품들에 대해서도 잘 알고 있었다. 플라톤의 『이온』에서 소크라테스는 호메로스를 인용함과 동시에 그의 인용문에 대한 전문가의 구두 해설까지 곁들여 대화편 이름의 주인공이기도 한 전문 낭송가(호메로스 암송가) 이온을 능가한다.[11] 그는 리라를 연주하고, 노래하고, 춤추며, 시를 짓는다. 그리고 무엇보다 그는 유창하고 폭넓고 강력한 토론가이자 대화자이며, 지위가 낮은 장사꾼이나 장인과 이야기할 때 못지않게 당대의 가장 뛰어난 사상가들과 겨뤄서도 당당하게 자기주장을 지킬 줄 아는 사람이었다.

이러한 특징은 일반적으로 노년에 획득될 수 있는 종류의 것은 아니다. 소크라테스가 어디서 어떻게 교육을 받았는지 직접적으로 알려주는 자료는 없지만, 플라톤은 『프로타고라스』에서 소크라테스가 부유한 아테네 가정의 소년이 보통 어떻게 양육되는지 논한 일을 전하면서 그 자세한 내용을 일러준다. 존경받는 소피스트이자 소크라테스의 동시대 선배인 프로타고라스는 "재력가의 자녀들은 가장 일찍 교육을 받기 시작해서 가장 늦게 끝마친다"라고 말한다.

페르시아의 패배가 쓸고 간 흔적 위로 석상, 사원, 건물 등이 아테네에 우후죽순처럼 솟아올랐던 것을 보면 숙련된 석공은 분명 재력가이기도 했을 것이다. 유복한 아버지의 지위와 포부로 인해 소크라테스의 초등교육은 열두 살이 되기 몇 해 전 읽기와 쓰기에서부터 시작되었을 듯하다. 가혹하고 체벌도 잦았던 당시의 교육 방법을 굳이 이상화할 필요는 없다. 기본 교육을 담당하는 사람들은 주로 노예였는데, 그들은 그리스인이거나 혹은 다른 혈통으로서 이대네의 전쟁에서 노예가 되었거나 또는 그렇게 노예가

된 아버지로부터 태어난 사람들이었다. 알키비아데스가 가정교사들을 폭력적으로 대한 일화에서 알 수 있듯 그들은 특권층 학생들로부터 야박한 대우를 받았을 것이다.

12세에서 15세 사이에 아테네 소년들은 시가_mousikē_ 교육과 체육 교육을 받았다. 이 단계를 가르치는 교사는 전문 기술을 가진 아테네의 자유인이었을 듯하다. 소년들은 호메로스의 서사시부터 시작해 사포, 알카이오스, 아나크레온, 시모니데스, 핀다로스 등의 시인이 사랑과 삶, 영웅을 노래한 시가도 외워야 했다. 그들은 악기를 배웠는데 최소한 리라를, 때로는 (두 개의 관으로 되어 있는) 아울로스도 배웠고, 리라나 아울로스 반주에 맞춰 시를 노래하고 암송할 수 있어야 했다. 소크라테스의 아버지나 스승은 그 같은 영리한 소년에게 음악가 람프로스나 사상가 아르켈라오스, 아낙사고라스 같은 존경받는 선생들을 소개했을지도 모른다. 플라톤의 『테아이테토스』(183e)에서 소크라테스는 '내가 아주 어리고 그가 아주 연로했을 때' 철학자 파르메니데스를 만났다고 주장한다.

아테네 교육 제도는 실력뿐 아니라 인격을 성숙시키기 위한 것으로 여겨졌고, 단순한 지식인보다는 신체적으로 건강한 문화인을 배출하는 것을 목표로 했다. 음악보다 훨씬 더 넓은 개념인 시가詩歌, _musike_가 그 핵심이었다.[12] 고대 그리스 세계 어디에서나 행해지고 아테네의 문화와 종교 생활의 중심이었던 시가는 노래와 문학, 그리고 춤을 아울렀다. 시가 교육은 오락과 여가 활동의 원천일 뿐만 아니라 사회적·지적 교육을 위해 필수적인 것이었으며, 종교적 헌신을 표현하는 핵심 수단이자 군사훈련을 실시하고 행사할

수 있는 자원으로도 생각되었다.[13]

어린 소크라테스에게 음악과 춤을 가르친 교사는 아테네의 람프로스였다고 한다. 소크라테스보다 25년 이상 연상인 비극 작가 소포클레스의 스승이기도 했다는 람프로스('람프로스'는 희랍어로 '유명하다'는 뜻이므로 이는 별명이었을지도 모른다)는 그 당시에는 노인이었을 것이다. 그는 당대 최고의 음악 교사였고 이후 자신의 작품으로 핀다로스 등 위대한 서정시인들과 같은 반열에 이름을 올렸다. 훗날 그는 당대의 '가장 고귀한' 음악을 대표하는 사람으로 주목받았지만, 동시대인들은 그가 나이가 있음에도 불구하고 그 당시 음악의 혁신에 앞장섰다고 묘사한다.[14] 사람들은 그를 음악 훈련에 있어 존경할 만한 전문가라고 생각했을 것이다. 소크라테스에게 그런 가정교사가 있었다는 점은 그가 결코 비천한 신분이거나 무일푼은 아니었다는 것을 보여준다.

이후 소크라테스는 우리가 이미 살펴보았듯 또 다른 음악 선생, 메트로비오스의 아들 콘노스에게서 리라를 배웠다. 이 때문에 소크라테스는 성인이 되어서야 리라를 시작했고 초기에는 음악 교육을 받지 못한 것으로 여겨졌다. 그러나 소크라테스가 일찍이 람프로스에게 배웠다는 기록, 그리고 그의 평생에 걸친 음악과 시에 대한 열정 및 회고는 그에 대한 반증이 된다. 플라톤의 작품에서 소크라테스는 예전의 위대한 시인들이 부른 고전을 널리 인용한다. '철학이 최고의 시가'라는 말은 시가가 진실로 무엇을 의미하는지 잘 알고 있는 사람만이 고안할 수 있는 격언이다.

소크라테스가 뒤늦게 음악 수업을 재개하며 새롭게 배운 것은 기원전 5세기 후반의 음악이다. 이는 플라톤이 향연의 주최자로 기록한 소크라테스의 친구 아가톤의 극작품에 사용되었고, 밀레투스의 티모테오스 등의 음악가들이 만든 인기 있는 솔로 작품에서도 보인다. 소크라테스가 성인이 되어 콘노스로부터 음악 교육을 받은 것은 그 당시 소위 '신新음악'의 특징이었던 리라 연주 기술과 음악 양식의 발전 때문일 수 있다. 비극 작가 에우리피데스는 이 신음악 양식과 밀접하게 관련되어 있었고 기원전 408년 그의 비극 『오레스테스』의 합창 부분에 해당되는 매혹적인 악보 단편이 파피루스 조각에 남아 전한다.

최근 재구성된 『오레스테스』의 합창곡은 대담한 멜로디 양식을 특징으로 한다. 음악의 높이와 리듬으로 가사의 의미를 전달하고, 곡의 절정에서는 멜로디 속에 웅변하는 듯한 가사를 끼워넣어 두드러지게 만든다. 당시 널리 알려진 자료에 등장한 일화들은 소크라테스와 에우리피데스의 관계를 다양한 방식으로 보여준다. 두 사람은 지적인 공통점을 많이 가지고 있어 심지어는 소크라테스가 에우리피데스의 '스승'이라는 평을 들을 정도였다.[15] 그러나 소크라테스는 신음악의 어떤 측면들은 과도하며 사회 풍습에 부정적인 영향을 끼칠 수 있다고 느꼈을지도 모른다.[16]

소크라테스가 어릴 때 받은 음악과 체육 훈련은 춤에 대한 사랑까지 심어주었다. 그는 그러한 활동이 미적으로 매력적일 뿐 아니라 건강에 도움이 된다는 것도 잘 알고 있었다. 크세노폰의 『향연』에서 파티에 참석한 일행이 춤추는 한 소년을 감탄하며 지켜보자 소크라테스는 다음과 같이 말한다. "이 잘생긴 소년은 가만히 있을 때보다 춤출 때 더 잘생겨 보이겠지? 춤추는 동안 몸의 어떤 부분도 정지해 있지 않고 그의 목과 다리, 손은 모두 함께 움직이네. 몸을 유연하고 건강하게 유지하려면 우리는 이렇게 춤춰야 한다네."

후에 소크라테스는 거기 모인 일행을 위해 정열적인 춤을 선보인 전문 무용수들에게 동작을 가르쳐달라고 요청한다. 소크라테스가 뒤늦게 리라를 배웠다는 증언처럼 이 일도 소크라테스가 춤출 줄 몰랐다는 식으로 잘못 해석되어왔지만, 한 번도 춤을 배운 적이 없는 사람이 전문가에게 춤 동작을 가르쳐달라고 청하지는 않는다. 소크라테스는 춤이 단순한 오락 이상으로 중요하며 운동 수단 그 이상의 것이라는 점을 분명히 알고 있었다. 소크라테스가 지었던 어떤 시의 남아 있는 한 문장은 다음과 같다. "춤으로 신을 가장 잘 찬양하는 자는 또한 싸움에서도 최고다." 이런 주장을 했다는 것은 그 자신이 춤을 잘 추었음을 암시하며, 이는 또한 그의 춤 연습과 전투 실력 사이의 밀접한 연관성을 보여준다. 우리가 앞서 보았듯 그는 매우 잘 훈련된 군인이었기 때문이다.

아테네 병사들은 전투에 적합한 체격을 유지할 필요가 있었다. 체육관에서 체력 단련과 더불어 피리케*pyrrhiche*라는 전쟁 춤을 수행하는 것은 젊은이가 혹독한 전투를 치를 능력을 향상시키는 한 방법이었던 듯하다. 피리케는 무용수의 힘과 민첩성을 시험했다. 우리가 더 잘 알고 있는 스파르타의 전쟁 춤과 마찬가지로 이는 장애물 뛰어넘기, 무기 던지고 피하기, 방패 다루기 등을 포함했을 것이다.[17] 이러한 훈련은 제외한다면 소크라테스 시대의 아테네에는 어떠한 공식적인 군사훈련도 없었다. 페리클레스는 장례 연설에서 훈련하지 않는 것이 미덕이라고까지 말했다. 이는 스파르타인의 끊임없는 훈련 및 전투 준비와 대조된다. 이에 따라 상대적으로 아테네인들에게는 사기와 다재다능함의 중요성이 강조되었다.

소크라테스는 성년이 되었을 때 향연에 참석했을 것이다. 거기서 참석자들은 쿠션에 비스듬히 누워 성 노동자들이며 피리 부는 소녀와 함께 음악과 노래를 즐겼을 것이다. 향연은 남성 중심적인 분위기였고 외설적인 가사가 난무했다. 예를 들어 스스로를 조롱하며 레스보스섬의 성 풍습을 넌지시 비친 시인 겸 작곡가 아나크레온의 노래 가사는 다음과 같다.

> 황금빛 머리카락의 에로스는 다시금
>
> 진홍빛 공을 던져주어
>
> 나를 한 바퀴 돌라고 성가시게 하시네.
>
> 멋진 신을 신은 소녀와 함께.
>
> 그녀는 내 회색 머리를 멸시하지.
>
> 레스보스 출신의 멋지고 영리한 그녀,
>
> 입이 벌어질 만한 그녀의 욕망을 보라.
>
> 자기 심장을 빼앗아갈 소녀를 욕망하는 그녀를![18]

영웅적 포부

그렇다면 소크라테스는 어릴 때 전통적인 시가를 노래하는 법과 리라를 연주하는 법, 그리고 춤추는 법을 배웠을 것이다. 석공이 되기 위해 훈련하면서 체육관에서 운동하고 레슬링도 연습했을 것이며, 종교 공연이나 비극 작품에서 합창단으로 활약했을 수도 있다. 상류층 연줄이 있고 엘리트 가문의 아이들과 한동네에서 어울리면서 비교적 부유한 가정에서 자란 아테네 소년은 어떤 야망과 포부를 품었을까? 그런 소년은 영웅이 되고 싶었을 것이고 영웅으로 보이길 바랐을 것이다. 우리가 보았듯 알키비아데스는 영예를 주된 목표로 삼았다. 소크라테스도 이와 비슷하게 신체적 용맹과 지적 성취를 통해 동료들, 그리고 더 넓게는 아테네 사회의 존경과 인정을 받기를 추구했을 것이다.

말을 기르는 귀족들에게 전공戰功 이외의 큰 영광은 운동 경기에서 승리하는 것이었다. 직접적인 운동 기술을 발휘하기보다는 종종 엄청난 돈을 들여 기수나 운동 선수 팀을 후원함으로써 그러한 성과를 얻었다고 하더라도 말이다. 알키비아데스는 다양한 국제 경기에서 상을 타며 눈부신 명성을 얻었고, 기원전 416년 올림픽 경기에서 그가 참여한 7개 승마 팀 중 3개 팀이 빛나는 성취를 거두면서 이는 절정에 달했다.[19]

그러나 많은 그리스인은 운동 경기 메달의 영광보다 지적 성취를 더 중요하게 여겼다. 그들은 기원전 6세기 철학자인 콜로폰의 크세노파네스의 말을 읊고 이에 동의할 수 있었다. 크세노파네스는 날카로운 시각을 다음과 같이 시석인 형태로 표현했다.

우리의 관습은 불합리하고, 옳지 못하다.

훌륭한 지혜를 가진 사람보다 힘이 강한 사람을 칭찬하다니······

올림픽 경기장에서의 승리는

도시를 부유하게 만들 수 있는 것이 아니니까.[20]

이 구절들을 소크라테스도 잘 알고 있었을 것이고, 그가 지적 영역에서 가졌던 강한 경쟁심은 플라톤과 크세노폰이 나이 든 소크라테스를 묘사하는 데 핵심적인 요소다. 그러나 젊은 소크라테스는 무용가, 레슬링 선수, 전사이기도 했다. 그는 호메로스의 영웅 아킬레우스처럼 이전 세기의 위대한 시가를 부르고 읊으며 '그의 정신을 달래기 위해' 음악에 의지할 줄 알았다.[21] 앞서 제시한 호메로스의 말, 즉 젊은이들에게 전쟁의 영광을 추구하며 '항상 남보다 뛰어나고 우월하라'고 한 그의 조언은 알키비아데스 못지않게 젊은 소크라테스에게도 쉬이 좌우명이 될 수 있었을 것이다. 하지만 그는 어른이 되기 시작하면서 뭔가 달라졌다. 소크라테스가 그의 주요한 전기 작가들에게 알려졌을 무렵, 젊을 때 추구한 영광과 부, 사회적 지위 같은 장신구는 그에게 매력을 잃은 지 오래였다.

재정적인 문제

소크라테스의 전기 작가들이 그를 알게 됐을 무렵부터 소크라테스는 맨발로 돌아다니며 외모에 신경 쓰지 않고 누더기 옷을 입는 것으로 악명이 높았다. 기원전 423년 아리스토파네스의 『구름』은 그와 추종자들이 너무 가난해서 방문한 사상가들을 속여 옷과 신발을 얻어내야 할 정도라고 조롱했다. 그 작품에서 소크라테스의 재정 상태가 명확하게 드러나지는 않지만 소크라테스가 비천한 출신이라는 추측은 부분적으로는 가난하고 불우한 환경에서 활동하는 중년의 철학자라는 이미지에서 비롯한다.

그러나 소크라테스는 중무장 보병으로서 투구, 창, 검, 방패에서부터 정강이받이와 흉갑 등 신체를 무장할 주요 물품에 이르기까지 값비싼 병기와 갑옷을 사서 유지할 필요가 있었다. 크세노폰이 기록한 어떤 대화에 따르면 소크라테스는 쓸 만하고 잘 맞는 흉갑의 느낌이 어떠한지 군인으로서 익히 잘 알고 있었다.[22] 소크라테스가 군인에게 지급되는 일당 1드라크마의 혜택을 받기 위해 군 복무에 자주 참여했다는 설도 있다. 이는 우선 그가 어떻게 병기와 갑옷을 갖출 수 있었는지 설명하지 못한다. 특히 그가 군 복무 자격을 얻은 직후 코로네이아에서 첫 현역 복무를 했다면 더욱 그렇다. 게다가 삶의 어떤 시기에서든 전쟁에서 싸우기 위해서는 그가 중무장 보병이 되기 위해 필요한 재산을 가지고 있음을 증명해야만 했을 것이다.[23]

소크라테스는 아버지 소프로니스코스로부터 돈과 병기, 갑옷을 물려받았을 가능성이 높아 보인다. 소크라테스가 물려받은 재산은 성인이 된 그가 간간이 전쟁터에서 복무하면서 철학적 검토를 추구하는 삶을 살 수 있게 해주었을 것이다. 아리스토텔레스는 소크라테스가 리시마코스의 딸 미르토와 결혼했을 때 지참금을 얻지 못했다고 말한다. 일부 고대 자료에서 언급된 것처럼 유산이 그에게 부동산 임대 수익을 가져다주었다면 그는 지참금이 필요하지 않았을지도 모른다. 그러한 자료는 단순히 진실을 말해주는 것일 수도 있고, 플라톤과 크세노폰이 우리에게 각인한 소크라테스의 이상화된 모습, 즉 속세의 걱정에서 벗어난 현세의 성인의 모습을 폄하하기 위해 부정적인 해석을 의도한 것일 수도 있다.[24]

그러나 의심의 여지 없이 모든 전기적 자료에서 강조되는 물질적 부에 대한 소크라테스의 무관심은 필연적인 것이라기보다는 선택적인 것이다. 한 일화에서 그는 아고라에서 판매되고 있는 모든 제품을 한번 훑어보고서는 말한다. "내게 필요하지 않은 이 모든 것을 보라." 그는 아테네 부자들의 열렬한 추종을 받았으므로 원했다면 가르침에 대한 돈을 받으면서 쉽게 생계를 꾸려갈 수도 있었다. 다른 소피스트들은 그렇게 해서 뚜렷한 성공을 거두기도 했다. 그러나 이는 플라톤의 『소크라테스의 변명』에서 소크라테스가 자신의 입으로 분명히 진술했듯 그가 원칙적으로 거부한 것이었다. 소크라테스는 자신이 다른 모든 사람보다 더 현명하다는 신탁을 내린 아폴론 신에게 봉사하느라 '언급할 만한 가치가 있는 국가의 일이나 나 자신의 일에 관여할 여유가 없으며, 그러나 깊은 가난 속에 살고 있다'고 말한다. 소크라테스의 선생인 아르켈라오스의 스승 아낙사고라스와 마찬가지로 그는 아테네의 최고 권력자와의 친분에도 불구하고 세속적인 부와 성공을 비켜갔다.

소크라테스 자신과 달리, '영예로운 아버지'라는 뜻의 이름을 가진 소크라테스의 이복동생 파트로클레스는 정치적 야망을 가지고 있었는지도 모른다. 그는 기원전 5세기 후반 아테네 금고를 관리하는 공직에 임명되었다. 우리는 소크라테스의 출생과 배경도 그의 동생 못지않았을 것이며, 그가 원했다면 상위의 공적 지위를 얻을 여지가 있었을 것이라고 보지 않을 수 없다. 간단히 말해서 우리가 소크라테스의 집안 배경과 개인적 자질에 대해 알고 있는 한, 그가 금욕적이고 비물질적인 삶의 방식을 수용한 것은 다름 아닌 개인적 선택의 문제였다는 결론을 뒷받침할 충분한 증거들이 있다. 그는 그런 길을 선택한 첫 번째 사상가도 아니고, 마지막 사상가도 아닐 것이다.[25]

외모의 문제

'아이는 남자의 아버지'라는 말은 사람들이 노년에 자신을 드러내는 방식이 젊을 적 모습을 반영한다는 것을 암시한다. '못생겼지만 지적으로 성숙한 나이 든 소크라테스'라는 친숙한 이미지 때문에 많은 독자는 이전의 더 젊은 소크라테스도 분명 똑같이 매력 없으나 영리할 것이라 예상한다. 예를 들어 고어 비달의 역사 소설 『크리에이션』에서 어린 석공 소크라테스는 '흔치 않게 못생겼지만 똑똑한' 사람으로 묘사된다. 그리고 우리가 이미 보았듯 니체는 오직 그가 예상하는 소크라테스의 외모를 근거로 이 철학자가 '하층민 출신'의 모든 증거를 지녔다고 지나치게 단정했다. 하지만 과연 젊은 소크라테스는 못생긴 사람으로 여겨졌을까?

크세노폰의 『향연』은 소크라테스가 거의 50세가 되었을 기원전 422년을 배경으로 한다. 거기서 소크라테스는 히포니코스의 아들 칼리아스의 집에서 열린 향연에 그가 속한 알로페케 데모스 출신의 아름다운 청년 크리토불로스와 함께 있다. 크리토불로스의 아버지 크리톤이 나이 많은 남자의 정욕으로부터 보호하기 위해 그를 소크라테스에게 보냈는데, 이는 소크라테스가 한때 후배 알키비아데스를 보호한 것이 어떻게 생각됐는지 보여주는 반향일 것이다. 소크라테스는 자신이 크리토불로스보다 더 아름다운 것을 증명하겠다고 말한다. 그는 먼저 그 젊은이가 아름다움은 사람과 동물뿐 아니라 방패, 칼, 창 같은 사물에서도 발견된다는 것을 인정하게 만든다. 그들의 아름다움은 필요한 기능을 위해 잘 만들어졌다는 사실에서 비롯한다. 이에 근거하여 소크라테스는 크리토불로스와의 경쟁에서 계속해서 점수를 따낸다. 이는 희랍어 '칼로스 *kalos*'가 마치 영어의 형용사 'fine(좋은 혹은 아름다운)'의 쓰임새가 모호한 것처럼 '아름다운'과 '목적에 맞는 좋은'의 두 가지 의미로 쓰이는 데 착안한 것이다.

소크라테스는 자신의 눈이 크리토불로스의 눈보다 더 아름다운데, 이는 자신의 눈이 툭 튀어나와서 정면뿐 아니라 옆쪽도 볼 수 있기 때문이라고 말한다. 코도 더 아름다운데 왜냐하면 들창코는 위로 열려 있기 때문에 향기를 더 잘 맡을 수 있으며, 눈앞을 가리지 않아 더 넓은 시야각을 확보한다는 것이다. 크리토불로스는 이어지는 대화에서 소크라테스는 입이 커서 더 많은 음식을 먹을 수 있고, 그의 입술은 두꺼워서 키스하기에 더 좋기 때문에 그의 입도 자신보다 더 아름답다는 것을 인정한다. 아름다움의 우월성을 증명하기 위해 소크라테스는 마지막으로 세일레노스, 즉 그리스 예술에서 그와 비슷한 동물적 특징을 가지고 있는 것으로 묘사되는, 사티로스(반인반수)와 유사한 이 생물이 성스러운 강의 요정의 자손이라고 주장한다.[26]

이 유머러스한 토론은 '잘생긴 외모'로 간주되는 것이 주관적 전제들에 달려 있다는 점을 강조한다. 눈 사이가 넓고, 들창코에 두꺼운 입술을 가진 키 작은 젊은이를 못생긴 남자라고 생각할 필요는 없다(이 같은 묘사는 현대 할리우드 배우의 '건강한' 몸매와 맞아떨어진다). 게다가 잘생긴 외모는 상류층의 전유물이 아니며, 인격적 성숙이 그들을 다른 사람으로 바꿀 수 있는 것처럼 어떤 계층과 배경을 가졌든 간에 사람들의 외모도 어른이 되면서 바뀔 수 있다. 고대에서 인격적 변화의 반전을 보여준 사람은 훗날 성 아우구스티누스로 알려진 히포의 철학자 겸 신학자 아우구스티누스 (354~430)다. 『고백록』은 그가 독신의 신부로서 헌신적으로 기독교에 봉사하고 치열하게 지적 활동을 하기 전 젊은 시절에는 탐욕스럽고 부도덕하게 행동했음을 보여준다. 품위 있는 주교였던 말년의 성 아우구스티누스만 아는 사람들은 젊은 시절 그의 나쁜 행동을 이끈 과격한 본성을 상상하기 어려울 수 있다. 그가 사적인 기록물을 남기지 않았더라면 후대의 독자들은 그런 사실을 짐작조차 하지 못했을 것이다.[27]

소크라테스는 그런 기록을 남기지 않았지만, 젊었을 때 그의 행동과 외모도 나이 든 후의 행동 및 외모와 그에 못지않게 대조되었을지도 모른다. 만약 30대 중반의 그가 사티로스를 닮은 못생긴 사람이었다면, 기원전 423년 아리스토파네스이 『구름』이 기록

묘사하면서 이런 특징을 더 부각하지 않은 것이 이상하다. 이 작품은 이미 그를 부정적으로 그리며 조롱하고 있는데 말이다.『구름』에서 소크라테스의 신체적 특징을 묘사하는 주된 방식은 이와는 조금 다르다. 구름의 여신을 대변하는 합창 소리가 말한다. "당신은 눈을 좌우로 재빨리 움직이며, 얼굴에는 엄숙한 표정을 짓고, 맨발로 다니는 불편함을 견디며 거리를 활보하네요." 이는 소크라테스의 긍정적인 명성, 곧 전쟁터에서 보인 무시무시한 능력을 연상시킨다. 알키비아데스는 플라톤의『향연』에서 소크라테스가 얼음 위를 맨발로 행진한 일을 묘사했고, 그의 발언에서 우리는 소크라테스가 불굴의 신체적 용기를 뽐내 동료 병사들로부터 적개심을 샀음을 알게 되었다.

이와 별도로『구름』의 소크라테스는 카이레폰을 비롯한 사색장의 학생들과 특징을 공유한다. 즉 긴 머리에 얼굴은 창백하고, 여위어서 뼈만 남았을 정도의 모습인데 여기에는 후대 초상화에서 잘 볼 수 있는 배 불룩한 광대의 형상은 거의 없다. 기원전 414년 아리스토파네스의『새』에서도 비슷한 모습을 볼 수 있다. 이 작품에서 '소크라테스가 되어가다'라는 말의 뜻은 긴 머리를 하고, 절식하며, 씻지 않고, 막대기를 휘두르는 등의 행동과 관련 있는데, 이 모든 것은 호전적인 스파르타인의 특징이다. 미술사학자 파울 창커는 꽃병 그림과 조각에서 소크라테스와 그와 유사한 지적 인물들의 이미지를 추적해왔다. 소크라테스의 경우 외면이 못생긴 남자는 내면의 아름다움을 숨기고 있다는 관념에 영향받은 일부 예술가가 그를 튀어나온 눈, 두툼한 입술, 헝클어진 머리카락을 가진 나이 든 '세일레노스' 유형의 인물로 과장했을 수 있다. 창커는 소크라테스에 대한 이런 묘사가 긍정적인 의미도 가지고 있다고 지적한다. 왜냐하면 "나이 든 세일레노스는 여느 그의 종족과는 달리 고대의 지혜와 선善의 보고로 여겨졌고, 이러한 이유로 신화에 신적이고 영웅적인 아이들의 스승으로 등장하기 때문이다. (···) 그러므로 소크라테스를 세일레노스로 그린 데에는 현명한 스승이라는 함의가 분명 존재한다".

한편 기원전 4세기 동상을 작게 복제한 로마 동상의 소크라테스는 훨씬 더 냉철하고 품위가 있다. 소크라테스가 억울하게 사형 선고를 받은 순수하고 고지식한 아테네 지식인으로서 좀더 존중받게 되면서 그도 상대적으로 평범한 모습이 되었다. 곱슬머리에 두상은 둥글고, 물론 강건한 모습이며, 지나치게 뚱뚱하지도 않고 사티로스처럼 불룩한 눈을 가지고 있지도 않다. "소크라테스는 이제 더 이상 아웃사이더로 묘사되지 않는다." 창커는 말한다. "오히려 그보다는 모범 시민으로 다시 그려진다. (···) 뚱뚱한 배, 짧은 다리, 뒤뚱거리는 걸음걸이 등 그의 친구들이 종종 떠올리던 그 유명한 추함의 자취를 그의 몸에서 더는 찾아볼 수 없다."[28]

아리스토파네스의 『구름』에서부터 '눈을 좌우로 재빨리 움직인다'는 언급이 등장하는 등 일찍부터 소크라테스의 외모 묘사에서는 눈이 중심이 되었다. 이는 소크라테스가 중년 이후 갑상선기능항진증을 앓았을 것이라는 의혹 때문에 관심을 끈다. 소크라테스가 이 의학적 질환으로 고생했을 것이라는 주장이 있으며, 과민성 갑상선은 싸증을 잘 내는 성격, 높은 성적 욕구, 눈이 튀어나오

소크라테스의 상반된 두 초상 흉상
왼쪽은 중년의 '뛰어난 사상가', 오른쪽은 나이 든 '못생긴 사티로스'

는 경향과 관련이 있다.[29] 갑상선기능항진증은 환자의 노화와 함께 드러나는 편이다. 그러므로 이것이 40~50대 소크라테스의 눈을 부풀어오르게 만든 원인이라면 어렸을 때나 젊었을 때는 외모에서 이런 특징이 꼭 발견되지 않았을 수도 있다. 따라서 젊은 소크라테스의 모습은 나이 든 이후와 확연히 달랐을지 모른다. 소크라테스는 결코 크리토불로스나 알키비아데스처럼 잘생긴 외모를 갖지는 못했겠지만, 나이 든 소크라테스의 눈에 띄게 매력 없는 모습이 젊었을 때 어떤 모습이었는지 또는 어떻게 보였는지를 좌우하는 중요한 요소일 필요는 없다.

목소리

무엇이 소크라테스의 야망을 축소하고 궁극적으로 삶의 방향을 공적 영예 및 전쟁의 영광으로부터 전환되게 만들었을까? 내가 주장해온 대로라면 소크라테스는 가족적 배경이나 기대에 의해 그런 목표를 내려놓지는 않았을 테고, 세속적 성공을 이루는 데 필요한 기술, 지능 혹은 에너지가 부족했던 것 같지도 않다. 20대의 어느 단계에서 진로를 바꾸게 된 계기는 좀더 개인적이고 강력한 것이었을지도 모른다.

전쟁이나 정치에 집중하는 대신 철학자가 되기로 결정한 이유 중 하나는 그가 '신성한 징조'의 수혜자라는 그만의 느낌이었을 것이다. 플라톤의 『소크라테스의 변명』에 기록된 재판 연설에서 소크라테스는 고발자 중 한 사람인 멜레토스가 그의 개인적인 경험 가운데 이런 특이하고 강력한 요소를 경시했다고 설명한다. 어린 시절부터 그는 내면의 목소리가 자신을 이끈다고 느꼈는데, 그는 이를 다이모니온*daimonion*, 즉 '신적인 것'이라고 부른다.

여러분은 제가 신탁이나 신적인 것에 대해 말하는 걸 자주 들었을 겁니다. 멜레토스가 기소장에서 비웃은 것도 바로 이것입니다. 이는 제가 어릴 때부터 계속 가져왔던 것이죠.

그 징조는 어떤 목소리로, 제게 와서 제가 막 하려는 일을 늘 방해합니다. 그 목소리는 절대 제게 무엇을 할 것을 명령하지는 않습니다. 그리고 제가 정치인이 되는 것을 가로막은 것이 바로 이 목소리입니다. 제 생각엔 그게 옳았습니다. 아테네인 여러분, 제가 정치에 관여했다면 오래전에 이미 죽었을 것이고, 여러분이나 제 자신에게 아무런 도움이 되지 못했을 테니 말입니다.

그는 이렇게 주장함으로써 아테네에 '새로운 신을 도입한다'는 공식 기소를 반박하려 했고 이는 그에게 중요한 일이었다. 또한 그가 아테네 정치의 난리판에 영향력을 행사하려 했다는 생각을 반박한 것 역시 중요하다. 개인적으로 '신성한 것'과 이야기하면서 도움을 받았다는 주장은 소크라테스의 높은 자존감과 무신론에 대한 평판 때문에 이미 그를 의심하거나 그에게 비우호적이었던 배심원들을 동요시키지 못했을 수 있다. 그러나 이는 플라톤의 독자에게 아테네인이 그 명시된 죄목으로 그의 선생을 비난한 것이 왜 잘못된 일이었는지 설명해주었을 것이다.

상당히 최근까지 역사가들은 소크라테스의 신성한 징조를 심리적인 증상이라기보다는 단순히 신기한 현상으로 언급하는 데 대체로 만족해왔다. 그러나 심리학자들은 이 질환을 종종 생각보다 더 흔한 질환, 즉 환청과 연관 짓는다. 심리학 전문가들은 일반인 가운데 무려 5명 중 1명꼴로 많은 사람이 살아가면서 환청을 들을 것으로 추정한다. 대부분의 경우 그 상태는 제한적이고 일시적이지만, 어떤 경우에는 가벼운 것에서 심각한 것에 이르기까지 정신병의 한 형태로 인식되기도 한다. 환청은 몇 달 혹은 몇 년 동안 발생할 수 있다. 일부 사람에게는 목소리를 듣는 일이 평생 지속되기도 한다. 그러한 사람들은 자신이 인지한 부정적 영향을 줄이기 위해 의학적으로든 심리적으로든 조치를 취할 필요를 느낄

것이다. 어떤 사람들은 이를 자신의 이익을 위해 사용하는 법을 배운다.[30]

목소리를 듣는 일은 종종 어린 시절의 경험과 연관돼 있을 수 있으며, 대개는 외상적 충격(트라우마)과 관련 있다. 소크라테스도 어린 시절에 그런 경험을 했을 가능성이 있다. 플라톤의 『크리톤』에서 소크라테스는 무단결석한 소년들이 아버지에게 매 맞는 방식에 대해 말했는데, 그의 경우 아버지 소프로니스코스가 그렇게 했을 수 있다. 소크라테스는 아버지의 말을 거역하고 석공 기술에 열성을 보이지 않았다고 한다. 이 때문에 소프로니스코스가 석공이나 조각가로서 의무를 다하지 않고 꾀부리는 소크라테스를 여러 번 붙잡아 체벌했을 수 있고, 이는 지적으로 조숙하며 정서적으로 지각이 있던 소년 소크라테스에게 심각한 심리적 영향을 미쳤을지도 모른다. 소크라테스는 심적 편안함과 육체적 안녕에 대한 자연스러운 걱정 외에도 아버지의 뜻을 거스른다는 수치심에 시달렸을 것이다. 그러한 경험이 소크라테스의 내면에 목소리를 만들어냈을 수 있다. 그의 주장대로 소크라테스는 더 선호되는 행동 방식을 취하라기보다는 잘못된 행동을 금하라는 목소리를 들었다. 그러나 소크라테스는 그가 살던 시대와 지역의 종교적 믿음의 맥락 안에서 이런 상황을 그가 합리적으로 주장할 수 있는, 자신에게 도움을 주는 어떤 것으로 전환하는 데 성공했다.

목소리를 듣는 방식은 비슷한 상황에 있는 현대인에게서도 발견될 수 있지만, 소크라테스의 경우 연관이 있어 보이는 추가적인 증상, 즉 오랜 시간 가만히 서 있는 경향이 있었다. '강직성 발작'

같은 진단은 이를 질병적 성향으로 바라보려는 것이다. 비록 어떤 이는 그렇게 오랫동안 가만히 서서 육체적 긴장을 감당할 수 있는 그 간단한 능력 덕에 소크라테스가 조기에 춤 연습과 체력 훈련을 하게 된 것이라고 주장한다 하더라도 말이다. 하지만 우리는 '내면의 목소리'를 심리적으로 고찰하기로 한다 ─프로이트 심리학에서 이는 혹독한 '초자아'나 양심의 명령과 관련 있을 수 있다─이는 소크라테스 자신과 가까운 사람 모두에게 걱정과 경악을 불러일으켰을 것이다. 그런 증상은 그가 동료들과 다르며, 명백히 그들 사이에 속해 있지 않다는 것을 깨닫게 했을 수 있다.[31] 더 나아가 이 증상은 그가 다른 친구를 사귈 때나 결혼을 목적으로 가족이 여자친구를 소개하고자 할 때에도 훨씬 더 자신감을 상실하게 만들었을지 모른다. 소크라테스는 플라톤의 『대화편』 여러 구절에서 그의 다이모니온이 친구들과의 우정을 방해하며, 그 가운데서도 특히 자기 통제와 진실보다는 부와 명예를 추구하며 정치적 야망이 강한 청년들과 우정을 갖지 못하게 했다고 분명하게 말한다.[32]

이런 해석은 생물학적 원인보다는 신적 의도와 관련된 것이다. 그러나 심리적인 질병은 고통받는 사람들에게 낙인을 남겼을 것이다. 그리스의 의학 사상은 이 시기 새로운 방향으로 발전하고 있었다. 소크라테스가 사형당한 즈음의 의학적 저술은 간질 증상을 상세히 기술하고 있는데 거기서 저자는 간질을 완곡하게 '신성한 질병'이라 부른다. 유사하게 플라톤은 『파이드로스』에서 소크라테스가 광기mania 개념을 논하는 것을 묘사하는데, 소크라테스는 사랑과 지혜 그 자체를 추구하는 것을 포함해 여러 형태의 광

사랑에 빠진 소크라테스

기가 부정적이기보다는 신이 주신 창조적이고 긍정적인 상태에 해당된다고 주장한다. 이 논변을 써내려가던 플라톤은 정신병에 대한 사람들의 적대적이고 무자비한 시선을 분명 마음 한구석으로 인식하고 있었을 것이다. 그리고 이러한 시선들은 어쩌면 특이하고 놀라운 증상을 보였던 그의 스승을 향했던 것들인지도 모른다.

델포이의 명령

그러나 한 가지 현상에 한해서 '신적인 목소리'를 듣는 것이 진리에 대한 진정한 통찰의 원천일 수 있다는 생각은 그리스인 대부분에게 당연한 것이었다. 그 현상이란 델포이 신전의 아폴론 신의 신탁을 전달받은 피티아 여사제가 하는 발언이다. 알려진 바대로 피티아는 델포이의 지역 사회에서 선택된 어린 소녀이며 아폴론 신전의 내부 성소에 앉아 있었다. 그녀는 광란이나 무아지경 같은 상태에 빠지곤 했는데, 이는 아마 앉은 곳의 틈 사이에서 퍼져 나온 환각 증기가 야기한 것이었던 듯싶다.[33] 그 상태에서 그녀는 그리스 전역과 그 너머 여기저기서 몰려든 질문자에게 수수께끼 같은 신의 말을 전달했다. 신탁 수백 개가 비교적 세련된 시의 형태로 기록되어 있지만, 피티아 여사제가 직접 말한 신탁은 보통 신비롭고 이해하기 어려웠으며, 적잖은 보수를 받는 숙달된 아폴론 성전 사제의 해석을 필요로 했다.[34]

소크라테스의 인생의 중심이 되는 에피소드 중 하나는 델포이의 신탁이 그의 지혜를 보증한 일이다. 플라톤이 『소크라테스의 변명』에서 소크라테스는 그 사건을 다음과 같이 묘사한다.

제 지혜에 대해 말해줄 수 있는 믿을 만한 증인을 소개하겠습니다.
제가 진짜 지혜를 가지고 있는지, 어떤 종류의 지혜인지 말해줄 증
인 말이죠. 그 증인은 바로 델포이에 있는 신입니다.
여러분은 카이레폰을 아실 겁니다. 그는 어릴 때부터 제 친구였을
뿐 아니라 여러분의 친구이기도 했지요. 여러분과 함께 망명을 떠
났다가 함께 귀환했으니까요. 자, 여러분도 알듯이 카이레폰은 그
가 하는 모든 일에 매우 열심인 사람입니다. 그는 델포이로 가서 감
히 신탁을 요구했지요. 제발 제 말을 가로막지 마세요. 그는 누구
든 저보다 더 지혜로운 자가 있는지 물었습니다. 피티아 여사제는
저보다 더 현명한 자는 없다고 말했지요. 카이레폰은 죽었지만 이
법정에 있는 그의 형제가 이 이야기가 참임을 확인해줄 것입니다.

소크라테스도 언급했듯 연설을 듣던 배심원단이 방해하려
든 것은 이 이야기가 아테네 사람 모두가 유쾌하게 상기할 만한 것
은 아니었음을 암시한다. 그 신탁이 소크라테스에게 부여한 독특
한 지위를 고려한다면 이는 결코 놀라운 일이 아니다. 그러나 소크
라테스가 이를 공개적으로 언급하고 카이레폰의 형제를 그 진실에
대한 증인으로 소환한 것은 그것이 단순한 조작은 아니며, 설령 논
란은 있었을지라도 그의 개인사에서 유명한 부분이었음을 보여준
다. 플라톤의 설명은 소크라테스 자신도 델포이 신탁이 내릴 때 그
자리에 있었다는 사실을 조심스레 감추고 있다. 아리스토텔레스는

사랑에 빠진 소크라테스

소크라테스가 델포이를 직접 방문했고, 아폴론 신전에 새겨진 '너 자신을 알라'라는 명령이 질문과 탐구를 시작하도록 그에게 최초의 영감을 주었다고 주장했다.[35]

이러한 신탁의 결과는 소크라테스에게 큰 의미가 있었고, 질문의 철학자로서의 삶을 살기로 한 결정에 자극이 되었다. 그는 이후 변론에서 다음과 같이 말한다.

그 대답을 들었을 때 저는 제 자신에게 말했습니다. '신은 도대체 무슨 말을 하고 있는 걸까? 이 수수께끼를 어떻게 해석해야 하지? 나는 나 자신이 작든 크든 지혜를 갖고 있지 않다는 것을 알고 있으니까. 그렇다면 신이 내가 가장 현명한 사람이라고 말한 것은 무슨 뜻일까? 그러나 그는 신이고 절대 거짓을 말할 수 없다. 그것은 그의 본성에 어긋나는 것이니까.'

오랜 고민 끝에 저는 그 문제를 시험할 방법을 생각해냈습니다. 저보다 더 지혜로운 사람을 찾을 수만 있다면 반증을 손에 들고 신에게 갈 수 있을지도 모른다는 생각이 들었죠. 저는 신에게 "저보다 더 지혜로운 사람이 여기 있지만 당신은 제가 가장 지혜롭다고 말했지요"라고 말할 작정이었습니다. 그래서 저는 지혜롭다고 널리 알려진 자를 찾아가서 관찰했는데, 이름은 언급하지 않겠습니다만 그는 정치가였습니다. 그 결과는 다음과 같습니다. 제가 그와 대화를 시작했을 때 많은 사람이 그를 지혜롭다고 생각했고 그 자신도 여전히 스스로를 지혜롭다고 생각했지만, 저는 그가 진실로는 지혜롭지 못하다고 생각하지 않을 수 없었습니다. 저는 그가 스스로를 지혜롭다고 생각하지만 실제로는 아니라는 점을 설명하려 했습니다. 그 결과 그는 저를 미워하게 되었고, 그의 적개심은 그 자리에서 제 말을 듣고 있던 몇몇 사람에게 공유되었습니다.

그래서 떠나면서 저는 스스로에게 말했습니다. '글쎄, 비록 우리 둘 중 누구도 정말 아름답고 좋은 것을 안다고 생각하진 않지만, 나는 이 사람보다 더 지혜롭다. 그는 아무것도 모르지만 안다고 생각했고, 반면에 나는 내가 안다는 것을 알지도 생각지도 못하기 때문이다. 그렇다면 이 점에서 나는 그에 비해 적어도 더 유리한 입장에 있는 듯하다.' 그런 다음 저는 훨씬 더 높은 철학적 권위를 가진 사람을 찾아갔고 제 결론은 마찬가지였습니다. 저는 그와도, 그리고 그를 제외한 다른 많은 사람에게도 미움을 사게 되었습니다.[36]

내면의 목소리를 듣는 그의 독특한 상황을 고려한다면, 소크라테스는 이미 어릴 때부터 자신이 특이하다고 생각했을 것이다. 한 젊은이로서 세상을 상대로 신탁의 말을 시험해보기로 한 그의 결정은 그가 가장 지혜로운 자라는 분명한 주장에 분개한 이들에게서 그의 평판을 떨어트렸을 수 있다.

내면의 목소리 그리고 소크라테스의 지혜에 대한 델포이의 확증, 이 두 가지에서 비롯된 고립감은 모든 역경과 그가 직면해야 했던 도전들에도 불구하고 그로 하여금 앞으로 시작해나갈 그 검증의 삶을 추구하도록 결심하게 했는지도 모른다. 그리고 철학의 고독한 길을 가겠다고 확신한 데에는 개인적인 요인이 더 있었을 수 있다. 소크라테스가 "그녀는 사랑에 대해 내가 아는 모든 것을 가르쳐주었다"라고 플라톤의『향연』에서 언급했으며, 우리가 이 발언의 진정한 주체로 이미 확인한, 아름답고 영리하고 신비로운 여성인 디오티마와의 만남, 즉 밀레투스의 아스파시아와의 만남이 그것이다.

6장

아스파시아의 미스터리

SOCR
ATES
IN
LOVE

플라톤의 『메넥세노스』는 오랫동안 난해하고 어떤 이에게는 짜증스럽기까지 한 수수께끼를 제기해왔다. 이 작품은 소크라테스가 아테네 아고라 평의회 의회실에서 나오는 젊은 청년 메넥세노스를 만나는 장면을 묘사하는 것에서 시작한다. 메넥세노스는 소크라테스에게 자신이 장례 연설을 할 사람을 결정하기로 한 회의에 참석했지만 누가 할지는 아직 정해지지 않았다고 말한다. 그는 결정이 이튿날 내려질 것이며, 연설자는 예상하기로 아르키노스나 디온이 될 듯하다고 이야기한다. 디온에 대해서는 알려져 있지 않고, 아르키노스는 기원전 403년에 활동한 정치인이므로 이는 그 '대화'의 극적 연대를 그쯤으로 짐작하게 해준다.

메넥세노스의 발언은 소크라테스가 진부한 추도 연설에 대한 비판을 시작할 신호가 된다.[1]

정말로, 메넥세노스. 전투에서 전사한다는 것은 여러모로 멋진 운명인 듯하네. 가난뱅이로 죽더라도 훌륭한 장례가 치러지고, 보잘 것없는 사람일지라도 뛰어난 사람들에 의해 즉흥적인 추도사가 아닌 오래전부터 준비된 연설로 칭송받는다네. 그리고 그들은 아주 화려한 찬사를 바치면서 모든 사람에게 공을 돌리는데, 그중에는 실제로 그랬던 것도 있고 그러지 않았던 것도 있지. 연설가들의 다채로우면서도 화려한 말씨는 우리 영혼을 홀린다네. 그리고 그들은 전사자들과 과거의 모든 선조, 지금 여기에 살아 있는 우리 자신을 찬양하면서 가능한 모든 방식으로 국가를 칭송하지.

메넥세노스, 그 결과로 그들이 칭송을 할 때면 내 마음도 고양됐다네. 나는 다른 사람이 된 것처럼 느껴졌고, 키가 더 크고, 더 고귀해지고 더 잘생겼다고 생각되었으니 말이야. 그리고 나와 함께 추도사를 들으려고 따라온 외지인들과 함께 있을 때면 나는 그들의 눈에 더욱 위풍당당하게 보인다네. 설득력 있는 연설 덕에 그들도 분명 나 자신과 우리 도시에 대한 내 감정을 공유하는 게지. 그들은 이전보다 나나 우리 도시를 더 경이롭게 여기게 된다네.

그리고 이 장엄한 기분은 사흘이 지나도록 사라지지 않네. 그 연설과 연설가의 목소리가 귓가에 깊이 울려 퍼져서 나흘째나 닷새째가 돼서야 내가 세상 어디에 있는지 비로소 생각나고, 그때까지는 내가 축복받은 자들의 섬에 살고 있다고 생각할 정도지. 우리 연설가들은 얼마나 탁월한 자들인가!

메넥세노스는 이런 아이러니한 조롱에 대해 촉박한 기한을 감안할 때 이번 연설은 즉흥적일 것이라고 대답한다. 소크라테스는 진정 즉흥적인 연설은 거의 없으며, 대부분 저마다 준비된 연설문에 기초해 말한다고 반박한다. 그는 자신도 연설에 능통한 교사로부터 추도 연설을 배웠다고 말한다. 그는 크산티포스의 아들 페리클레스─소크라테스는 구분을 확실히 하기 위해 전체 이름을

사랑에 빠진 소크라테스

언급한다 ― 못지않게 유명한 연설 교사로 아스파시아를 꼽는다.

소크라테스는 이어서 메넥세노스의 청에 따라 자신이 아스파시아에게 배웠다고 말한 그 연설을 그에게 전해준다. "나는 바로 어제 그녀의 말을 듣고 있었다네." 소크라테스가 말한다. "그녀가 문제의 청중을 위한 추도 연설을 검토할 때 말이야. 그녀는 자네도 알듯 아테네 사람들이 연설자를 선정할 것이라는 이야기를 들었다네. 그래서 자신이 생각하는 형식으로 나에게 미리 그 연설을 선보여주었네. 반은 즉흥적으로 하고, 반은 아마 페리클레스의 추도 연설 때문에 전에 적어둔 것 중 일부를 사용한 것 같았네. 그녀는 조각들을 함께 이어붙여 연설문을 만들었지." 메넥세노스가 아스파시아의 연설을 기억해 글자 그대로 자신에게 들려줄 수 있느냐고 묻자 소크라테스는 이렇게 대답한다. "그럼, 할 수 있지. 나는 그녀가 연설문을 쓸 때 함께 연설을 연습했다네. 한번은 단어를 잊어버렸는데 뺨을 맞을 뻔했지 뭔가!"

이런 발언은 아테네 사람으로서는 이례적인 것이며 이것이 전적으로 가상의 시나리오에서 벌어진 일이라 할지라도 그렇다. 여기서 플라톤은 소크라테스가 아스파시아의 지적 권위를 인정하도록 했을 뿐 아니라, 그가 자신의 아내나 친척이 아닌 다른 여성과 맺은 육체적으로 친밀한 관계에 이목을 집중시켰다. 소크라테스는 메넥세노스에게 전쟁 상황의 아테네인들을 위해 아스파시아가 지은 것으로 보이는 연설을 계속해서 들려준다.[2] 이 연설은 형식과 내용 면에서 극히 평범하고, 전통적으로 내려오는 연설문들을 패러디한 것처럼 보인다. 여기에는 또한 연대기적인 문제도 있다. 연설 뒷부분에는 군사행동으로 기원전 390년의 레카이움 전투가 언급되고 기원전 386년의 '왕의 평화King's Peace'도 거론되는데 이 사건들은 소크라테스와 아스파시아가 죽은 지 여러 해가 지난 후의 일이다.

그럼 이 시나리오는 어디에 근거해서 만들어진 것일까? 연대적 오류를 확인할 수 있는 사건을 포함시킨 것은 단순히 허구성을 확실히 하기 위함일까? 학자들은 『메넥세노스』를 연설술에 대한 플라톤의 패러디 이상으로 보지 않았고 사건의 진실은 대부분 무시해버렸다. 그러나 이 이상한 대화는 비록 우연이었을지언정, 플라톤이 소크라테스와 아스파시아가 생 후반기에나마 함께한 친밀한 토론과 공동 작업을 증언할 준비가 돼 있었음을 암시한다.

연대가 의도적으로 꼬여 있기 때문에 이 시나리오가 시간상 그보다 앞설 수도 있고 더 뒤일 수도 있음을 인식해야만 할 듯하다. 플라톤의 방대한 작품 속에서 이것 외에는 어떤 구절도 소크라테스와 아스파시아의 관계를 언급하지 않는다. 그래서 『메넥세노스』는 무엇보다도, 한때 그 둘은 친밀한 관계였으나 플라톤은 다른 어떤 대화편에서건 이에 대해 증언할 준비가 돼 있지 않다는 인정처럼 읽히기도 한다. 이는 우리를 아스파시아 자신의 역사적 배경을 자세히 살펴보도록 이끈다.

아스파시아 알아보기

악시오코스의 딸 아스파시아는 그녀 나이대의 여성 중 가장

사랑에 빠진 소크라테스

특출나고, 유창하며, 문제적이었고, 아마도 모든 고전고대를 통틀어 가장 특별한 여성일 것이다. 기원전 450년경 그녀의 언니(혹은 여동생)와 형부(혹은 제부) (알키비아데스의 할아버지) 알키비아데스와 함께 아테네로 항해해왔을 때 그녀는 겨우 스무 살이었다. 이 가족은 에게해 건너편에 있는 번다하고 북적북적한 상업 도시 이오니아의 밀레투스에 살았는데, 클레이니아스의 아버지이자 알키비아데스의 할아버지인 알키비아데스는 10년 앞선 기원전 460년 정치적 갈등의 희생양으로 아테네로부터 밀레투스로 망명해왔다.

최근 발견된 비문은 아스파시아가 아버지 악시오코스를 통해 알키비아데스와 맺은 가족관계를 다음과 같이 보여준다.[3]

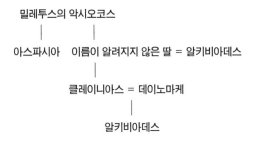

이 계보는 다음과 같은 것을 상상하게 한다. 밀레투스로 망명가 있는 동안 알키비아데스는 아스파시아의 아버지 악시오코스를 만난다. 부유한 악시오코스는 예전부터 아테네인들과 가족관계를 맺어온 이오니아계 그리스 엘리트로, 그의 딸 중 한 명(이름은 알려지지 않았다)을 기꺼이 스캄보니다이 데모스 출신 알키비아데스와 결혼시켰을 것이다. 그리고 그 아들인 클레이니아스는 후에 페리클레스의 친구이자 동료가 된다. 알키비아데스가 밀레투스에서 새로운 배우자와 자녀들을 데리고 돌아왔을 때 아내의 자매인 아스파시아도 데리고 왔는데, 아마도 그녀를 저명한 아테네 귀족과 결혼시켜주려는 의도가 있었을 것이다.

하지만 그런 계획을 추진하기에는 때가 좋지 않았다. 불과 1년 전인 기원전 451년 페리클레스는 아테네 시민이 아닌 아내의 아들이 아테네 시민이 되는 것을 금지하는 시민권 법을 도입했다. 이 법은 아테네 상류층 남성이 비아테네 출신 여성과 결혼하면 그 자녀에게 불이익이 돌아가게 함으로써 그러한 결혼을 하고자 하는 상류층 남성을 좌절시킬 의도로 만들어졌다. 아테네 시민권은 예전보다 훨씬 더 배타적인 특권이 되고, 아테네 출신 어머니들의 지위는 향상될 것이었다.

알키비아데스 아내의 자매인 아스파시아는 아테네인이 아니었지만 클레이니아스의 아들인 어린 알키비아데스의 이모할머니였다. 그러므로 3년 뒤인 기원전 447년 클레이니아스가 코로네이아 전투에서 전사했을 때, 바다를 건너온 이 매력 넘치고 활기찬 젊은 미혼 여성이 어린 알키비아데스를 후견인 페리클레스가 있는 새로운 가정으로 들어오게끔 관여했다고 보는 것이 자연스럽다. 그녀가 이 아테네 지도자의 집에 처음 들어가게 된 것도 바로 그 시점임을 염두에 두어야 한다.

밀레투스의 아버지들은 아테네인들보다 딸 교육에 있어서 더 개방적이었던 듯하다. 아스파시아는 미모와 성격 외에도 높은 학식으로 두각을 나타냈다. 페리클레스는 그녀보다 나이가 두 배나 더 많았고 예전 결혼에서 자녀 둘을 두었다. 그러나 그가 아내와 이혼한 것은 10년 전 일이었다.[4] 젊은 아스파시아는 외모와 매력, 지성으로 그를 사로잡았고, 기원전 445년경 페리클레스는 이름만 아내가 아니었을 뿐 사실상 그녀를 아내로 맞아들였다.[5] 페리클레스 자신이 만든 법을 피해 그녀를 법적 아내로 맞아들이는 일이 그에게 쉽지는 않았을 것이다. 희극 시인들은 아스파시아를 '매춘부 porne'나 '첩pallake'으로 부르고 아들 페리클레스 2세는 '서자nothos'로 부르며 그들의 동거를 신나게 비방해댔다.

이후의 작가들은 위에서 보았듯 페리클레스가 아스파시아를 몹시 사랑한 나머지 아침저녁으로 그녀에게 키스하지 않은 날이 단 하루도 없었다고 말한다. 그들은 16년 후인 기원전 429년 페리클레스가 역병으로 죽을 때까지 서로 사랑한, 떼어놓을 수 없는 연인이었다.[6] 그녀는 페리클레스가 여성 중 가장 존경을 표한 인물이다. 즉 그녀는 희곡 작품에서나 대중에게서 '제우스'라는 별명으로 불린 바로 그 남자에게 존경을 받고 또 그 남자를 존경한 인물이니, 플라톤의 『향연』을 읽은 기민한 독자들로서는 '제우스에게 영예를 받았다'는 뜻의 이름을 가진, 그리고 소크라테스가 '내가 아는 것은 사랑뿐이다'라고 주장하도록 가르친 가상의 인물 디오티마를 아스파시아와 연결 짓지 않을 수 없는 것이다.

아스파시아의 명성

고대 작가들은 아스파시아에 대해 경멸적 표현을 쓰곤 했는데, 특히 크라티노스와 헤르미포스 같은 동시대 희극 시인들이 전하는 증거 때문이다. 그들의 작품은 그녀와 페리클레스에 대한 대중의 분노를 반영한다. 희극 작가들은 그녀를 '창녀' 개의 눈을 가진 첩'이라고 불렀고, 전기 작가 플루타르코스는 권력자들을 유혹하여 영향력을 행사한 이오니아의 창녀 타르겔리아에 그녀를 빗대었다. 이 때문에 아스파시아는 기껏해야 헤타이라*hetaira*, 즉 고급 매춘부로 생각되었다. 그러나 이 좀 덜 경멸적 명칭인 헤타이라는 고대 자료 자체보다는 오히려 아스파시아를 '존경할 만한' 지위로 인정하고자 하는 현대 학자들이 선호하는 것이다.

주로 비아테네 출신인 헤타이라는 상류층을 위한 고급 매춘부였다. 대개 교육 수준이 높았고, 경제적으로도 독립적이었으며, 성을 파는 것 외에 향연에서 세련된 형태의 오락을 제공함으로써 생계를 유지했다. 그들은 충분한 보수를 받아 직업에 세금이 부과될 정도였고, 어떤 사람은 심지어 매춘업으로 부유해지기도 했다. 일부 비판적인 아테네인이 아스파시아를 이런 매춘업자로 보려는 경향이 있었다.

아스파시아가 헤타이라였다는 증거가 고대 저술에 부족한데도 학자들은 이를 역사적 사실로 받아들이고 있다. 악시오코스의 딸로서, 무엇보다 알크마이오니다이 가문의 일원으로서 그녀는 상위층과의 가족관계를 가지고 있었고 페리클레스의 측근들로부터 존경받았다. 이런 사실은 그녀가 헤타이라라는 소문이 여성 혐오적인 비방에 지나지 않는다는 것을 보여준다. 희극 작품에서 행해지는 신랄한 비난은 늘 그래왔듯 사실 그대로 받아들여질 수 없다. 예를 들어 플루타르코스는 아스파시아가 '불경'과 '페리클레스에게 자유인 여성을 매춘부로 알선한 혐의'로 실제 재판에 회부됐다고 적기도 했다. 아스파시아가 비아테네 출신이라는 사실을 논외로 하더라도 당시 아테네 법률이 이런 혐의를 적용해 충분히 특권을 누렸을 만한 지위의 여성을 재판에 회부할 수 있었는지 의심스러울 뿐 아니라, 이 사건의 고발자는 다름 아닌 헤르미포스였는데 그는 편파적인 면이 있는 희극 작가인 데다 페리클레스를 섹스광으로 풍자한 전력도 있다. 이런 기술은 걸핏하면 아스파시아를 (의심의 여지 없이 그들의 실질적 표적인 페리클레스의 대리자로서) 무너뜨리고자 했던 희극 작가들의 일종의 '고발'이나 희극의 한 장면에 대한 왜곡된 해석일 뿐이다.[7]

플라톤과 크세노폰이 아스파시아를 언급할 때 헤타이라를 대하는 것보다는 훨씬 더 존중하는 태도를 취한다는 점도 주목할 만하다. 플라톤의 저작에서 아스파시아는 존경받을 만한 자신감 넘치는 여성으로, 당대의 가장 뛰어난 두 연설가인 페리클레스와 소크라테스를 지도하는 역할을 감당할 수 있는 화술과 지성을 지녔다. 크세노폰의 저술에서 소크라테스는 어떻게 해야 아내가 학식을 갖추게 될지 묻는 질문에 다음과 같이 대답한다. "아스파시아를 소개하겠습니다. 그녀는 이 문제에 대해 나보다 더 많이 알고 있고, 모든 것을 여러분께 설명해줄 것입니다."

주석가들은 아스파시아가 매춘부였다는 주장 때문에 이러한 기록을 불신하며 일축해버렸다.[8] 그러나 플라톤과 동시대인인 스페토스의 아이스키네스가 쓴 『아스파시아』라는 유실된 작품에서 소크라테스는 그녀를 추정컨대 연설술 교사로 거부 칼리아스의 아들에게 기꺼이 추천한다. 그 책의 한 부분에서 아스파시아는 크세노폰(아마도 역사가 크세노폰은 아닐 것이다)의 아내와, 그리고 나중에는 크세노폰과 토론을 벌인다. 아스파시아는 유명한 소크라테스식 질문을 활용하여 최고의 배우자를 얻는 비밀은 자신이 최고의 배우자가 되는 데 있다는 결론으로 두 대화자를 이끈다. 소크라테스식 사고방식에서 볼 수 있는 것처럼, 그녀는 '최고'가 되는 목적에 초점을 두며 결혼의 성공을 달성하는 데 필요한 도덕적 측면을 강조한다. 플루타르코스는 소크라테스가 가끔 친구 그리고 그아내와 아스파시아에게 가서 조언을 구하고 또 그녀가 '사랑에 관한 것들*erōtika*'에 대해 말하는 것을 들었다고 적는다. 비록 이 이야기들에서 그녀는 인간관계 선생이나 중매인 같은 역할을 맡고 있긴 하지만, 이러한 증언들은 아스파시아가 사랑의 담론에 관심이 있었음을 알려주고 플라톤 『향연』의 디오티마처럼 특정 분야에 대한 남다른 화술과 전문 지식으로 유명했음을 확인해준다.9

플라톤이 『메넥세노스』에서 나이 든 아스파시아가 소크라테스에게 가르침을 주는 장면을 묘사한 것은 그녀와 소크라테스의 친분에 대한 어떤 명시적인 진술도 피해온 플라톤의—크세노폰과도 공유하는—이전 경향과는 위배되는 듯하다. 그들의 친밀한 관계를 받아들인다면 두 사람의 관계는 훨씬 더 전, 즉 페리클레스의 측근 무리에서 처음 만났던 20대에 형성됐을 가능성이 높다.

기원전 429년 페리클레스가 죽은 후 아스파시아는 리시클레스라는 아테네의 부유한 정치인과 살았고(고대 주석가에 따르면 '결혼했다) 그와의 사이에서 아들을 낳았다고 한다. 리시클레스 역시 희극에서 조롱을 당했는데, 아리스토파네스는 그를 '양羊 거래상'이라고 불렀다. 그가 장군이었다는 것을 감안할 때 그는 어느 정도 사회적 지위가 있는 시민이었을 터이고 사망한 페리클레스의 지인이었을 가능성이 크다. 리시클레스는 결혼한 지 얼마 안 된 기원전 428년 소아시아와의 전투에서 전사했다. 이후 아스파시아가 플라톤의 『메넥세노스』에 나이 든 여성으로 등장하기 전까지 우리는 그녀의 활동에 대해 거의 아는 바가 없다.

침묵을 깬 것은 페리클레스가 죽은 지 4년 후인 기원전 425년에 공연된 아리스토파네스의 희극 『아카르나이의 사람들』이다. 거기서 아스파시아는 기원전 440년 페리클레스의 사모스 공격을 선동한 죄로 이미 비난받았던 것처럼, 그리고 헬레네가 트로이전쟁의 원흉으로 여겨졌던 것처럼 펠로폰네소스전쟁의 주요 원인으로 지목되어 희극적 방식으로 맹혹한 비난을 받았다. 이 작품에서는 메가라인들이 아스파시아의 악명 높은 집에서 매춘부 두 명을 납치했고, 그 보복으로 그녀가 페리클레스에게 메가라 칙령을 촉구하게 된 것이라고 비꼬고 있다. 일부 사람은 메가라와 아테네 및 그 동맹국들과의 무역을 봉쇄한 이 칙령이 전쟁을 촉발했다고 생각했다.[10]

아스파시아를 향한 맹렬한 비난은 그녀가 기원전 440년대에 페리클레스와 같이 산 이후 수십 년간 지속되었고, 플라톤과 크세노폰은 이로 인해 소크라테스의 이름에 금이 갈까 걱정했을 것이다. 더욱이 기원전 445년경 아스파시아와 페리클레스가 함께 살았다는 것이 사실이라고 본다면(페리클레스 2세는 늦어도 기원전 437년에는 출생했을 것이다) 그로부터 반세기가 넘는 시간 후 저술에 착수한 소크라테스의 전기 작가들은 설령 무언가 알고 있거나 의심했더라도 소크라테스와 아스파시아의 긴밀한 관계를 기술하기를 꺼렸을 수 있다. 또한 아스파시아가 페리클레스와 결혼한 후 소크라테스는 관련된 모든 사람을 위해 의절까지는 아니더라도 그녀와의 관계에서 중도를 지켜야 했을 것이다. 그들의 친밀한 개인사에 관한 의심의 눈초리를 피하기 위해서라도 말이다.

아스파시아와 소크라테스

기원전 450년 아스파시아와 동년배인 소크라테스는 곧 스무 살을 바라보고 있었다. 아르켈라오스의 제자이자 친구로서 그는 이미 아낙사고라스 같은 페리클레스의 측근에게 다년간 익숙한 인물이었을 것이다. 성공한 석공 소프로니스코스의 아들로서는 파르테논 신전의 건축가, 설계자인 익티누스, 칼리크라테스, 페이디아스의 주목을 받게 될 터였고 이들은 또한 아테네를 이끄는 정치가와 가까운 사람들이기도 했다.

우리는 아테네에 도착해서 페리클레스와 결혼하기까지의 몇 년 동안 아스파시아가 소크라테스와 만났는지 또 그와 친했는지 알 수 없다. 그 기간은 확실히 두 사람이 친해질 수 있는 때였다. 코로네이아 전투에 참전한 소크라테스가 그해 페리클레스의 친구 클레이니아스의 죽음을 직접 봤든 그렇지 않든 간에, 그는 몇 년 후 젊은 알키비아데스의 앞날을 인도할 가정교사로 선택되어 페리클레스의 주변으로 더 가까이 끌려 들어가게 될 예정이었다. 만약 기원전 450년 아스파시아가 밀레투스에서 가족과 함께 아테네에 도착했을 때 아스파시아와 소크라테스가 아직 페리클레스의 지인들과 관계를 맺고 있지 않았다면, 그들은 기원전 447년 알키비아데스가 아버지를 잃은 후 그의 행복과 교육에 대한 관심을 공유하면서 서로 알게 되었을 수도 있다.

소크라테스와 아스파시아는 마음이 잘 맞는 동료였다. 영리하고, 유창하고, 논쟁을 좋아하는 그들은 그 당시 사회적 분위기로 보건대 특이하고 문제적인 인물이었다. 정확하게 이해하기는 힘들지언정 『메넥세노스』는 소크라테스와 아스파시아의 친밀한 관계를 명시하고 있는 유일한 자료다. 그 이상의 추측은 상황적 증거 및 플라톤과 크세노폰이 우리에게 한 말들의 행간을 토대로 해야 한다. 그리고 그렇게 비롯된 추측이 이르게는 기원전 4세기부터 고대 작가들에게 그 둘의 애틋한 사이에 대한 영감을 준 듯하다. 아리스토텔레스의 학구적인 제자였던 솔리의 클레아르코스는 페리클레스가 '과거 소크라테스의 동반자였던 아스파시아'와 사랑에 빠졌다고 적었으며, 기원전 3세기 헤르메시아낙스의 시는 아스파시아에 대한 소크라테스의 '꺼지지 않는 열정'을 읊고 있다.[11] 이미 보았듯 플라톤의 『향연』에서 소크라테스가 디오티마의 것으로 돌린 사랑에 대한 설명 아래에 그러한 연애사가 깔려 있었을지도 모른다.

소크라테스는 매력 넘치는 아스파시아와 사랑에 빠졌지만 그의 사랑이 결코 이루어질 수 없다는 것을 알았을까? 내면의 목소리에 대한 걱정이나 강직성 발작을 일으키는 경향, 그리고 영리하고 야심 찬 젊은 여성의 남편이 되기에는 적합하지 않을 수 있는 삶의 방식을 추구하는 점 등 그 둘의 연애 행로에는 여러 장애물이 있었을 것이다. 만약 소크라테스가 아스파시아를 미래의 연인이자 아내로 생각했다면, 아테네의 최고 권력자가 그녀에게 마음을 빼앗겼을 때 그 가능성은 사라졌을 터이다. 아마도 화술에 능했던 아스파시아는 소크라테스의 낙심한 마음을 달래기 위해 진정한 사랑이 무엇을 의미하는지 스스로에게 물어보라고 그를 독려하고, 플라톤의 『향연』에서 디오티마가 젊은 시절의 그에게 알려주었다는 그런 가르침을 전달했을지 모른다. 즉 육체적 욕망은 진정한 사랑의 출발점일 뿐이며, 특히 구체적이고 개별적인 관심은 궁극적으로 더 높은 목표를 향해 포기해야 한다는 것이다.

이러한 관념과 표현이 아스파시아에게서 나온 것이라면 이는 사상사에 중대한 의미를 지닌다. 디오티마의 가르침이 가리키는 근본 원리는 소크라테스가 옹호했던 삶의 방식뿐 아니라 그의 철학에 있어서도 가장 핵심적인 것이다. 그 원리들은 다음과 같다. '우리가 어떻게 행동해야 할지 알기 위해서는 우리의 용어를 먼저 규정할 필요가 있다.' '물物적 영역은 더 높은 이상을 위해 버릴 수 있으며 그래야만 한다.' '신체적 만족이 아닌 영혼의 교육이야말로 사랑의 가장 중요한 의무다.' '구체적인 것은 일반적인 것에, 일시적인 것은 영원한 것에, 세속적인 것은 이상적인 것에 종속되어야만 한다.' 고전학자 메리 레프코위츠는 다음과 같이 말한다.

우리가 소크라테스에 대해 아는 것이 아리스토텔레스가 전한 이 말뿐이더라도 그는 철학사에서 중요한 인물일 것이다.

"그는 우주에 대해서는 아무런 관심도 갖지 않고 윤리학에 전념하면서 윤리적인 것들에서 보편자를 찾았고 최초로 정의definition에 관해 이해했다."(『형이상학』 987b1–4) 소크라테스 이전의 시인과 사상가도 윤리에 대해 생각했다. 하지만 소크라테스가 그들과 다른 점은 그 자신을 개별자로부터 보편적 정의로 나아가게 만든 그 발견의 과정을 만들어냈다는 것이다. 그런 중요한 생각의 진보가 없었다면 플라톤은 결코 그의 이데아 이론을 만들어낼 수 없었을 것이고, 아리스토텔레스는 윤리학에 관한 작품을 쓸 수 없었을 것이다.[12]

소크라테스가 자신의 소위 여성 스승인 그녀와 구별되는 철학적 방법, 즉 디오티마처럼 가르치기보다는 끊임없이 질문하고 답을 이끌어내는 방법을 만들어낸 한, 이는 뚜렷이 대비되는 어떤 절차, 즉 그의 생각으로는 절대 이를 수 없는 진리를 가리키기만 하는 그런 절차로 귀결되었을 수도 있다.[13] 그런데 소크라테스가 그의 철학적 관점과 방법을 채택하도록 자극한 것이 그에게 처음으로 '사랑에 관한 모든 것'을 가르쳐준 여성이라면, 우리는 아스파시아가 그저 그녀로서 활기 차고 엄청나게 똑똑한 여자라기보다는 소크라테스와 그의 계승자들 못지않게 유럽 철학의 태동에 기여한 관념들을 탄생시킨 지적 산파임을 인정해야만 한다.

『향연』에서 소크라테스는 자신이 '디오티마'에게서 사랑의 학설을 배웠다고 기꺼이 인정한다. 하지만 만약 플라톤이 소크라테스의 철학적 사고에 결정적인 영감을 준 사람을 아스파시아라고 생각했다면, 그는 그러한 영향력의 주인공으로 그녀를 직접 가리키는 일을 꺼렸을 듯하다. 어쨌든 아스파시아가 페리클레스와 함께 살기로 한 선택은 그녀와 소크라테스의 관계에 찬물을 끼얹었을 것이다. 아스파시아는 『메넥세노스』에는 그녀가 쓴 것으로 되어 있는 페리클레스의 추도 연설에 막연하게 표현된, 소크라테스가 도시의 정치 생활에 관여하는 것을 거부한 데 대한 페리클레스의 반감을 공유했을지도 모른다. 하지만 연대기적·사회적·지적 요소를 총괄해서 볼 때 기원전 450년경 젊은 소크라테스의 삶에 짧게나마 아스파시아가 출현했다는 가정은 매력적이고 신뢰할 만한 '사랑에 빠진 소크라테스'의 모습을 발견할 수 있는 순간이라는 점에서 마음을 끄는 설득력 있는 가능성이 된다.

맺는말

알려지지 않은 소크라테스

옥스퍼드 개별지도 시간에 학생들이 리포트 낭독을 마친다. 주의 깊게 다른 자료들의 증거를 제시하고 검토한 학생들이 『구름』의 '소크라테스'는 비록 소크라테스의 삶과 성격 가운데 참된 일부를 그 희극 안에 보존하고 있을지라도 본질적으로는 철학자와 그의 생각을 희화화했다고 결론짓는다.

"소크라테스의 삶을 진정 역사적으로 재구성하는 것이 불가능하다고 생각하나요?" 내가 학생들에게 묻는다.

학생들이 이 질문을 가지고 고민하는 가운데 한 학생이 "어떠한 재구성도 어느 정도는 공상일 것입니다"라고 대답한다. 다른 학생은 다음과 같이 덧붙인다. "플라톤과 크세노폰은 우리에게 소크라테스의 생각과 성격에 대한 많은 정보를 주지만, 소크라테스의 삶 가운데에는 우리가 들어보지 못한 많은 세부 사항이 있습니다. 예를 들어 우리는 포테이다이아 이전의 그의 어릴 적 삶에 대해 거의 알지 못합니다."

"아마도 거기 있는 그에 대한 어떤 증거를 추출해내서 알려지지 않은 소크라테스에 대한 영화가 만들어질 수도 있겠죠." 내가 제안한다.

그들은 이런 생각에 눈이 휘둥그레진다. "멋진 이야기가 될 것 같아요." 한 학생이 말한다. 다른 학생도 동의하며 힘차게 고개를 끄떡인다.

앞 장에서는 이전에 그려진 적 없는 소크라테스의 모습에 대한 증거를 나열했다. 이제 드러난 것은 여러 면에서 극적으로 바라볼 수 있는 한 남자의 이야기다.

우리는 플라톤의 『향연』이 소크라테스를 사랑을 중심으로 한 개인적인 철학의 옹호자로 그리면서도 전쟁터에서는 용감하면서도 심지어는 영웅적인 인물로 묘사한 것을 보았다. 증거들은 그의 출신이 천박하며 비천했다고 확언하는 대신 그가 부유하고 성공한 중산층 장인의 자녀임을 가리킨다. 소크라테스는 그저 노년의 매력 없는 사상가로서 상상하기 쉽지만, 그의 동시대인들이 남긴 가장 이른 시기의 증거들은 학문에 대한 사랑을 가진 매혹적이고 운동 잘하는 10대의 이미지를 제시한다. 그리고 단순히 알키비아데스에 대해 공표된 사랑이나 미르토와의 불확실한 첫 번째 결혼, 그리고 훨씬 더 이후 크산티페와 맺은 관계에 초점을 맞추는 대신 증거들을 통해 그가 10대 시절 아르켈라오스와 맺은 친밀한 첫 관계를 재발견했고, 젊은이로서의 그가 아스파시아와 가까운 사이였거나 심지어는 그녀와 사랑에 빠졌을지도 모르는 때를 짚어보았다.

이런저런 모든 경험은 젊은 소크라테스가 흔히 기억되듯 ─ 주로 플라톤의 끊임없는 노력과 지적 탁월함 덕분에 ─ 사상의 창시자가 되는 기초 토양이 되었을 것이다. 소크라테스가 적어도 서른 살 전에 이미 철학의 길에 들어선 것은 증거를 통해 분명히 드러나므로, 그가 정치적 혹은 군사적 업적이 아니라 철학적 업적을 추구하게 한 결정은 30세 이전에 내려졌음이 틀림없다. 그렇다면 어떻게 해야 소크라테스의 삶을 설명하면서 노년기의 극적인 삶뿐 아니라 어린 시절의 중요한 경험들에 대해서도 올바르게 이야기할 수 있을까?

소크라테스의 인생

출발점

이 이야기는 기원전 469년 봄 알로페케 마을에서 소크라테스의 탄생과 함께 시작된다. 그곳은 약 1000명의 아테네 시민과 그들의 부인과 아이, 그리고 거류 외국인과 노예의 고향이다. 시민 중에는 엘리트 출신이나 귀족은 아니지만 존경받는 성공한 석공인 소프로니스코스도 있다. 그의 아내 파이나레테 역시 좋은 집안 출신이고, 데모스에서 그의 가장 친한 친구인 리시마코스는 아테네의 가장 저명한 정치가 중 한 명인 '공정한 사람' 아리스티데스의 아들이다.

페르시아 군대가 플라타이아이에서 완패하고 그리스에서 철수한 지 10년이 지났다. 아테네 사람들은 민주주의와 해군력에 대한 자긍심을 가지고 그들의 삶과 집을 재건하느라 바쁘다. 아테네의 주도하에 델로스동맹이 설립되면서 그리스 도시국가로서 아테네의 권력은 에게해 전역으로 확대되고 있다.

기원전 460년대에 소년 소크라테스는 아버지를 관찰하며 시간을 보낸다. 그의 아버지 소프로니스코스는, 채석장에서 돌을 캐거나 아티카 주변 다른 도시들로 수출될 대리석 석재를 다루는 일꾼들을 감독한다. 그는 아들이 가업을 이어받기를 기대하고, 소크라테스는 분명 출세한 석공이 될 힘과 지성을 갖추고 있다. 그는 또한 자신의 데모스에서 상류층 젊은이들이 향유하는 교육을 소크라테스에게 제공하는 일의 이점을 잘 알고 있다. 운동과 말타기를 좋아하는 이 젊은이들은 미래에 군대를 지휘하고 전투에서 명예를 얻을 사람들이다.

그러나 소프로니스코스는 종종 아들이 여가로서의 공부에 너무 몰두해 의무를 다하지 않는 데 크게 분노한다. 소크라테스는 가능할 때마다 외국 출신 사상가들의 이야기를 듣기 위해 마을을 떠나는데, 그가 보기에 그들의 사상은 사실상 가치가 없고 비현실적이며 어떤 때에는 완전히 신성모독적이다. 그는 일터에 나타나지 않는 소크라테스를 때때로 때리기도 한다. 소크라테스에게 이런 훈육은 트라우마를 남긴다. 그는 아버지의 기대에 부응해 효자가 되는 것과 반항아가 되는 것 사이에서 갈등한다. 소크라테스의 야망은 훌륭한 연설가이자 영웅적인 투사가 되고 싶어하는, 그리고 늘 남보다 더 뛰어나고 싶어하는 야심적인 친구들의 욕망과 결을 같이한다.

소크라테스는 가끔 내면의 목소리를 듣는데, 그 소리는 마치 아버지가 훈계하듯 지금 하려고 하는 일을 그만두라고 경고하곤 한다. 처음에 소크라테스는 그 목소리가 경고 신호라고 생각하지만, 시간이 지나며 그 목소리를 유용한 동반자로 여기게끔 스스로를 설득한다. 이 동반자는 무엇을 피해야 하는지, 주어진 상황에서 무엇이 최선인지 그 내면의 권고를 표출해준다. 그는 그 목소리를 자신의 '신적 신호'라 부른다. 때때로 그는 해야 할 일이 무엇인지 알기 위해 오랜 시간 가만히 서 있어야만 한다. 그는 그 목소리를 고통으로 여기기보다는 좋은 삶을 살도록 돕고 잘못된 길을 택하는 것을 막아주는 신이 보낸 선물로 생각한다.

소년 소크라테스

기원전 450년대에 10대가 된 소크라테스는 학교에서 혹은 그의 아버지가 부른 여러 개인 교사와 함께 호메로스의 서사시와 서정시인들의 시 그리고 여러 고전을 흡수한다. 그는 방대한 시와 노래를 암기한다. 또 그는 당대 최고의 음악가 람프로스에게 리라를 배우고, 어느 정도 소질이 있는 자신의 리라 반주에 맞춰 시를 노래하는 것을 즐긴다. 그는 석공 일을 할 때뿐만 아니라 체육을 하고 전쟁 춤을 연습하고 레슬링 학교 등에서 또래 소년들과 경쟁하는 내내 체격을 키우고 있다.

소크라테스의 비범한 지성은 끊임없이 들려오는 내면의 목소리와 더불어 그를 동료 학생들과 다르게 만들었는데, 그럼에도 다른 학생들은 그의 기술과 힘, 평온한 자립심을 존경한다. 친구들과 다르다는 느낌은 아테네의 철학자 아르켈라오스가 그를 선택한 후 더욱 깊어진다. 아르켈라오스는 소크라테스를 그 도시에서 열린 소피스트의 강연에서 만나고, 그 젊은이의 뚜렷한 지성과 배우고자 하는 열망에 매혹된다. 소크라테스의 관대하고 솔직한 얼굴과 젊은 근육질의 몸은 그를 매력적인 학생이자 피보호자로 만들고, 아르켈라오스는 그를 자신의 지도하에 둔다.

기원전 454년 페리클레스가 동맹의 금고를 델로스에서 아테네로 옮길 무렵 소프로니스코스는 소크라테스가 석공 일에 뜻이 없다는 것을 이미 오래전부터 알고 있고, 10대 소년인 그가 영향력 있는 고위층 인사에게 좋은 인상을 주고 있는 것을 보고 기뻐하며 소크라테스의 가정교사가 되고 싶다는 아르켈라오스의 제안을 받아들인다. 소

사랑에 빠진 소크라테스

크라테스는 연로한 파르메니데스 그리고 당대 최고의 사상가로 여겨진 인물이며 페리클레스의 절친한 친구 겸 조언자, 아르켈라오스의 스승 아낙사고라스를 포함해 여러 존경받는 교사를 방문하기 위해 아르켈라오스와 동행한다. 기원전 452년 아르켈라오스는 소크라테스와 함께 배를 타고 파르메니데스의 수제자인 사모스의 멜리소스를 방문한다.

소크라테스는 멜리소스의 추상적인 철학이 당혹스러울 뿐 아니라 그로부터 얻을 게 없다고 생각한다. 아테네로 돌아온 소크라테스는 아낙사고라스의 이성주의적 철학으로 관심을 돌린다. 전통적으로 독실한 환경에서 자라온 소크라테스는 그리스 전통 종교의 의식 행위에 친숙하며 평생 종교의식에 참여할 것이다. 그럼에도 이성적 사고를 통해 태양이나 달 같은 신을 물질적 대상으로 이해할 수 있고, 천둥이나 번개 같은 무서운 현상도 그럴듯한 물리적 설명의 대상이 될 수 있다는 것이 그를 흥분시킨다. 소크라테스는 자연에 대한 경험적 탐구의 길로 더 나아가기로 결심한다.

열여덟 살이 되었을 때 소크라테스는 알로페케의 시민으로서 데모스의 공식 명부에 기록된다. 그리스는 난세 중에 평화로운 시절을 즐기고 있고, 기원전 451년 보수주의 정치인이자 장군인 키몬은 페르시아와 5년간의 휴전에 합의한다. 미래의 중무장 보병을 키우는 관습의 일환으로 소크라테스는 아티카 국경에서 군사훈련을 받고, 그의 아버지는 중무장 보병의 갑주를 장만하는 데 필요한 상당한 자금을 기꺼이 제공한다. 소크라테스는 군 복무를 마치고 돌아온 후 다시 지적인 일에 착수해, 정기적으로 마을에 가서 아고라며 부유한 아테네 사람들의 집에서 그날그날의 사상가들이 연설하는 것을 듣는다.

사랑에 빠진 소크라테스

소크라테스가 막 스무 살이 됐을 때, 그는 자신의 삶을 영원히 바꿀 특별한 사람을 만난다. 젊고 활기찬 아스파시아는 자매의 결혼 때문에 가족과 함께 밀레투스를 떠나 아테네로 온다. 아테네 사람들은 모두 그녀에 대해 쑥덕거린다. 그녀가 아름답고 말을 잘하며 교양을 갖췄기 때문이다. 그녀는 형부(혹은 제부) 알키비아데스의 집에서 재미있는 이야기를 나누는 것을 즐긴다. 그럴 때면 그녀의 고향 밀레투스에서 온 다른 외국 여성들이 그녀의 시중을 드는데, 질투심 많은 아테네 부인들은 그들을 '창녀'라고 부른다. 소크라테스가 만난 여느 여성과 달리―그리고 그는 많은 사람을 알아가는 것을 자신의 업으로 삼고 있는데―열정적인 아스파시아는 남자와 대화하고 자신의 생각을 남자에게 말하는 것에 거리낌이 없다.

남의 말 하기 좋아하는 사람들은 아스파시아가 매춘업을 한다고 떠들어대지만, 당시 여러 매춘굴에 자주 드나들던 소크라테스는 그렇지 않다는 것을 알고 있다. 그는 상류층 친구들 그리고 그들의 아내와 함께 그녀의 숙소를 방문하기 시작하는데, 아스파시아는 사랑과 인간관계의 본질에 대한 설득력 있는 통찰로 그들을 감동시킨다. 그녀는 소크라테스와 사랑에 대한 토론 및 논쟁을 공유한다. 이미 관습에 얽매이지 않는 젊은이로 유명한 소크라테스는 그녀가 비아테네 출신이라는 점과 그녀의 활동에 대해 일부 사람이 왈가왈부하는 것에 신경 쓰지 않는다. 사실 오랫동안 길거리에 서서 깊은 생각에 잠겨 있는 등 그의 기이한 행동에 대한 일반적인 인식 때문에 그가 훌륭한 결혼생활을 해나갈 가능성은 높지 않다.

소크라테스가 아스파시아에게 결혼에 대한 문제를 제기하자 그녀는 어떻게 하면 좋은 짝을 만날 수 있는지 자신이 더 잘 알고 있다고 분명하게 말한다. 그녀는 중매쟁이로서 남녀 모두에게 인기가 많고, 성공적인 결혼을 보장하는 방법에 대한 조언을 주기로도 유명하다. 한편 그녀보다 두 배나 더 나이가 많은 페리클레스가 소크라테스 못지않게 그녀의 아름다움과 지성에 사로잡히고, 아스파시아는 아테네에서 최고로 영향력 있는 남자와 이득이 되는 관계를 맺는 것을 목표로 삼는다. 아스파시아는 소크라테스의 실망을 달래기 위해 그가 생각하는 사랑의 진정한 의미는 무엇인지 답하도록 독려하며, 자신만의 사랑과 욕망의 이론을 제시한다. 사랑은 상대방에 대한 욕망에서 시작되지만 결국에는 단순한 육체적 욕망을 초월한다고 그녀는 설명한다. 진정한 사랑은 또 다른 사람의 좋음을 끌어내는 것을 목표로 하며, 그런 다음에는 특정한 개인을 넘어서서 자신의 생애 이후에도 지속되는 좋음을 만들어내고자 한다. 그 이론을 현실로 받아들이기는 어려웠겠지만 이는 소크라테스를 강한 힘으로 내리친다. 이것이 세상의 본성과 도덕적 관념의 초월성 그리고 세대를 뛰어넘어 지혜를 전달하는 것에 대한 그의 사고를 형성할 것이다.

철학적 전환

소크라테스는 아스파시아에 대한 감정을 계속 끌고 갈 수 없다. 스물세 살이 되기 직전인 기원전 447년 그는 보이오티아에서 군인으로서의 첫 임무를 수행하기 위해 톨미데스가 이끄는 군사작전에 소집된다. 알키비아데스의 아들 클레이니아스도 지휘관 중 한 명이다. 소크라테스는 아스파시아의 일행으로 두 남자를 만난 적이 있다. 코로네이아에서 벌어진 이 전투는 아테네의 패배로 끝난다. 소크라테스는 퇴각 명령을 받고 노련하게 신중한 후퇴를 한다. 살아 돌아온 것은 행운이었다. 그는 보이오티아에서 함께 복무한 젊은이들과 클레이니아스 장군의 죽음에 애도를 표한다. 클레이니아스는 젊은 부인과 페리클레스의 보살핌을 받을 두 아들을 남겨둔 채 떠났다.

클레이니아스의 아들 알키비아데스는 아버지를 잃고 페리클레스의 피후견인이 된다. 그는 10대 때 지적·신체적 성장을 위해 시가와 춤, 레슬링을 가르쳐줄 가정교사가 필요할 것이다. 페리클레스는 아테네의 아크로폴리스 재건을 계획하다 소프로니스코스와 만나고, 코로네이아의 재앙 같았던 퇴각 동안 발휘된 소크라테스의 지성과 냉철한 용기에 대해 아르켈라오스와 아스파시아로부터 전해 듣는다. 그는 소크라테스를 불러 괴팍한 트라케인 조피로스, 알키비아데스의 이모할머니 아스파시아와 함께 알키비아데스의 선생이 되게 한다.

얼마 지나지 않아 아스파시아는 페리클레스의 집으로 들어가 그와 부부가 된다. 이 단계에서 소크라테스는 그의 스승들 사이에 유행하는 자연철학에 대한 불신을 가지고 또 아스파시아와의 대화에 뿌리를 둔 채 철학 연구에서 자신만의 분야를 구축하기 시작한다. 아낙

사랑에 빠진 소크라테스

사고라스가 그의 지성 이론에 관한 책을 출판한 이후 소크라테스는 그 시대 철학자들에 의해 대표되는 그런 종류의 학설에 관심을 갖지 않겠다고 결심한다. 그 대신 그는 자신이 바탕을 두고 성장했으며 향연과 극장에서 그를 둘러쌌던 위대한 시와 문학이 제기한 질문들, 즉 개인적인 영웅주의와 선택에 관한 설명 그리고 용기·의무·분별력·사랑에 대한 질문들로부터 힌트를 얻을 것이다. 몇 년 후 그는 신중하게 어릴 적 친구인 미르토와 결혼하기로 결정한다. 미르토는 전남편이 전사한 뒤 과부가 되었으며 곧 그에게 두 아들을 낳아줄 것이다. 소크라테스의 지적인 탁월함과 독특한 존재감을 인식한 추종자들이 그의 주위에 모여들기 시작하는데, 그들 가운데 마르고 호전적인 카이레폰은 박쥐 날개처럼 뼈만 앙상한 체구에 옷이 매달려 있는 듯한 모습이다. 한편 아스파시아는 페리클레스의 정치적, 군사적 야망을 가속화한다. 그녀의 설득에 힘입은 페리클레스는 기원전 440년 사모스 정복을 시작한다. 소크라테스는 사모스 사령관들, 무엇보다 그를 소대애주었던 멜리소스가 잔인하게 처형되었다는 이야기를 듣고 괴로워한다. 그가 보기에 이번 원정은 덕과 지혜를 주창하는 페리클레스의 명성에 어둠을 드리우는 것이다. 아테네인 사이에는 신들에 대한 불경죄로 역병이 돌 것이라는 소문이 퍼지지만, 페리클레스의 정치적 적수들의 분노에도 불구하고 영악한 아스파시아가 일련의 공적인 희생물을 마련해 신들을 달랜 것처럼 보인다.

얼마 후 소크라테스와 카이레폰은 신탁을 위해 델포이를 방문한다. 델포이에서 돌아온 카이레폰은 득의만면하여 델포이의 신탁이 소크라테스보다 더 현명한 사람은 없다고 했다고 모든 사람에게 말하고 다닌다. 그러나 소크라테스는 신의 뜻을 이해하라는 도전을 받았다고 느낀다. 그는 신분에 상관없이 모든 사람에게 질문하는 삶을 시작하고, 자신은 오직 자신이 알지 못하는 것을 안다는 측면에서만 다른 사람들보다 더 현명할 뿐이라는 결론을 내린다.

소크라테스가 30대일 때에 아버지 소프로니스코스가 사망하면서 먹고살 만한 상당한 유산과 부동산을 남긴다. 소크라테스는 최소한의 삶을 유지하는 것과 전쟁에 나가 그의 도시를 위해 복무하는 데 필요한 것을 제외하면 부와 과시적인 것들은 중요치 않으며, 오히려 신이 부여한 임무에 장애물이 된다고 판단한다. 그래서 그는 외모나 옷차림에는 신경 쓰지 않을 것이고, 다년간 수행해온 신체 단련과 자기 수양 덕으로 맨발에 단순한 옷만을 걸치며 사치나 안락함을 위한 소비를 하지 않을 것이다. 그는 사랑하는 알키비아데스와 같은 야심가들에게 번영의 기회를 남겨두고, 그들 역시 언젠가 물질적이고 명예적인 것보다 영혼의 훈련이 더 가치 있다는 것을 알게 되리라는 희망을 가질 것이다. 신이 소크라테스에게 부여한 의무는 사랑, 정의, 용기 그리고 아름다움의 의미, 즉 진정한 탁월함의 요소들을 검토하는 것이다.

영웅 소크라테스

이후 10년 동안, 즉 기원전 440~기원전 430년에 페리클레스는 정적들로부터 점점 더 많은 공격을 받는다. 아스파시아는 사랑하는 남편에 대한 비판을 들으려 하지 않을 것이며, 페리클레스의 요청에 따라, 정치적 삶보다는 떠돌이 사상가의 삶을 살아가는 소크라테스를 여러 차례 비난할 것이다. 소크라테스는 자신이 군인으로서 지속적으로 복무한 사실이 국가에 대한 사랑을 보여주며, 자신은 동료 인간들에 대한 훨씬 더 중요한 사랑의 의무를 지고 있다고 주장한다. 그는 아스파시아가 전한 바로 그 이론에 영감을 받았으며, 그의 과제란 사람들이 세속적인 관심사를 넘어 더 높은 윤리적 이상을 추구하도록 인도하는 것이다. 그는 지금 한가지 마음으로 철학에 헌신하고 있으며, 그의 연애 감정은 젊은 알키비아데스에게 옮겨갔다. 그는 멋지고 충동적인 10대 소년과 사랑에 빠진 것을 거리낌 없이 인정하는데, 그와 소크라테스는 함께 논쟁하고 토론하며, 소피스트의 강연에 참석하고, 체육관에서 훈련하며, 레슬링장에서 함께 레슬링을 즐긴다.

소크라테스가 전쟁 막사 동료인 알키비아데스를 데리고 포테이다이아에서 3년간 고된 막사 생활을 할 때 그 자신을 짓누르는 도덕적 질문들이 매우 개인적인 방식으로 그에게 표면화된다. 기원전 432년 포테이다이아 전투에서 그가 알키비아데스를 구출한 일은 사랑과 관심에서 행해진 용기 있는 행동이지만 군사 규율을 어긴 것이었다. 소크라테스는 알키비아데스가 말하듯 자신이 영웅적 행위에 대한 보상을 받아야 한다고 느끼지 않는다. 그는 다른 종류의 영웅으로서 그의 동료들을 계몽한 사람으로 기억되는 것을 목표로 한다. 그는 사람들에게 그들의 가설을 끊임없이 묻고 검토하라고 압박함으로써 그들이 좋은 삶으로 통하는 참된 길을 가도록 격려할 것이다. 그러나 페리클레스와 아스파시아는 시민의 정치적 참여에 등을 돌린 소크라테스의 결정에 반대하는데, 이는 페리클레스가 기원전 431년에 행한 장례 연설에서 베일에 가려진 채 언급된다.

기원전 429년 사망한 페리클레스와는 달리 소크라테스는 아테네 전염병의 폐허 속에서 살아남는다. 이어지는 전쟁 기간에 소크라테스는 펠로폰네소스의 적들에 맞서 아테네 군대에서 계속 싸운다. 그는 기원전 424년에 델리움에서, 그리고 기원전 422년에 암피폴리스에서 군 복무를 하면서 40대 후반까지 이를 잘 수행해낸다. 전투 외 시간에 그는 철학하고, 가르치고, 동료들의 결점과 어리석음을 비판한다. 마침내 50세에 현역에서 은퇴하기 전, 그는 극작가 친구인 에우리피데스나 아가톤 같은 전위적 예술가들이 사용한 어떤 음악을 배우기 위해 콘노스의 가르침하에 다시 리라를 잡는다. 소크라테스는 페리클레스의 자문가인 오아의 다몬이 새로운 스타일의 음악은 정치혁명을 위해 쓰일 수 있다고 경고한 것을 회상하며, 극장을 찾는 대중에게 큰 인기를 얻은 이 새로운 음악에 자신은 호감을 갖기도 찬동하기도 어렵겠다고 생각한다. 소크라테스의 귀에 그것은 옛 음악의 단순함과 고귀함을 결여하고 있고, 젊은이의 도덕심에 해로운 영향을 미칠 위험이 있다.

소크라테스는 아테네에서 잘 알려진 인물이 되었지만, 솔직한 질문 방식은 그를 친구보다는 적으로 만든다. 기원전 423년 아리스토파네스의 『구름』과 아메이프시아스의 『콘노스』의 묘사를 포함하여 그는 희극 무대에서 행해진 수많은 풍자의 주인공이 된다. 군 복무가 끝난 후 소크라테스가 몸매를 유지할 기회는 점점 줄어든다. 배가 볼록해진 소크라테스는 새로운 스타일의 춤을 배우면서 젊을 때의 체력을 회복하려고 시도한다. 비록 그는 여전히 더 젊거나 더 나이 많은 누구보다 더 술을 잘 마실 수 있지만, 그는 나이 든 자신의 용모가 점점 더 사티로스와 닮아 보인다는 것을 유머러스하게 받아들인다.[1]

소크라테스는 20년 동안 미르토와 결혼생활을 했지만, 아들 소프로니스코스와 메넥세노스에게는 다소 무심한 아버지였고 그들은 이제 성인이 되어가고 있다. 페리클레스와 아스파시아의 두 번째 남편 리시클레스의 죽음 이후 그는 아스파시아와 가끔 연락을 주고받는다. 몇 년 후 아스파시아는 페리클레스의 친척인 크산티페에게 그를 소개해준다. 너무나 많은 젊은이가 전투에 참여했기 때문에 크산티페는 적절한 짝을 찾지 못했고, 이제 그녀는 아테네 여성의 가장 선호되는 결혼 적령기를 넘겨 20세가 되어가고 있다. 소크라테스는 그녀를 자신의 정부로 데려와 남의 말 하기 좋아하는 자들이 중혼을 험담하도록 만든다. 크산티페는 소크라테스의 평등주의적 얼굴을 높이 평가하는데, 그것이 숨겨진 지적 능력을 나타낸다고 생각한다.[2] 그녀는 절제력 있고, 가정일에 소홀한 소크라테스에게는 잔소리를 해대는 씩씩한 여자다. 그의 친구들은 기원전 416년 아가톤의 집에서 열린 향연에 참석했을 때처럼, 크산티페 덕에 평소보다 더 잘 차려 입고 치장한 소크라테스를 보고 놀라워한다.

부동산 임대 수입으로 소크라테스는 투구며 갑옷 비용과 가족 생활비를 댈 수 있게 된다. 그러나 그는 부나 지위에 관심이 없고 이후 10여 년 동안 철학적인 탐구에 온 마음을 쏟는다. 그는 알키비아데스의 경력이 처음에는 떠오르다가, 다음에 잠기고, 또 완전히 가라앉는 것을 지켜본다. 그는 애제자가 더 현명한 행보로 일관된 길을 따르게 하는 데 실패했지만, 그 사실이 시민들을 교육하겠다는 그의 공언

된 목표를 좌절시킬 수는 없다. 알키비아데스에 의해 주창된 기원전 415~기원전 413년의 시칠리아 원정은 재앙으로 끝나고, 기원전 411년에는 참주정의 음모자들이 잠시 일어섰다 스러진다. 소크라테스가 기원전 406년 평의회 의원으로서 한 번 치른 시민의 의무는 쓰라린 경험으로 남는다. 아르기누사이에서 해전에 뒤이은 폭풍우로 장군들은 생존자와 전사자의 시체를 수습하는 데 실패했고, 소크라테스는 장군들을 처형하라는 군중의 분노와 직면해야 한다. 오랫동안 과부였지만 여전히 건재한 아스파시아는 소크라테스를 찾아와 아들 페리클레스 2세를 부당한 처형으로부터 구해달라고 간청한다. 소크라테스는 그러한 결정이 부도덕한 동시에 불법이라는 주장을 의회가 받아들이게 하는 데 실패하고, 비아테네 출신 어머니의 자식으로서 골치 아픈 신분인 페리클레스 2세를 늘 특별히 동정심을 갖고 바라봐온 소크라테스는 그의 처형을 괴롭게 바라볼 수밖에 없다.

아스파시아와 소크라테스는 알키비아데스가 모든 모험과 망명 끝에 프리기아에서 살해당했다는 소식을 듣고 더 깊은 슬픔을 나눈다. 얼마 후 전쟁으로 지속된 정치적 혼란이 기원전 404년 아테네의 비참한 패배로 끝난다. 스파르타 군대가 아테네에 입성하고, 카이레폰을 포함한 많은 사람이 망명길에 오르는 동안 아테네에 남은 소크라테스는 크리티아스를 비롯해 스파르타의 지원을 받는 30인을 반대하는 목소리를 높였다가 목숨을 잃을 뻔한다. 이 시기 미르토가 사망하고, 몇 년 안에 크산티페는 소크라테스의 셋째 아들 람프로클레스를 임신할 것이다.

소크라테스의 최후

30인의 요구에 응하기를 거부한 그의 용기에도 불구하고, 기원전 403년 민주 정체가 복원되었을 때 소크라테스는 지난 10년 동안 아테네에 많은 화를 불러일으킨 반민주적 정서의 한 세력으로 인식된다. 오래된 적개심과 불만이 되살아나 그를 괴롭힌다. 그는 기원전 411년 쿠데타를 일으킨 과두정치의 죄와, 짧은 공포 통치 기간 정치적 반대자를 모조리 숙청한 크리티아스와 그 동료들의 죗값을 치르는 희생양이 된다. 과열된 분위기가 민주주의 복원의 뒤를 잇는다. 소크라테스의 적들은 힘을 모아 기원전 399년 소크라테스를 젊은 이들을 타락시킨 죄와 불경죄로 고발한다. 그는 재판에 회부되어 유죄 판결을 받는다. 그는 변론 연설에서 자신이 도시의 양심을 등에처럼 찔러대며 유용한 일을 한 것에 대해 벌보다는 상을 받아야 한다고 주장한다. 그의 자신 있는 태도는 그에게 사형을 선고할 500명의 배심원 중 대다수를 모욕한다. 아테네인들은 종교적인 이유로 그의 처형을 미루고, 그는 그 기간을 감옥에서 보내는데 그러는 가운데 친구와 가족이 마지막으로 그를 방문한다.

아마도 방문한 친구 중 한 명은 이제 점점 더 병에 취약해지고 있던 연로한 아스파시아였을 것이다. 소크라테스는 독을 마시기 직전 처형되는 순간 친구 크리톤에게 치유의 신 아스클레피오스에게 수탉을 바치는 것을 잊지 말라고 이야기한다. 이 행동은 서약의 이행을 의미하는데, 이는 병약자를 질병으로부터 회복하게 해달라고 신에게 바친 기도에 대한 것이다. 우리는 그 병약자가 누구라는 말을 듣지 못한다. 플라톤 자신은 몸이 좋지 않아 그 당시 감옥을 방문하지 못했고, 그는 아직 병에서 회복되지 않았기 때문에 서약의 이행과는 관련이 없다.[3] 이는 또한 슬픔과 걱정으로 큰 소리로 울부짖으며 조금 전 감옥에서 끌려 나간 크산티페를 의미하지도 않는다.

플라톤은 크리톤처럼 소크라테스가 누구에 관한 서약을 이행하는지 알고 있지만 이름을 밝히지 않는다. 아마도 서약의 대상이 아스파시아이기 때문일 것이다. 그녀는 소크라테스가 항상 사랑하고 존경해온 사람이며, 그녀의 연설술과 지적 교제에 대한 가르침은 그가 말년에 추구해온 것이다. 소크라테스의 마지막 말은 비록 거의 비현실적이기는 해도, 그가 죽음을 삶의 질병과 성적 욕망으로부터의 일종의 '치유'로 인식했음을 암시하는 것으로 흔히 해석되어왔다. 부인할 수 없는 것은 그는 죽으면서까지 젊은 소크라테스의 열망, 즉 영웅이 되고자 했고 사랑에 대한 진실을 배우고자 했던 열망을 충족시켰다는 점이다. 결국 소크라테스는 지혜와 정의에 대한 사랑 때문에 죽었고, 그는 후세의 도덕적, 지적 모범이자 철학의 최초이며 가장 위대한 영웅이다.

감사의 말

소크라테스의 삶에 대한 설명은 선택적이며 추측을 포함한다. 『사랑에 빠진 소크라테스』는 전문가를 위해 쓰인 책은 아니지만 이전의 소크라테스 전기에서 충분히 다루지 못했던 요소들에 초점을 맞추고 있다. 소크라테스에 대해 출판된 책은 엄청나게 많지만 특히 유용하다고 생각하는 것들로 참고문헌을 제한했다. 이 중에서 가장 중요한 책은 데브라 네일스가 쓴 포괄적인 학구적 저작 『플라톤의 사람들The People of Plato』과 그동안 소홀히 취급돼온 자료인 아리스토크세노스의 『소크라테스의 생애』에 관한 칼 허프먼의 논의다.

이 책은 소설이 아니지만 2장 시작 부분의 포테이다이아 전투와 책 끝부분 '소크라테스의 인생'은 미녹 제시된 승거에 기초하나 상상력을 동원한 재창조이기 때문에 고딕체로 표기했다. 피터 로즈와 크리스 펠링은 예전 초안에 대해 관대하고도 소중한 피드백을 해주었다. 생각할 거리와 많은 조언을 준 마이클 앤더슨, 존 버셜, 폴 카틀리지, 지니 코언, 콜린 코빙턴, 매들린 디미트로프, 톰 디미트로프, 마이클 피시윅, 제임스 모우드, 토비 먼디, 피터 토네먼, 특히 내 아내 캐런 시클리티라에게 감사를 전한다.

머리말

1 희극 작가들은 키가 크고 마른 카이레폰이 끽끽 소리를 낸다고 하여 그를 박 쥐라고 불렀다. ― 옮긴이

2 라틴어 용어 '데우스 엑스 마키나*deus ex māchinā*'가 일반적으로 사용되기는 하 지만 이는 17세기부터 통용됐고 고전 라틴어에서는 찾아볼 수 없다. 희랍어 구 절 아포 메카네스 테오스*apò mēkhanēs theós*는 기원전 4세기~기원전 3세기 아 테네 극작가 메난드로스Menandros의 희곡 단편에서 발견된다.

3 디오니소스 축제에서는 보통 다섯 편의 희극이 경쟁했는데 펠로폰네소스전쟁 때는 일시적으로 경쟁작이 세 편으로 줄어든 듯하다. 『구름』은 크라티노스의 『와인병』과 아메이프시아스의 『콘노스』에 이어 3위를 차지했다.

4 두 번째 수정판의 출판일은 알려져 있지 않지만, 내재적 증거에 근거할 때 기원 전 420년과 기원전 417년 사이인 듯하다. 도버Dover(1989)를 참고하라.

5 플라톤, 『파이돈』 96a~99d. 밴더 와어트Vander Waerdt(1994)를 보라.

6 이 이야기는 아엘리아누스의 『다양한 역사Varia Historia』 2.13에 등장한다.

7 차포Csapo(2010)는 기원전 5세기의 모습으로 추정되는 이미지를 포함해 디오 니소스 극장 유적지의 발전상을 개괄적으로 보여준다.

8 그러나 마셜Marshall(2016), 201쪽은 아엘리아누스가 제공한 구체적인 내용이 "우연적이거나 적절하게 맞아떨어진 창작물이라고 하기에는 지나치게 생생하 고 그럴듯하다"라고 주장한다.

9 마셜Marshall(2012)은 기원전 423년 이후에 후속 공연이 있었을 것이라고 주장한다. 반복적인 희극 패러디(예컨대 에우리피데스의『텔레포스Telephus』)는 또한 많은 관객이 원작 공연을 보지 못했을 것이고 그것이 무엇에 관한 것인지 거의 몰랐을 수 있다는 사실과 무관하게, 기억에 남는 공연은 막을 내린 후에도 20년 이상 생명을 가졌을 수도 있음을 시사한다.

10 보즈웰Boswell의『새뮤얼 존슨의 생애Life of Samuel Johnson』(1791)로 가장 잘 알려진 존슨 박사의 전기와 유사점이 있다. 보즈웰은 1763년 존슨 박사를 처음 만났는데, 그때 보즈웰은 22세였고 존슨 박사는 54세였다.

11 레프코위츠Lefkowitz(2008)는 "소크라테스가 기억되는 것은 그의 사상 때문이 아니다. (…) 오히려 소크라테스는 그의 죽음 때문에 2000년 이상 정치인, 사상가, 예술가에게 영감을 주었다"라고 썼다.

12 테일러Taylor(2007)와 윌슨Wilson(2007), 141~152쪽을 보라.

1장

1 플라톤의『향연』199b2~3에서 소크라테스는 다음과 같이 말한다. "사랑(에로스)에 관해 진실을 말하는 것을 자네가 듣고 싶은지 어떤지 (…) 결정하게!"

2 그리스인은 그리스가 세계의 중심이라고 생각했다. 그리스의 중심에는 델포이 시가 있으며, 그 시의 중심에는 델포이 신전이 있었다. 델포이를 주관하는 예언의 신은 아폴론인데, 델포이 신전에는 피티아라고 불리는 여사제(무녀)가 있었고 피티아는 탈아 상태에서 신탁을 받아 인간에게 전해주는 역할을 했다. 그리스인은 중요한 일을 앞두고 항상 델포이에 와서 신탁을 구했다고 한다. 그런데 신탁은 언제나 모호하고 양가적이어서 그 의미를 바로 알 수 없고 해석자를 필요로 했다. 가령 리디아의 왕 크리세스는 페르시아와 전쟁할 것인지를 놓고 신탁을 구했는데, 신탁에 따르면 "헬라스강을 건넌다면 대제국의 파괴자가 될 것"이라고 했다. 이 말을 들은 크리세스는 기뻐하며 페르시아를 침략했고, 결국 대제국인 자기 제국 리디아를 멸망시키고 말았다. ─옮긴이

3 이는 신적인 이야기(진리)를 진리의 여신이나 무사이mousai 여신들(뮤즈)에게 듣는 것과 같은 문학적 장치다. ─옮긴이

4 러빈Levin(2009)을 보라.

5 엘리자베스 벨피오르Elizabeth Belfiore(2012), 144쪽에 따르면 가령『향연』에서 소크라테스는 "그녀가 무슨 말을 하려는 건지 알기 위해 예언술manteia이 필요하다거나 그 자신은 그녀가 무슨 말을 하는지 이해하지 못하겠다ou mathonta(206b9~10)고 하면서 디오티마의 별칭 '만티네이아 출신Mantinean'(201d2)에 대한 언어적 유희를 사용했다".

6 사모스 전쟁은 기원전 440년 펠로폰네소스전쟁 직전에 일어난 중요한 사건으로, 사실 사모스는 이오니아의 고대 도시 프리에네의 지배권을 놓고 밀레투스와 힘겨루기를 하고 있었다. 전쟁에 지자 밀레투스 사람들은 아테네로 가서 사모스인들을 탄핵했는데, 사모스인들이 반기를 들자 페리클레스가 사모스 정벌에 나섰다. 투키디데스의 『펠로폰네소스 전쟁사』 1권 115~116을 참고하라. — 옮긴이

7 페리클레스는 아테네 최고의 정치가로 모든 아테네인이 존경하는 인물이었다. 그는 펠로폰네소스전쟁을 시작하자마자 이듬해 발병한 아테네 역병으로 사망했는데, 『펠로폰네소스 전쟁사』를 쓴 투키디데스는 그를 다음과 같이 평가했다. "페리클레스는 명망과 판단력을 겸비한 실력자이면서 청렴결백으로 유명했기에 대중을 마음대로 주물렀으며, 대중이 그를 인도한 것이 아니라 그가 그들을 인도했다. (…) 그리하여 이름은 민주주의이지만 실제 권력은 제1인자(페리클레스) 손에 있었다."(2권 65.8~10) 투키디데스 역시 역병에 걸렸다가 겨우 살아났는데, 그는 페리클레스가 죽지 않았으면 아테네는 몰락하지 않았을 것이라는 전제하에 이 역사책을 기술하고 있다. 『펠로폰네소스 전쟁사』 2권을 참고하라. — 옮긴이

8 이 농담은 아리스토파네스의 희극 『리시스트라타Lysistrata』(109행)에서 찾을 수 있다. 그러나 이는 희극에서 흔히 등장하는 문구로 짐작된다. (이 희극은 전쟁을 다루며 '리시스트라타'는 군대를 해산하는 여자라는 뜻이다. 여기서 여자들은 전쟁이 끝나지 않자 평화조약을 체결하기 위해 남자들에게 성 파업을 한다. — 옮긴이)

9 이것은 기원전 440~기원전 439년부터 기원전 437~기원전 436년까지 있던 강제 '희극 금지령'에 대한 추측이다. 그 법령이 정확히 무엇을 금지했는지는 분명하지 않지만 서머스틴Sommerstein(2004), 209쪽에 따르면 폐지 날짜는 "페리클레스가 아테네 정치의 통제력을 상실한 때다. 그 전년에는 페이디아스가 기소되었고 페리클레스가 직접 연관된 횡령 혐의로 추방당했으며 이듬해인 기원전 437~기원전 436년에도 페리클레스의 또 다른 동료 아낙사고라스가 똑같이 기소되고 추방됐다".

10 호메로스의 『일리아스』 1권에서 전례를 찾아볼 수 있다. 그리스 총사령관 아가멤논이 아폴론의 사제 크리세스를 모욕했다는 이유로 아폴론 신이 그리스 군대에 역병을 보낸 뒤 그리스인들이 제사를 지내 속죄했다.

11 플루타르코스의 「페리클레스」 24.6을 보라. 일찍이 플루타르코스는 페리클레스가 "다른 모든 연설가를 훨씬 능가해 이런 별명을 얻었다고 그들은 말한다. 그러나 어떤 이들은 그가 이 도시를 장식한 건물들 때문에 '올림포스 신'으로

불렸다고 말하고, 다른 이들은 정치가이자 장군으로서의 능력 때문에 그렇게 불렸다고 생각한다"(8.1~2)라고 기록하고 있다.

12 플라톤의 출생 연도는 보통 기원전 427년으로 여겨지는데, 기원전 424년으로 보아야 한다는 강력한 주장도 있다. 네일스Nails(2002)를 보라.

13 아가톤은 잘생긴 외모로 유명했고, 현란한 문체로 인해 아리스토파네스에게서는 여성적인 사람이라는 비웃음을 사기도 했다. 그는 아이스킬로스, 소포클레스, 에우리피데스의 3대 비극 작가 이후로 이름을 떨친 비극 작가였지만 남아 있는 작품은 40행 미만이다. 『향연』(강철웅 옮김, 아카넷, 2020)의 등장인물 소개 19쪽을 참고하라. —옮긴이

14 『향연』 189d~190b에 등장하는 아리스토파네스의 설명에 따르면, 원래 인간은 세 개의 성으로 이루어져 있었다. 둥근 모양을 한 남남, 여여, 남녀 세 성의 인간이 서로 반대 방향을 한 얼굴과 네 개의 귀, 팔, 다리를 가지고 마치 공중 제비하는 사람들이 빙글빙글 돌아가며 재주넘듯 재빨리 굴러다녔다. 남남은 해의 자손이고, 여여는 땅의 자손이며, 남녀는 달의 자손이었다. —옮긴이

15 리트먼Littman(1970), 175쪽은 "소크라테스 당시 사회의 남색에 대한 용인과 이것이 널리 행해진 점, 그리고 소크라테스의 에로틱한 본성을 감안할 때 그가 알키비아데스와 성교를 하지 않았다는 게 이상하다"라고 적는다. 그는 디오게네스 라에르티오스(DL 4.49)가 언급한 기원전 4세기~기원전 3세기의 철학자 보리스테네스의 비온Bion of Borysthenes을 인용한다. "소크라테스가 알키비아데스를 원했지만 성욕을 억제했다면 그는 바보일 것이고, 만약 그러지 않았다면 그의 행동은 전혀 놀라울 것이 없다."

16 그러한 나이는 명문가 아테네 여성들에게는 정상적인 결혼 가능 연령을 훨씬 넘어선 것이었다. 따라서 이는 크산티페가 알크마이오니다이 가문과 관련 있든 상대적으로 엘리트 출신이든 간에 상관없이 왜 그녀가 괴팍하고 나이 든 소크라테스와 결혼했는지 설명해줄지도 모른다.

17 플루타르코스, 「아리스티데스Aristides」 27.

18 허프먼Huffman(2012), 269~281쪽은 아리스토크세노스가 옳다고 주장한다. 네일스Nails(2002), 209쪽은 "동시대의 플라톤과 크세노폰이 한목소리로 크산티페는 소크라테스의 아내라고 말했기 때문에 나는 미르토와의 재혼을 받아들이지 않는다"라고 쓰고 있다. 그러나 플라톤과 크세노폰은 그들이 만난 적이 없을지도 모르는 미르토가 소크라테스의 초혼 상대이자 유일한 법적 배우자이고, 그들이 직접 알고 있는 크산티페는 그의 정부라는 사실을 감추고 있었을지도 모른다.

19 숀Schorn(2012), 208~209쪽은 아리스토텔레스가 미르토를 소크라테스의 아

사랑에 빠진 소크라테스

이들의 어머니로 가정했다고 주장하는데, 아리스토텔레스가 이 아이들은 '고귀한 태생'이지만 이후 타락했다(『수사학』 2.1390b28~31)고 말했기 때문이다. 하지만 이는 아이들이 소크라테스 자신의 높은 자질에 부응하지 못했다는 것을 의미할 수도 있다.

20 플라톤, 『소크라테스의 변명』 34d5~7.

21 이 이야기는 기독교 저자 테오도레트Theodoret가 언급한 것이다. 허프먼 Huffman(2012), 278~279쪽을 보라.

22 소크라테스와 크산티페의 아들 람프로클레스는 서자라 하더라도 페르시아전쟁 동안 아테네인들이 첩과 합법적 아이를 가질 수 있게 허용한 법령 덕분에 합법적 아들이 되었을 것이다(디오게네스 라에르티오스 2.26).

23 디오티마의 교리는 젊은 연인들이 '몸의 아름다움'으로부터 시작한다고 가정함으로써 여러 가지 관계에 대한 예기와 보증을 제공한다(『향연』 210a).

24 이 인용문의 출처는 『네아이라에 반하여Against Neaira』이며, 데모스테네스 Demosthenes(59.122)의 말로 되어 있지만 그 작자는 아폴로도로스Apollodoros다.

25 5세기 기독교 작가 알렉산드리아의 키릴Cyril of Alexandria과 키로스의 테오도레트Theodoret of Cyrrhus의 성적 본성에 관한 인용문은 3세기 철학자 포르피리오스의 말을 옮긴 것으로, 아리스토크세노스에게로 거슬러 올라간다. 허프먼 Huffmann(2012), 265~274쪽을 참고하라. 아리스토크세노스는 비록 소크라테스가 성적으로 매우 활동적이었지만 자신의 행동을 통해(즉 불성실하거나 사려 깊지 못하거나 부주의하여) 상처를 야기하지는 않았다고 주장한다.

26 소크라테스의 재판과 죽음은 스톤Stone(1988), 윌슨Wilson(2007), 워터필드 Waterfield(2009), 휴스Hughes(2010)를 포함한 소크라테스에 대한 많은 훌륭한 연구의 출발점이자 초점이다. 더 이르게는 거스리Guthrie(1971)의 연구도 연대순으로 진행되지만 그의 고찰은 다른 방면에서는 뛰어나나 아스파시아에 대해 침묵하고 있다.

27 예를 들어 워터필드Waterfield(2009)가 제안했다.

2장

1 알키비아데스의 방패는 금테로 둘려 있고 벼락을 휘두르는 에로스의 모습이 양각되어 있었다고 한다(플루타르코스, 「알키비아데스」 16). 리트먼Littman은 이것이 알키비아데스에 대한 희극적인 풍자에서 유래된 공상일 것이라고 주장한다. 하지만 이런 물건은 소크라테스의 반감을 샀을지는 몰라도 그 젊은이의 사치스러운 성격에는 적합했을 수 있다. 소크라테스는 "그 기능을 다하지 못하는 황금 방패는 추하다"라고 크세노폰의 『소크라테스 회상』 1.6에서 말한다.

2 이 머리 구절은 플라톤의 『향연』에서 알키비아데스가 설명한 전투를 상상적으로 재현하기 위한 것이다.

3 혼블로어Hornblower(1987), 75~77쪽과 매클라우드MacLeod(1974) 모두 투키디데스가 소크라테스의 영향을 받았을 가능성에 주목하고 있다.

4 세금이 단순히 건축 프로그램에 자금을 조달하기 위해 수용된 것은 아니더라도 간접적으로는 그러했을 것이다. 캘릿-마크스Kallet Marx(1989)를 보라.

5 페르디카스는 알렉산드로스의 아들로 마케도니아 왕이었다. 아테네가 그의 아우이자 적인 필리포스, 데르다스와 동맹을 맺었기 때문에 페르디카스는 아테네가 펠로폰네소스인들과 전쟁하게 하기 위해 라케다이몬에 사절단을 보냈고, 포테이다이아가 반기를 들 때를 대비해 코린토스를 자신의 편으로 만들고자 애썼다. 『펠로폰네소스 전쟁사』 1권 57을 참고하라. ─ 옮긴이

6 투키디데스는 『펠로폰네소스 전쟁사』 1권 56~65에서 포테이다이아 일화를 소개한다. 케르키라인들이 아테네와 손을 잡고 코린토스를 공격한 뒤, 코린토스인들은 아테네에 복수할 기회를 노렸다. 아테네는 코린토스의 식민지이면서도 아테네에 공물을 바치는 포테이다이아인들에게 코린토스에서 파견되는 감독관을 추방하고 팔레네 쪽 성벽을 허물라고 명령했는데, 포테이다이아가 페르디카스와 코린토스의 사주를 받아 자신에게 반기를 들면 트라케 지방의 다른 동맹국도 반란을 일으킬까 두려웠기 때문이다. 그래서 아테네는 아르케스트라토스와 10명의 장군에게 함대를 보내 포테이다이아에서 인질들을 잡고 성벽을 허물어 이웃 도시들이 반기를 들지 못하도록 감시하라고 시켰다. 포테이다이아는 이런 상황에서 아테네와 협상하기 위해 사절단을 보내고, 코린토스와 라케다이몬에 지원을 요청했다. 결국 포테이다이아와 이웃 나라들이 반란을 일으켰고 아테네인들은 반란을 일으킨 지 40일째 되는 날 트라케 지방에 도착했다. ─ 옮긴이

7 홀Hall(2006)은 그리스인에게 수영이 갖는 중요성을 국가 정체성의 일부로서 자세히 설명한다(9장 255~287쪽).

8 기원전 5세기는 내가 『고대 그리스인과 새로움The Greeks and the New』에서 탐구한 것처럼 전쟁과 평화에 있어서 혁신의 시기였다. 투키디데스의 『펠로폰네소스 전쟁사』는 그리스(특히 아테네)의 군사 기술 도입과 발전에 대한 증거를 제시하는데 그것은 몇십 년 안에 그리스의 군사 전술과 전략에 막대한 영향을 미치고, 적기에 알렉산더대왕의 전례 없는 정복에 기여하게 되었다.

9 지난 2000년 동안의 돌연변이로 인해 이 전염병은 현대 알려져 있는 어떤 질병과도 정확히 동일시되지 않을 가능성이 높다. 풀Poole과 홀러데이Holladay(1979)를 참고하라.

10 "결국 하그논은 약 40일 사이에 인솔해갔던 4000명의 중무장 보병 가운데 1050명을 역병으로 잃고 함대와 함께 아테네로 돌아갔다. 그리고 전부터 그곳에 가 있던 부대들이 그대로 남아 포테이다이아를 계속 포위 공격했다."(투키디데스 『펠로폰네소스 전쟁사』 2권 58.3) ─ 옮긴이

11 "포테이다이아에서 이미 그들은 어떤 경우 인간의 살점까지 포함해 거기서 발견할 수 있는 모든 것을 먹어야만 했다."(투키디데스 『펠로폰네소스 전쟁사』 2권 70.2) 포위 공격에 대한 모든 설명은 투키디데스에게서 나왔다.

12 플라톤, 『향연』 220c~d. ─ 옮긴이

13 '우울감'은 '흑담즙'이 체내에서 과다하게 발생해서 생기는 것으로 여겨졌다. 아리스토텔레스 위작 『문제들』 31.1(953a26~32)은 유명하고 성공한 사람들이 흑담즙 체질을 가졌다고 말한다.

14 브레모Brémaud(2012)는 19세기 초 프랑스의 정신과 의사들에게서 소크라테스의 정신질환에 대한 다른 진단들을 발견한다. 긴장병의 증상은 자세의 고정성, 외부 자극의 무시, 통증에 대한 민감도 저하 등이다.

15 앤더슨Anderson(2005)이 '혹독한 전투'는 스파르톨로스 전투라고 주장한다.

16 그러나 기원전 429년 스파르타인들은 아티카를 침공하지 않고(역병 때문일 듯하다) 대신 북쪽에 있는 아테네의 동맹국 플라타이아이를 공격했기 때문에 발은 당시에 불탄 것은 아니다.

17 밴위스van Wees(2004)를 보라.

18 델리움 전투에서의 퇴각은 투키디데스의 『펠로폰네소스 전쟁사』 4권 91~96, 플라톤의 『소크라테스의 변명』 28e, 『향연』 220e~221b에서 언급된다. 이 전투에서 소크라테스는 중무장 보병으로 참가했다. ─ 옮긴이

19 '전쟁 장비를 다 갖추고 싸우는 훈련hoplomachia'의 유용성은 『라케스』(182ab)에서 인정받는다.

20 전쟁 춤에 관한 대부분의 증거는 아테네를 가리키지 않지만 완전무장을 하고 추는 아테네의 춤이 플라톤의 『법률』 796b에 증언되어 있다. (이 구절에서 플라톤은 전쟁 무용으로 크레타의 쿠레테스 춤과 스파르타의 디오스코로이들의 춤을 아테네의 춤과 더불어 언급한다. ─ 옮긴이)

21 소크라테스 삶의 이 중요한 측면에 대한 앤더슨Anderson(2005)의 설명은 소크라테스의 군 복무에 대한 플라톤의 설명을 '농담'으로 치부하려는 월리스 Wallace(2015a)의 시도보다 더 설득력이 있다.

22 이 전투는 기원전 447~기원전 446년으로 거슬러 올라가며, 일부 역사가는 이 전투가 기원전 446년 봄에 일어났다고 추측하지만 이른 가을이 더 타당해 보인다.

23 바우러Bowra(1938)를 보라.

24 플루타르코스는 '막사 친구'라고 말한다. 플라톤은 그저 그들이 함께 식사했다고 언급함으로써 예상 가능한 성적 함의를 피하려 했을 것이다.

3장

1 리본Tainia은 일종의 명예상으로 화관보다 더 좋은 것으로 여겨졌다. — 옮긴이

2 플라톤, 『향연』 212c~213e.

3 알키비아데스의 출생 연도는 알려져 있지 않지만 기원전 451년이 가장 유력하다. 이는 그가 기원전 432년에 막 포테이다이아에서 복무할 수 있는 성년이 되었음을 의미한다.

4 '알크마이오니다이'와 달리, '에우파트리드'는 특정한 씨족이나 성씨를 의미하는 것이 아니라 일반적으로 '좋은 가문'이라는 뜻이다. 파커Parker(1997), 323~324쪽을 참고하라.

5 애줄레이Azoulay(2010), 86쪽에서 데이노마케를 페리클레스의 전 아내로 추정하며, 이는 왜 클레이니아스가 페리클레스를 그녀의 아들의 후견자로 삼았는지 설명할 수 있을 것이다. 새먼스Samons(2016), 68~69쪽은 전통에 따라 그녀의 이름을 남겨두었을 것이라는 데 근거해 의문을 나타낸다.

6 플라톤, 『알키비아데스』 1권 110b1~6. 일반적으로 이 대화편은 플라톤에 의해 쓰인 것이 아니라 기원전 350년경 그의 추종자에 의해 쓰인 것으로 생각되지만, 그럼에도 초기 자료로서 소크라테스와 그의 동료들에 대한 정보를 알 수 있는 귀중한 증거로 남아 있다.

7 비문의 증거에 대해 비크넬Bicknell(1982)이 아스파시아의 계보를 추측해 재구성하여 알키비아데스의 가문과 연결시킬 것을 제안했고, 헨리Henry(1995)와 네일스Nails(2002)가 이를 받아들였다.

8 여기서 제시된 조피로스와 소크라테스에 관한 두 일화는 키케로의 『운명에 대하여』(10-11)와 『투스쿨룸 대화』(4,80)에서 발견되는데, 파이돈의 유실된 『조피로스』(디오게네스 라에르티오스가 기록한 제목)에서 파생된 것으로 추정된다. 만약 그렇다면 이 일화들에 어느 정도 신뢰성이 부여될 수 있는데, 헌신적인 제자라면 소크라테스에 대한 조피로스의 부정적 묘사가 잘못되었음을 보여주고자 애썼을 것이기 때문이다.

9 영국 의사 토머스 브라운Thomas Browne(1605~1682)이 발표한 개념에 따른 스위스 목사 요한 카스파 라바터Johann Kaspar Lavater(1741~1801)의 저술에서 발견된다. [서양 관상학의 역사학적 기원은 19세기에 이마누엘 베커가 편집한 '아리스토텔레스의 저작 모음집'에 실린 『관상학』을 참고하라. 이 작품은

위작으로 알려져 있지만 서양 관상학의 기초가 되었고, 아리스토텔레스 생물학의 3부작이라 불리는『동물지』『동물 생성론』『동물 부분론』을 비롯한 생물학 저작에 정통한 저자가 아리스토텔레스의 이름을 빌려 관상학의 논의를 발전시켰다고 평가된다. 관상학은 인상학과 골상학을 포괄하는 넓은 의미로 사용되는 개념으로, 오늘날 '외적 신체의 생김새를 관찰해서 개인의 성격을 평가하는 학문'으로 정의된다. 아리스토텔레스『관상학』(김재홍 옮김, 도서출판 길, 2014)을 참고하라. ― 옮긴이]

10 이 대화자의 이름은 아니토스Anytus로, 소크라테스 재판의 고발자 중 한 명이다.

11 투키디데스가 '얼굴'이라고 말한 것은 조심성에서 비롯된 것일 수도 있고, 혹은 사람들이 훼손은 남근과 관련 있다고 가정했기 때문일 수도 있다. 살아남은 헤르메스 신상은 두 곳 모두에 피해를 입었다.

12 알키비아데스의 죽음에 대한 다른 설명은 네일스Nails(2002), 15쪽 및 로즈Rhodes(2011), 101~104쪽을 참고하라.

13 크세노폰,『소크라테스 회상』1.32~33, 플라톤,『고르기아스』515e~516d. 소크라테스는 페리클레스 역시 부족한 지도자임을 보여주기 위해 비슷한 비유를 사용한다.

14 고대 아테네 법정에서는 오늘날처럼 판사나 검사, 변호사를 볼 수 없었다. 고발한 사람이 검사처럼 고발의 이유를 설명해야 했고 고발당한 사람은 변론을 준비해야 했으며 판사 대신에 배심원단이 투표를 통해 유무죄를 결정했다. 소크라테스의 재판에는 501명의 배심원이 참여했다. 배심원단이 1차 투표에서 유무죄를 결정하고, 유죄로 판정되면 원고와 피고가 각각 형량을 제안해 2차 투표에서 형량을 결정했다. 소크라테스는 이 재판이 정치 보복임을 간파하고 자신은 어느 한 정파에 속하지 않고 카이레폰과도 오랜 친구이며 자신의 진정한 친구는 오히려 민주파라고 말했다. 1차 투표 결과는 281표 대 220표로 별 차이가 없었지만 이후 양형을 결정하는 2차 투표에서는 소크라테스가 자신에게 형벌이 아닌 상을 줘야 한다는 연설 등으로 배심원들의 분노를 사 361표 대 140표로 사형에 찬성하는 표가 압도적으로 많아졌다.『소크라테스의 변명』을 참고하라. ― 옮긴이

15 레프코위츠Lefkowitz(2008)는 다음과 같이 덧붙였다. [블로흐Bloch(2002)를 인용하여]"소크라테스는 (질식으로 처형되는 것이 아니라) 미나리 독을 선택함으로써 고통 없이 죽을 수 있었다. 미나리 독은 말초신경계에 영향을 주어 중독된 사람은 사지의 감각을 점차 잃어가지만 독이 폐와 심장을 멈출 때까지 정신적 명징성을 유지한다."

4장

1 이온의 작품 『여행 일지Epidēmiai』는 글자 그대로는 (다양한 지역에) '머물다' 혹은 '방문한다'는 뜻이다.

2 그레이엄Graham(2008)은 이온의 진술이 시사하는 바를 분석한다.

3 존슨Johnson(2011)은 소크라테스의 성적 지향에 대해 "피상적인 정도 외에는 동성애적 사랑을 거부한다"라고 쓰고 있다(96쪽).

4 플라톤, 『파이드로스』230c~d.

5 일각에서 추정한 대로, 아고라에 갈 수 없는 것이 법적으로 금지된 일이었는지는 분명하지 않다. 크세노폰(『소크라테스 회상』 4.2.1)은 소크라테스가 에우티데모스Euthydemus에 대해 "젊기 때문에 아고라에 못 들어가는 게 아니었으며, 그가 무슨 일이든 하려 할 때면 아고라 근처 마구 제조 가게에 그가 앉아 있는 것이 발견되곤 했다"라고 말했다고 적는다.

6 허프먼Huffman(2012)과 숀Schorn(2012)은 학자들이 일반적으로 생각해온 것보다 아리스토크세노스가 소크라테스의 삶과 성격에 대해 더 신뢰할 만하고 편견 없는 증인임을 보여준다.

7 소크라테스 이전의 철학자들은 세계의 원인을 밝히는 것을 철학의 탐구 주제로 삼았는데, 특히 아낙사고라스는 세계의 원인을 지성nous으로 보았다. 지성의 회전 운동으로 원초적인 상태의 동질적이며 작은 요소들이 섞이고 분리되어 이 세상 만물이 만들어졌으며, 이때 지성의 활동은 정신의 어떤 목적론적 활동이 아닌, 단순한 기계적인 회전 운동만을 의미한다. ─옮긴이

8 플라톤의 『테아이테토스』(정준영 옮김, 아카넷, 2022) 해제를 참고하라. 테아이테토스는 "테오도로스의 제자이며, 아테네 출신 기하학자로 에우클레이토스의 『원론』 10권이 토대가 되는 무리수 이론을 제시한 것으로 알려져 있으며, 정다면체에 대한 연구로 입체기하학의 창시자로도 유명하다". ─옮긴이

9 플라톤, 『테아이테토스』144a~b.

10 파르메니데스는 '있는 것은 있고, 없는 것은 없다'고 주장하면서 없는 것에 대해 우리는 아무것도 생각할 수 없고, 아무것도 생각할 수 없는 것에 대해 우리는 아무것도 말할 수 없다고 주장했다. 따라서 이 세계는 오직 있는 것으로만 충만해 있고, 모든 생성과 소멸, 변화는 부정된다. 파르메니데스에게 있는 것은 오직 '일자'뿐인데, 그는 이를 완전한 구체球體로 설명하기도 했다. 그의 제자 제논은 거북이와 아킬레우스 역설로 유명한 철학자로, 운동이 일어날 수 없다는 것을 증명하려 했다. ─옮긴이

11 소크라테스가 멜리소스를 만났다는 기록은 없지만, 플라톤의 『테아이테토스』에서 소크라테스는 멜리소스를 경외의 존경심을 느낀 사람으로 언급한다. 그

러나 그는 덧붙이기를 "내가 아주 어릴 때 만난 연로한 철학자 파르메니데스"에게 느낀 만큼은 아니었으며, "파르메니데스는 내가 보기에 매우 고귀한 마음을 가지고 있는 듯했다"(183e)라고 했다.

12 아낙사고라스는 아마도 아테네에 기원전 456~기원전 455년에 왔을 것이다 [로즈Rhodes(2018)].

13 원근법의 발견은 아낙사고라스와 사모스의 화가 아가타르코스Agatharchus 덕분이지만, 이것은 예술가와 화가에게 알려진 '소실점'의 원근법으로 받아들여져서는 안 된다. 이는 멀리 떨어져 있는 물체가 더 작아 보일 수 있다는 사실에 의해 상정된 단순한 인식일 뿐이다.

14 아낙사고라스에 대한 이런 증언은 아리스토텔레스의 『니코마코스 윤리학』 1179a13~15에서 찾을 수 있다. [이 구절은 아낙사고라스 단편 59 A30(DK)에서 인용된 것으로 보인다.—옮긴이]

15 드라크마Drachma는 고대 그리스의 화폐 단위로, 하루 일당은 주로 0.5~1드라크마였다.—옮긴이

16 "벼룩 한 마리가 내 머리에서 아버지 눈썹까지 뛰어가서 물었다고 가정한다. 벼룩을 먼저 잡아 다리를 떼어내 발을 촛농에 담가 본뜬 후 길이를 재고, 그다음 내 머리에서 아버지 눈썹까지 거리를 재면 벼룩이 자기 발의 몇 배를 뛰었는지 알 수 있다."(아리스토파네스, 『구름』 145~152) "모기는 아주 작은 곤충이기 때문에 창자도 아주 가늘다. 이 창자를 통해 바람이 궁둥이 쪽으로 밀리면 꼬리 쪽으로 바람이 샌다. 이때 무리하게 바람을 꼬리 쪽으로 내면 소리가 마치 천둥처럼 진동한다. 이것이 바로 모깃소리다." (아리스토파네스, 『구름』 160~165)—옮긴이

17 플루타르코스는 숫양의 뿔 기형에 대한 두 가지 설명이 사실 양립할 수 없는 것은 아니라고 지적한다. 도즈Dodds가 그의 고전학 연구 『그리스인들과 비이성적인 것The Greeks and the Irrational』(1951)에서 보여주듯 그리스 합리주의는 고대 내내 비이성주의와 공존했다.

18 플라톤, 『파이돈』 96b.

19 러로이Leroi(2014)를 보라.

20 이는 지그문트 프로이트의 이력과 유사할 수 있다. 신경학을 전공한 학생으로서 프로이트는 과학이 두뇌와 생각의 상호작용의 본질이 발견될 수 있을 정도로 발전하지 않았다는 것을 깨닫고 대신 정신분석학이라는 '학문'을 발명하는 쪽으로 관심을 돌렸다. 게이Gay(1988), 80쪽을 참고하라.

21 소위 '칼리아스의 평화Peace of Callias'라 불리는 것이 학자들에게 일반적으로 받아들여지고 있지만, 증거의 문제가 있으며(투키디데스는 이를 언급하지 않

았다), 어떤 사람들은 이것이 기원전 4세기 역사학자들이 만들어낸 것이라고 생각한다.

22 투키디데스는 자신이 기원전 430년 페리클레스의 연설에 참석했다고 명시적으로 말하지 않았지만, 보즈워스Bosworth(2000)는 그가 참석했다고 생각할 만한 타당한 이유가 있다고 주장한다.

23 모건Morgan이 편집한 캘릿Kallet(2003)을 참고하라.

24 월리스Wallace(2015b)를 보라. 그러나 플라톤이 정치적 안정을 주장하기 위해 다몬의 말을 인용했다는 것은 그 말이 이에 대한 반대 입장을 표명한 것이라고 볼 때 가능성이 낮아 보인다. 린치Lynch(2013)는 다몬의 발언은 플라톤에게 철학적인 입장을 발전시키기 위한 단순한 근거였다고 주장한다.

25 프로타고라스는 인간이 진리의 기준이 된다는 '만물 척도설'로 유명한 소피스트다.─옮긴이

26 히포니코스는 아테네에서 가장 큰 부자였고, 그의 아들 칼리아스는 방탕하게 살면서 유산으로 받은 돈을 다 탕진했다.─옮긴이

27 정확히 어떻게 법을 위반한 것인지에 대해서는 논쟁의 여지가 있다. 장군들에게 스스로를 방어할 적절한 기회가 전혀 주어지지 않은 것일 수도 있다.

28 투키디데스,『펠로폰네소스 전쟁사』2권 43.1.

29 플라톤,『고르기아스』515e~516b를 보라.

5장

1 프리드리히 니체,『우상의 황혼』(1889).

2 디오게네스 라에르티오스(DL 2.44)는 기원전 468년 6타르겔리온(5~6월)으로 표기하고 있지만, 플라톤이 기원전 399년 소크라테스가 사망할 당시 70세였다고 한 것과 동일하게 나는 일반적으로 인정되는 소크라테스의 출생 날짜를 고수하고 있으며, 소크라테스가 그 자신이 소속된 데모스에서 태어났다고 암묵적으로 가정했다.

3 소크라테스가 살던 시절에 아테네는 여전히 마을을 중심으로 하는 부족사회였다. 그러나 정치가 클레이스테네스는 군사력 증강과 중앙 집권을 위해 기존의 부족 마을 여러 개를 합쳐 행정구역 단위인 데모스를 만들었고, 이를 기반으로 시민권과 참정권을 부여했다. 데모스는 인위적으로 형성된 것이지만 기존 촌락들을 그 근거로 삼았다.─옮긴이

4 클레이스테네스는 오래된 체제에서 잘 자리 잡지 못했던 알크마이오니다이 가문이 새로운 체제에서 잘 자리 잡기를 바랐을지도 모른다. 루이스Lewis(1963)를 참고하라.

5 알로페케는 기원전 4세기에 10명의 평의회를 배출했는데, 큰 데모스 중 하나로서 펠로폰네소스전쟁 이전 많게는 약 6만 명으로 추산되는 전체 시민 인구의 약 2퍼센트를 차지한 것으로 추정된다. 핸슨Hansen(1988), 23~25쪽을 참고하라.

6 아리스티데스는 기원전 6세기~기원전 5세기의 유명한 정치가로 공명정대하기로 이름을 떨쳤다. 그는 다음과 같은 일화로 유명하다. 도편추방제 투표일에 글자를 알지 못하는 한 아테네 시민이 아리스티데스에게 도편에 아리스티데스의 이름을 써달라고 부탁했다. 물론 그 시민은 상대방이 아리스티데스인 줄 몰랐다. 아리스티데스가 왜 그 이름을 쓰려 하냐고 묻자 그 시민은 아리스티데스의 정직함과 공정함을 칭찬하는 소리가 하도 자자해서 듣기 싫다고 말했고, 아리스티데스는 아무 말 없이 자신의 이름을 도편에 써주었다. — 옮긴이

7 플라톤, 『라케스』181a.

8 이 용어에 대한 주된 논의는 크세노폰의 『경영론』6.12~7.3을 참고하라. ['칼로스kalos'는 '아름다운', '카가토스kagathos'는 '좋다'는 뜻인데 고대 그리스에서 '칼로스 카가토스(아름답고도 좋은)'란 용어가 많이 쓰였으며, 그들에게 아름다운 것은 좋은 것이고, 좋은 것은 아름다운 것이기도 했다. — 옮긴이]

9 오버Ober(2011), 161쪽은 "그가 물려받은 재정적인 지위는 비교적 안전했다. (…) 전통적인 아테네 출신이라는 점이 그를 철학자로 만들었다는 것은 부인할 수 없다"라고 결론짓는다.

10 플라톤, 『메논』82b~85c.

11 플라톤, 『이온』538d~539d. (여기서 소크라테스는 『오디세이아』에서 멜람푸스 집안의 예언자 테오클리메노스가 구혼자에게 말하는 구절과 『일리아스』의 방벽에서의 전투 구절을 암송한다. — 옮긴이)

12 음악music의 어원인 희랍어 무시케Musikē는 시와 음악을 모두 포함한 개념이다. 고대 그리스에서 시와 음악은 구분되지 않았는데, 호메로스의 서사시도 운율에 따른 일종의 노래였고 반면 서정시는 전형적인 노래였다. 리라와 아울로스 같은 악기는 그 자체로 연주되기도 했지만 본래 노래를 위한 것이었고 시는 노래로 부르기 위해 만들어졌다. 아리스토텔레스는 『정치학』8권에서 공교육의 중요성을 강조하는데, 시가 교육은 오락과 여가 활동의 즐거움을 위해 필요하다고 설명한다. — 옮긴이

13 플루타르코스의 논문 「시가에 관하여」1140a에 따르면 "고대 그리스인들은 시가가 모든 상황, 특히 전쟁처럼 위험에 직면한 상황에서 귀중한 자원이 된다고 가정하면서, 시가야말로 젊은이들의 영혼을 우아하고 품위 있게 만들기 위해 필요한 것이라고 생각했다".

14 비극 작가 프리니코스의 증언은 파워Power(2012), 288~290쪽을 보라. 아테 네의 람프로스에 대해서는 알려진 바가 거의 없는데, 그는 기원전 4세기 아리 스토크세노스의 스승인 (이오니아 도시) 에리트라이의 람프로스Lampros of Erythrae와는 다른 인물이다.

15 이런 논의들은 카라마누Karamanou(2006), 94~95쪽에 열거돼 있다. 와일드버그 Wildberg(2009)는 두 사람이 실제 삶에 있어서도 가까운 사이였다고 주장한다.

16 차포Csapo(2004)는 새로운 음악가들이 미친 격동적인 사회적 영향을 훌륭하 게 묘사한다. 『국가』 4권에서 플라톤은 소크라테스를 젊은이들에게 미치는 신 음악의 영향에 대해 못마땅해하는 사람으로 제시하고 있다.

17 휠러Wheeler(1982), 229~230쪽을 보라. 다른 고대 국가들도 비슷한 전통을 가지고 있었는데, 지금까지 전하는 것 중 하나로 페르시아 전투 무용인 주르카 네zurkhaneh가 있다.

18 아나크레온 단편 12.

19 세 개의 금메달을 땄다기보다는 1등상, 2등상, 4등상을 탔다. 출처들마다 다르 게 이야기하지만 이렇게 메달이 다양하게 분포하는 편이 더 신뢰할 만하다.

20 크세노파네스 단편 2.

21 아킬레우스는 호메로스의 『일리아스』 9권 185~191행에서 리라를 연주하고 노래하는 모습으로 그려진다.

22 크세노폰의 『소크라테스 회상』 3.10.9~15에 따르면, 소크라테스는 병기공 피 스티아스와 좋은 흉갑의 덕목을 논한다.

23 기원전 6세기 제정된 솔론의 법에 따르면, 중무장 보병은 최소 200메딤노이 medimnoi(약 400리터)의 연간 수확에 해당되는 부를 필요로 했으며, 이는 소규 모 농부의 생산물보다 훨씬 더 큰 양이었다. 폭스홀Foxhall(1997)을 참고하라.

24 크세노폰이 제시한 500드라크마라는 수치를 소크라테스의 전 재산으로 여기 는 데는 신중을 기울여야 한다. 소크라테스가 그의 재정 상황에도 불구하고 자신이 '충분히 부유하다'고 주장하는 맥락에서 등장한 것이기 때문이다. 그러 나 설령 그가 만년에 가난해졌다 하더라도 이는 그의 선택에 의한 것이었을 듯 하다.

25 플라톤, 『소크라테스의 변명』 23b. 이 이야기에 필적할 만한 것으로는 철학자 루트비히 비트겐슈타인의 일화가 있다. 그는 전전戰前 시기 유럽에서 가장 큰 유산을 물려받은 사람 중 한 명이었으나(비트겐슈타인의 아버지는 제철업 사 업가로 세계적 부자였다.—옮긴이) 생각에 전념하기 위해 재산을 다른 사람에 게 나누어주었고 그 자신은 처음에는 학교 교사로, 나중에는 병원의 약품 배 달부로 일했다.

26 이 논의는 크세노폰의 『향연』 5.2~8에 등장한다. (세일레노스는 사티로스의 아버지 혹은 사티로스 전체를 가리키는 말인데 구체적으로는 세일레노스는 디오니소스의 친구이자 스승, 사티로스는 디오니소스를 추종하는 자를 뜻했다. 또 세일레노스는 말의 귀나 꼬리를 가진 것으로, 사티로스는 염소 같은 모습으로 묘사됐다. 세일레노스는 나이가 많고 현명하며 예언술과 음악에 정통했는데 이런 면에서 소크라테스는 세일레노스와 외모 외에도 지적인 공통점이 있었다.—옮긴이)

27 레인 폭스Lane Fox(2016)를 보라.

28 창커Zanker(1995), 34~39쪽, 58~60쪽.

29 파파페트루Papapetrou(2015)를 참고하라.

30 소크라테스의 다이모니온에 대한 논의를 포함해 목소리를 듣는 문제에 대한 다양한 접근법은 스미스Smith(2007)에 제시되어 있다.

31 '아토포스atopos'는 '그 장소를 벗어난'을 뜻하는데, 이는 그의 전기 작가들의 저술에서 나이 든 소크라테스의 성격을 표현할 때 자주 사용되었다.

32 주커트Zuckert(2012), 384쪽은 이와 같은 구절들을 언급한다: 플라톤, 『소크라테스의 변명』 31c~d, 『국가』 396c, 『테아게스』 128d~131a.

33 최근 수집된 지질학적 증거는 브로드Broad(2006)에서 제시된다.

34 플루타르코스는 「피티아는 왜 이제 신탁을 시로 말하지 않는가」 22에서 그의 시대에는 피티아가 "농민의 집에서 자라면서 성소로 들어올 때 예술이나 관례, 기술을 가지고 오지 않는다"라고 말한다. 소크라테스의 시대에도 이는 마찬가지였을 것이다. [피티아의 신탁이 모호했다는 것은 헤라클레이토스도 인정한다. 그도 피티아의 신탁은 제대로 말하지도, 감추지도 않으며, 다만 어떤 증표를 보여줄 뿐이라고 생각했다(DK 22B93).—옮긴이]

35 델포이 방문과 관련해서는 디오게네스 라에르티오스(DL 2.23)가, 그리고 델포이 금언에 관해서는 플루타르코스의 「콜로테스에 반대하여Against Colotes」 1118c가 아리스토텔레스의 주장을 인용했다.

36 플라톤, 『소크라테스의 변명』 21b~e.

6장

1 플라톤, 『메넥세노스』 234c~235c.

2 메넥세노스는 딘존스Dean-Jones(1995)가 제시한 것처럼 소크라테스의 아들이라기보다는 플라톤의 『리시스』에 등장하는 데모폰의 아들 메넥세노스Menexenus son of Demophon일 가능성이 더 높다.

3 비크넬Bicknell(1982)을 참조하라. 계보에 관한 논의는 엘리스Ellis(1989), 5~9쪽

을 보라.

4 일부 학자는 페리클레스가 아스파시아 때문에 첫 번째 부인을 떠났다고 주
   장하지만, 역사적 연대표는 이 같은 생각을 뒷받침하지 못하고 있다. 네일스
   Nails(2002), 225쪽을 보라.

5 아스파시아의 정확한 지위는 불분명하다. 시민이 비아테네 출신 여인과 결혼
   하는 것이 기원전 4세기에는 불법이었지만 기원전 5세기에는 아니었다. 아테네
   시민이 아닌 아스파시아는 법적으로 혼인할 자격을 획득할 수 없었을지도 모
   른다. 그러나 그녀가 예외적으로 결혼을 했다는 주장이 제기되어왔다. 버넌트
   Vernant(1990), 59쪽은 "기원전 5세기 아테네 결혼 제도는 완벽하게 규정되어
   있지 않았다. (…) 역사적 상황에 따라 여성과 자녀에게 미치는 함의가 다양한
   여러 형태의 결합이 계속 존재해왔다"라고 지적한다. 흔히 많은 사람이 페리클
   레스와 아스파시아의 만남을 '결혼'이라는 단어로 간단히 표현한다.

6 헨리Henry(1995)는 페리클레스가 죽은 후 아스파시아가 재혼을 서두른 사실
   이 페리클레스가 그녀에게 싫증을 냈다는 희극 작품의 암시를 뒷받침할 수 있
   다고 말하지만(16쪽) 페리클레스의 성적 변덕에 대한 희극의 주장은 유명한
   애처가였던 그의 모습을 악의적으로 공격한 것일 가능성이 더 크다.

7 스톤Stone(1988), 233~235쪽은 플루타르코스의 오해를 일축하고 있다. 『옥스
   퍼드 고전 사전Oxford Classical Dictionary』(3차 개정판)의 혼블로어Hornblower
   가 편집한 아스파시아Aspasia를 참고하라. 스톤이 쓴 것처럼, "우리가 아는 한
   이 경우를 제외하고는 어느 희극 시인도 자신의 농담이나 풍자를 법정에 가져
   가 스스로에게 지나치게 진지하다는 죄목을 씌운 적이 없다. (…) 그런 시인이
   있었다면 불경스러움을 기소하는 고발자로는 정말 기이한 인물이었을 것이다".

8 포머로이Pomeroy(1994)는 "소크라테스(또는 크세노폰)가 매춘부 아스파시아
   를 사례로 선택해야만 했다는 것은 매우 놀라운 일"이라고 쓰지만 "페리클레
   스와 일부일처 관계를 맺고 그녀의 아들들이 시민권을 받았을 때 그녀의 지위
   가 상승했다"라고도 언급한다. 이는 그녀의 아테네 인생 대부분을 차지하는 사
   건들이다.

9 헨리Henry(1995), 43~45쪽을 보라. 되링Döring(2011), 31쪽은 아이스키네스
   『아스파시아』의 논의들을 기술하면서, "따라서 소크라테스가 사랑에 관해 그
   녀의 제자였다는 소크라테스의 발언은 아스파시아와 크세노폰, 크세노폰의 아
   내와 밀접한 연관성이 있다"라고 결론짓는다. 그러나 그는 이러한 연관성이 아
   스파시아의 생각이 소크라테스에게 실제로 미친 영향을 반영한다기보다는 아
   이스키네스가 '소크라테스적 측면'을 아스파시아에게 투영한 것으로 해석한다.

10 메가라 칙령이 경제적 제재라기보다는 종교적 제재였다는 드생크루아de Ste

Croix(1972)의 독특하지만 다소 왜곡된 해석은 일반적으로는 받아들이기 힘들다. 아리스토파네스의 매춘부 절도 이야기는 종종 헤로도토스의 첫 장에 나오는 희곡으로 여겨져왔다. 펠링Pelling(2000), 154쪽은 두 작가 모두 전쟁의 원인에 대한 대중적인 설명을 패러디했을 가능성이 더 높다는 것을 시사한다.

11 아테나이오스Athenaeus 13.589d의 그리스어 인용문에 따르면 두 사람의 관계가 정확히 어떠했는지는 모호하다. 소크라테스와 아스파시아의 연애에 대한 가능한(예술적인 것을 포함해) 다른 증언들을 나열한 후 포머로이Pomeroy(1994), 82쪽 각주 45는 "두 사람 사이의 성적 관계를 암시한다"라고 말한다. 헤르메시아낙스의 화려한 시구(단편 7.91~94)는 소크라테스의 감정을 '청소년기의 불장난'으로 묘사한 헨리Henry(1995), 64쪽에 의해 무시되기도 한다.

12 레프코위츠Lefkowitz(2008).

13 벨피오르Belfiore(2012), 140~146쪽은 플라톤이 『향연』에서 소크라테스를 디오티마의 견해나 방법에 완전히 동의하지 못한 것으로 그렸다고 요약하는데, 그 점에서 특히 스승으로서의 그녀는 "그녀의 말을 보고하는 철학자-학생과 근본적으로 다르다"(142쪽).

맺는말

1 소크라테스가 술에 취한 것을 본 사람은 아무도 없다고 한다. 플라톤 『향연』 끝부분에 그는 다른 참가자들이 술에 취해 잠든 사이에도 아가톤과 아리스토파네스와 함께 새벽까지 술을 마시며 토론을 계속한다. 『향연』 220a를 참고하라.

2 『여성에 관한 바티칸의 금언Vatican Sayings of Women』 중에는 '소크라테스의 가장 뛰어난 속성이 무엇이었느냐'는 질문에 크산티페가 '그는 귀족과 선한 남자 모두에게 똑같은 얼굴을 보여준다는 사실'이라고 답한 것이 있다.

3 모스트Most(1993)는 이 서약이 왜 병으로부터의 일상적인 회복을 언급하는지에 대해 훌륭한 이유를 제시하지만, 여전히 이 서약의 대상을 플라톤으로 보고 있다. 하지만 플라톤도 이때 아팠다고 알려져 있고, 이 때문에 그는 비록 설득력은 부족하나 소크라테스가 임종 시각에 플라톤의 회복을 예견한 것이라는 의견을 제시한다.

참고문헌

Anderson, M. (2005) 'Socrates as Hoplite', *Ancient Philosophy* 25.2, 273~891.

Azoulay, V. (2010) *Pericles of Athens*. Trans. Janet Lloyd. Princeton, NJ.

Belfiore, E. S. (2012) *Socrates' Daimonic Art*. Cambridge.

Bicknell, P. J. (1982) 'Axiochus Alkibiadou, Aspasia and Aspasios', *L' Antiquité Classique* 51: 240~250.

Bloch, E. (2002) 'Hemlock Poisoning and the Death of Socrates', in T. Brickhouse and N. Smith, eds, *The Trial and Execution of Socrates*, 255~278. Oxford.

Bosworth, A. B. (2000) 'The historical context of Thucydides' funeral oration', *JHS* 120, 1~16.

Bowra, M. (1938) 'The Epigram on the Fallen of Coronea', *Classical Quarterly* 32.2, 80~88.

Brémaud, N. (2012) 'Folie de Socrate?', *L'information psychiatrique* 88.5, 385~391.

Broad, W. J. (2006) *The Oracle*. London.

Csapo, E. (2004) 'The Politics of the New Music', in P. Murray and P. Wilson, eds, *Music and the Muses*, 207~248. Oxford.

— (2010) *Actors and Icons of the Ancient Theater*. Hoboken, NJ.

D'Angour, A. J. (2011) *The Greeks and the New*. Cambridge.

Dean-Jones, L. (1995) 'Menexenus – Son of Socrates', *Classical Quarterly* 45.1, 51~57.

Dodds, E. R. (1951) *The Greeks and the Irrational*. Berkeley, Calif.

Döring, K. (2011) 'The Students of Socrates', in D. R. Morrison, ed., *The Cambridge Companion to Socrates*, 24~47. Cambridge.

Dover, K. (1989) *Aristophanes' Clouds*. Oxford.

Ellis, W. M. (1989) *Alcibiades*. London.

Foxhall, L. (1997) 'A view from the top: Evaluating the Solonian property classes', in L. Mitchell and P. Rhodes, eds, *The Development of the Polis in Archaic Greece*, 113~136. London.

Gay, P. (1988) *Freud: A Life for Our Time*. London.

Graham, D. (2008) 'Socrates on Samos', *Classical Quarterly* 308~313.

Guthrie, W. K. C. (1971) *Socrates*. Cambridge.

Hall, E. (2006) *The Theatrical Cast of Athens*. Oxford.

Hansen, M. H. (1988) *Three Studies in Athenian Demography*. Copenhagen.

Henry, M. M. (1995) *Prisoner of History: Aspasia of Miletus and the Biographical Tradition*. Oxford.

Hornblower, S. (1987) *Thucydides*. London.

Huffman, C. (2012) 'Aristoxenus's Life of Socrates', in C. Huffman, ed., *Aristoxenus of Tarentum*, 250~281. New Brunswick, NJ.

Hughes, B. (2010) *The Hemlock Cup*. London.

Johnson, P. (2011) *Socrates: A Man for Our Times*. London.

Kallet-Marx, L. (1989) 'Did Tribute Fund the Parthenon', *Classical Antiquity* 8.2, 252~266.

Karamanou, I. (2006) *Euripides, Danae and Dictys*. Berlin.

Lane Fox, R. (2016) *Augustine, Conversions and Confessions*. London.

Lefkowitz, M. R. (2008) Review of Emily Wilson, *The Death of Socrates* (Cambridge, Mass., 2007). *Reason Papers* 30, 107~112.

Levin, F. (2009) *Greek Reflections on the Nature of Music*. Cambridge.

Leroi, A. M. (2014) *The Lagoon: How Aristotle Invented Science*. London.

Lewis, D. M. (1963) 'Cleisthenes and Attica', *Historia* xii 1963, 22~40 (= *Selected Papers in Greek and Near Eastern History*, P. J. Rhodes, ed., Cambridge, 77~98).

Littman, R. (1970) 'The Loves of Alcibiades', *Transactions of the American Philological Association* 101.

Lynch, T. (2013) 'A Sophist "in disguise": a reconstruction of Damon of Oa and his role in Plato's dialogues', *Etudes Platoniciennes* online, 10: 2013.

MacLeod, C. (1974) 'Form and meaning in the Melian Dialogue', *Historia* 23: 385~400 (= *Collected Essays*, Oxford 1983, 52~67).

Marshall, C. W. and G. Kovacs, eds (2012) *No Laughing Matter*. London.

Marshall, C. W. (2016) 'Aelian and Comedy: Four Studies', in C. W. Marshall and T. Hawkins, eds, *Athenian Comedy in the Roman Empire*, 197~222. London.

Morgan, K. A., ed. (2003) *Popular Tyranny*. Austin, Tex.

Most, G. (1993) 'A Cock for Asclepius', *Classical Quarterly* 43.

Nails, D. (2002) *The People of Plato*. Indianapolis, Ind.

Ober, J. (2011) 'Socrates and Democratic Athens', in D. R. Morrison, ed., *The Cambridge Companion to Socrates*, 138~178. Cambridge.

Papapetrou, P. D. (2015) 'The philosopher Socrates had exophthalmos (a term coined by Plato) and probably Graves' disease', *Hormones* (Athens).

Parker, R. (1997) *Athenian Religion*. Oxford.

Pelling, C. B. R. (2000) *Literary Texts and the Greek Historian*. London.

Pomeroy, S. B. (1994) *Xenophon: Oeconomicus*. Oxford.

Poole, J. C. F. and A. J. Holladay (1979) 'Thucydides and the Plague of Athens', *Classical Quarterly* 29.2, 282~300.

Power, T. (2012) 'Sophocles and Music', in A. Markantonatos, ed., *Brill's Companion to Sophocles*, 283~304. Leiden and Boston, Mass.

Rhodes, P. J. (2011) *Alcibiades*. Barnsley.

—(2018) *Periclean Athens*.

Ste Croix, G. E. M. de (1972) *The Origins of the Peloponnesian War*. London.

Samons II, L. J. (2016) *Pericles and the Conquest of History*. Cambridge.

Schorn, S. (2012) 'Aristoxenus's biographical method', in C. Huff man, ed., *Aristoxenus of Tarentum*, 177~222. Austin, Tex.

Smith, D. B. (2007) *Muses, Madmen and Prophets*. London.

Sommerstein, A. H. 'Comedy and the unspeakable', in D. L. Cairns and R. A. Knox, eds (2004) *Law, Rhetoric, and Comedy in Classical Athens*, 205~222. Swansea.

Stone, I. F. (1988) *The Trial of Socrates*. London.

Taylor, J. (2007) *Classics and the Bible: Hospitality and Recognition*. London.

Vander Waerdt, P. A. (1994) 'Socrates in the Clouds', in *The Socratic Movement*, 48~86. Ithaca, NY.

van Wees, H. (2004) *Greek Warfare: Myths and Realities*. London.

Vernant, J.-P. (1990) *Myth and Society in Ancient Greece*. Trans. Janet Lloyd. New York.

Wallace, R. W. (2015a) 'Socrates as Hoplite', *Philosophia* 45 (2015), 148~160.

—(2015b) *Reconstructing Damon*. Oxford.

Waterfield, R. (2009) *Why Socrates Died*. New York and London.

Wheeler, E. (1982) 'Hoplomachia and Greek dances in arms', *Greek, Roman, and Byzantine Studies* 23: 229~230.

Wildberg, C. (2009), in S. Ahbel-Rappe and R. Kamtekar, eds, *A Companion to Socrates*, 21~35. Wiley-Blackwell: London and New York.

Wilson, E. (2007) *The Death of Socrates*. London.

Zanker, P. (1995) *The Mask of Socrates*. Berkeley, Calif.

Zuckert, C. (2012) *Plato's Philosophers: The Coherence of the Dialogues*. Chicago, Ill.

옮긴이의 말

사랑을 정의내릴 수 있을까? 사랑은 신비롭고 복잡하며 극히 개인적이다. 우리는 자신의 아이를 끔찍하게 사랑하는 모성애로부터 신에 대한 사랑에 이르기까지 다양한 대상에 사랑이란 단어를 붙인다. 사랑은 결코 철학적으로 분석될 수 없는 개념처럼 보임에도 불구하고, 철학의 주제는 처음부터 사랑이었다. (철학philosophia의 뜻도 지혜를 '사랑'하는 것이다.) 흔히 최초의 철학자로 꼽히는 소크라테스 역시 사랑을 최고의 연구 과제로 삼았고, 사랑이야말로 이 세상 무엇보다 가장 강력하다고 생각했다.

그는 "나는 누군가를 사랑하지 않은 적이 한순간도 없었다"라고 말하면서 주변 사람들과 아테네인들을 뜨겁게 사랑했다. 소크라테스에게 사랑은 우리에게 올바른 삶을 안내하는 것이며, 사랑의 목적은 소유나 쾌락이 아닌 정의와 절제를 추구하는 것이었다. 사실 사랑은 고대 그리스에서 네 가지 단어로 표현되었다. 성적인 사랑을 나타내는 에로스*erōs*와 친구 간의 우정을 뜻하는 필리아*philia*, 호의와 환대를 베푸는 의미의 아가페*agapē*와 부모 자식 간 혈육에 의한 본능적인 애정을 뜻하는 스토르게*storgē*가 그것들이다. 소크라테스의 사랑은 에로스였지만, 그 에로스는 자신의 연인을 향한 광기적 사랑에서부터 진리로 우리를 이끄는 위대한 힘이었다.

이 책의 저자 아먼드 단거는 소크라테스의 위대한 사상과 영향력의 바탕이 되는 늘 사랑에 빠져 있는 젊은 소크라테스에게로 우리를 이끈다. 그는 옥스퍼드 고전학과 교수이며 첼리스트로도 활동하고 있다. 2011년에 그의 책『고대 그리스인과 새로움The Greeks and the New』이 출판됐고,『사랑에 빠진 소크라테스』는 2019년에 출간되어 폭발적 인기를 얻었다. 2021년에 그는 또 현대 독자들을 위한 고대의 지혜 시리즈로『혁신 방법: 창조적 사고에 대한 고대의 지침서How to Innovate: An Ancient Guide to Creative Thinking』를 출판했는데, 그의 관심사는 고대 그리스의 철학과 문화를 어떻게 현대와 연결시켜 혁신적으로 바라볼 수 있는가 하는 것이다. (그의 업적과 관심사는 홈페이지에서 확인할 수 있다. https://www.armand-dangour.com/)

소크라테스를 떠올릴 때 흔히 우리는 재판 장면과 마지막 사형 집행을 떠올린다. 최초의 그리고 위대한 철학자인 소크라테스는 아무런 저작도 남기지 않았기 때문에 오기기 쉬운 소크라테스의 생애와 사상에 관한 정보는 사실 제한적일 수밖에 없다. 플라톤의 대화편, 또 다른 제자 크세노폰의 저작, 희극작가인 아리스토파네스의 작품 등을 통해 역사적 소크라테스를 종합적으로 바라보려는 시도가 계속 이어져왔지만 자료가 부족하다는 이유로 어린 소크라테스와 젊었을 때 그의 활동 그리고 그가 어떤 계기로 자연철학에 빠져 있다가 새로운 철학에 인생을 걸게 됐는지 등에 관해서는 등한시되어온 것이 사실이다. 하지만 저자는 이런 난관 속에서도 남아 있는 자료들을 분석하고 문학적 상상력을 동원해 '늘 사랑에 빠져 있는' 젊은 소크라테스를 복원해냈다.

그렇게 재구성된 소크라테스는 비교적 부유한 가정에서 자란 강인하고 매력적인 젊은이의 모습을 하고 있다. 그는 석공과 조각가를 고용했던 사업가 소프로니스코스의 아들로, 어릴 때부터 당대 최고의 교사들로부터 그리스의 위대한 시와 리라를 연주하는 방법을 배웠고, 엄격한 육체적, 정신적 훈련을 받았다. 소크라테스는 전쟁터에서는 남다른 무술 실력과 체력으로 알키비아데스를 위험에서 구한 전쟁 영웅이었고, 공직자의 직분을 수행하기도 했다. 그는 아르켈라오스, 아낙사고라스, 멜리소스 등 당대 지식인들과 잘 알고 지냈으며, 당대 최고 권력자인 페리클레스와도 친분을 유지했고, 페리클레스의 피후견인이자 또 다른 자신이었던 알키비아데스의 스승 겸 친구였다. 또 소크라테스는 당시 문화적으로 포용되었던 동성애를 통해 사랑에 대해 배웠고, 50대에야 크산티페를 만났으며 그의 첫 번째 부인은 미르토일 수 있다. 그리고 무엇보다 그의 사랑에 관한 모든 앎과 철학적 가치관은 당대의 유명한 여성 밀레투스의 아스파시아에게서 비롯된 것일 수 있다.

'용기를 잃지 않는 지성'으로 불렸던 소크라테스는 에로스에 대한 탐구 자체에도 헌신적이었다. 그러나 폴리스를 뜨겁게 사랑했던 알키비아데스와 페리클레스와는 다르게, 소크라테스의 사랑의 대상은 인간과 덕이었다. 저자가 주목하는 점은 어렸을 때 경험적, 과학적 연구를 통한 진리의 확보와 군사적, 정치적 성공을 추구했을 소크라테스가 무슨 까닭으로 어느 순간에 모두가 가지 않는 길을 걷게 되었는가 하는 것이다. 저자는 소크라테스가 젊었을 때 앓았던 강직성 발작 등의 질병, 그리고 이로 인해 그가 들었던 '다이모니온'의 목소리 그리고 델포이 신전의 신탁 등이 소크라테스가 동시대의 젊은이들과는 다른 길을 가기로 선택하게 된 계기라고 주장한다. 그리고 이런 선택의 한가운데에는 그에게 사랑에 관한 모든 것을 가르쳐준 아름답고 현명한 여성 아스파시아와의 만남이 놓여 있다. 아스파시아를 통해 소크라테스는 사랑만이 우리의 지적인 활동을 가능하게 하며, 이를 통해서만 선행의 기회를 얻고 나와 폴리스를 성찰할 수 있다고 믿었을 것이다. 신적인 격정과 광기인 에로스는 이제 신체적 결합을 넘어서 정신적 아름다움과 이데아 자체로 우리를 인도하며, 다시 인간에 대한 깊은 사랑을 가능하게 만든다. 이 책은 우리에게 이런 소크라테스의 인생에 참여할 기회를 제공하며, 사랑에 진심이었던 소크라테스의 열정을 이어받아 사랑을 우리의 새로운 탐구 주제로 자리매김한다.

이 책이 나오기까지 많은 분의 도움이 있었다. 일일이 다 이름을 거론하지 무하지만 기면을 빌려 감사의 말씀을 전한다. 이 책의 번역을 추천해주신 루이앙드레 도리옹의 『소크라테스』(이학사, 2009)의 역자 김유석 선생님과 글항아리 이은혜 선생님 그리고 편집부에게 감사드린다. 그리고 스토르게가 무엇인지 깨닫게 해준 채원이와 채경이, 에로스와 필리아를 알게 해준 남편, 매순간 아가페를 느끼게 해주신 하나님께 감사드린다. 마지막으로 내가 지혜를 사랑하는 길로 갈 수 있도록 희생적으로 도와주시고 늘 기도해주신 어머님께 이 책을 바친다.

2022년 가을 숭실대 캠퍼스에서
장미성

사랑에 빠진 소크라테스

사랑에 빠진
소크라테스

철학자의 탄생

초판인쇄   2022년 9월 28일
초판발행   2022년 10월 11일

지은이   아먼드 단거
옮긴이   장미성
펴낸이   강성민
편집장   이은혜
책임편집   김지수
마케팅   정민호 이숙재 김도윤 한민아 정진아 이민경 정유선 김수인
브랜딩   함유지 함근아 김희숙 고보미 박민재 박진희 정승민

펴낸곳   (주)글항아리 | 출판등록 2009년 1월 19일 제406-2009-000002호

주소   10881 경기도 파주시 회동길 210
전자우편   bookpot@hanmail.net
전화번호   031-955-2696(마케팅) 031-955-8898(편집부)
팩스   031-955-2557

ISBN   979-11-6909-043-8 03160

www.geulhangari.com